轻松过关® 1

2022年会计专业技术资格考试
应试指导及全真模拟测试

中级财务管理

（下册）

闫华红　主编
东奥会计在线　编

北京科学技术出版社

目录
CONTENTS

第二部分　考点精讲及同步训练

第三部分　跨章节综合题演练

第四部分　常用财务管理公式汇总

第九章 收入与分配管理

CHAPTER-9

本章学习指南

一、考情分析

本章可考题型既有客观题，也有计算分析题，甚至综合题，近3年的平均分数为7分左右。

最近3年题型、题量分析表

题型	2019年		2020年			2021年		
	试卷Ⅰ	试卷Ⅱ	试卷Ⅰ	试卷Ⅱ	试卷Ⅲ	试卷Ⅰ	试卷Ⅱ	试卷Ⅲ
单项选择题	1题1分	3题3分	2题3分	2题3分	—	1题 1.5分	2题3分	3题 4.5分
多项选择题	—	1题2分	2题4分	1题2分	1题2分	1题2分	1题2分	—
判断题	—	1题1分	1题1分	1题1分	1题1分	1题1分	1题1分	—
计算分析题	—	—	—	1题5分	—	—	—	—
综合题	0.33题 4分	0.4题 5.2分	—	—	—	—	—	0.15题 2分
合计	1.33题 5分	5.4题 11.2分	5题8分	5题 11分	2题3分	3题 4.5分	4题6分	3.15题 6.5分

二、教材变化

本章与2021年的教材相比，主要变化有：（1）根据最新的相关法规修改了研发费用税前加计扣除比例；（2）修改了小规模纳税人发生增值税应税销售行为的相关规定。

核心考点精讲

第一节　收入与分配管理概述

使用“会计云课堂”App 或“微信”扫码查看本节视频，快速 GET 知识点。

一、收入与分配管理的意义与原则★

（一）收入与分配管理的意义

（1）收入与分配管理集中体现了企业所有者、经营者与劳动者之间的利益关系；
（2）收入与分配管理是企业维持简单再生产和实现扩大再生产的基本条件；
（3）收入与分配管理是企业优化资本结构、降低资本成本的重要措施；
（4）收入与分配管理是国家财政资金的重要来源之一。

（二）收入与分配管理的原则

依法分配原则	国家颁布了相关法规，规定了企业收入分配的基本要求、一般程序和重要比例
分配与积累并重原则	留存一部分净利润，能够增强企业抵抗风险的能力，同时，也可以提高企业经营的稳定性和安全性
兼顾各方利益原则	企业的收入分配涉及国家、企业股东、债权人、职工等多方面的利益
投资与收入对等原则	收入按照投资者投资额的比例进行分配 【提示】公司章程或协议明确规定出资比例与收入分配比例不一致的除外

经典题解

【例题 1·多选题】企业的收入与分配管理应当遵循的原则包括（　　）。
A. 投资与收入对等原则
B. 投资机会优先原则
C. 兼顾各方利益原则
D. 分配与积累并重原则

【解析】收入与分配管理的原则包括依法分配原则、分配与积累并重原则、兼顾各方利益原则、投资与收入对等原则。所以，选项 B 错误。

【答案】ACD

二、收入与分配管理的内容★★

内容	收入管理、纳税管理及分配管理
公司净利润分配顺序	（1）弥补以前年度亏损 （2）提取法定公积金 法定公积金的提取比例为当年税后利润（弥补亏损后）的10%。当年法定公积金的累积额已达注册资本的50%时，可以不再提取。法定公积金提取后，可用于弥补亏损或转增资本，但企业用法定公积金转增资本后，法定公积金的余额不得低于转增前公司注册资本的25% （3）提取任意公积金 根据《公司法》的规定，公司从税后利润中提取法定公积金后，经股东会或股东大会决议，还可以从税后利润中提取任意公积金 （4）向股东（投资者）分配股利（利润） 根据《公司法》的规定，公司弥补亏损和提取公积金后所余税后利润，可以向股东（投资者）分配

要点小贴士

《公司法》规定，公司持有的本公司股份不得分配利润。

经典题解

【真题2·单选题】下列各项中，正确反映公司净利润分配顺序的是（　　）。（2018年卷Ⅱ）

A. 提取法定公积金、提取任意公积金、弥补以前年度亏损、向投资者分配股利

B. 向投资者分配股利、弥补以前年度亏损、提取法定公积金、提取任意公积金

C. 弥补以前年度亏损、向投资者分配股利、提取法定公积金、提取任意公积金

D. 弥补以前年度亏损、提取法定公积金、提取任意公积金、向投资者分配股利

【解析】根据我国《公司法》及相关法律制度的规定，公司净利润的分配应按照下列顺序进行：①弥补以前年度亏损；②提取法定公积金；③提取任意公积金；④向股东（投资者）分配股利（利润）。

【答案】D

【例题3·单选题】下列关于提取任意公积金的表述中，不正确的是（　　）。

A. 应从税后利润中提取

B. 应经股东会或股东大会决议

C. 满足公司经营管理的需要

D. 达到注册资本的50%时不再计提

【解析】根据《公司法》的规定，法定盈余公积金的提取比例为当年税后利润（弥补亏损后）的10%，当法定盈余公积金的累积额达到注册资本的50%时，可以不再提取。选项D错误。

【答案】D

【例题4·判断题】公司弥补亏损和提取公积金后所余税后利润，可以向股东（投资者）分配，分配股利时应当按照持股比例分配，遵循同股同利的原则。（　　）

【解析】企业向投资者分配利润时，一般应按照股东持有的股份比例分配，但股份有限公司章程规定不按照持股比例分配的除外。此外《公司法》规定，公司持有的本公司股份不得分配利润。

【答案】×

第二节 收入管理

使用“会计云课堂”App或“微信”扫码查看本节视频，快速GET知识点。

一、销售预测分析★★★

（一）销售预测的定性分析法

种类	内容
营销员判断法（意见汇集法）	是由企业熟悉市场情况及相关变化信息的营销人员对市场进行预测，再将各种判断意见加以综合分析、整理，并得出预测结论的方法 优点：用时短、成本低、比较实用 缺点：具有较多的主观因素和较大的片面性
专家判断法	个别专家意见汇集法、专家小组法、德尔菲法等
产品寿命周期分析法	是利用产品销售量在不同寿命周期阶段上的变化趋势，进行销售预测的一种定性分析方法 【提示】 （1）产品寿命周期是指产品从投入市场到退出市场所经历的时间，一般要经过推广期、成长期、成熟期和衰退期四个阶段 （2）推广期历史资料缺乏，可以运用定性分析法进行预测；成长期可运用回归分析法进行预测；成熟期销售量比较稳定，适用趋势预测分析法

要点小贴士

注意德尔菲法属于专家判断法。这种方法要采用函询的方式向专家进行征求、反馈。

名师点拨

注意名称上不能直接给予提示的方法：德尔菲法、产品寿命周期分析法属于定性分析法。

（二）销售预测的定量分析法

1. 趋势预测分析法

种类		计算
算术平均法	预测原理	将若干历史时期的实际销售量或销售额作为样本值，求出其算术平均数，并将该平均数作为下期销售量的预测值
	计算公式	$Y=\frac{\sum X_i}{n}$ 式中：Y——预测值；X_i——第i期的实际销售量；n——期数
	适用范围	适用于每期销售量波动不大的产品的销售预测

种类		计算
加权平均法	预测原理	将若干历史时期的实际销售量或销售额作为样本值，将各个样本值按照一定的权数计算得出加权平均数，并将该平均数作为下期销售量的预测值
	权数选取原则	一般地，由于市场变化较大，离预测期越近的样本值对其影响越大，而离预测期越远的则影响越小，因此权数的选取应遵循“近大远小”的原则
	计算公式	$Y=\sum_{i=1}^{n}W_iX_i$ 式中：Y——预测值；W_i——第 i 期的权数（$0<W_i\leq W_{i+1}<1$，且 $\sum W_i=1$）；X_i——第 i 期的实际销售量；n——期数
移动平均法	预测原理	预测值等于最近 m 期实际数据的简单算术平均值 【提示】m 数值固定，且 $m<n/2$
	计算公式	（1）移动平均法的计算公式： $Y_{n+1}=\frac{X_{n-(m-1)}+X_{n-(m-2)}+\cdots+X_{n-1}+X_n}{m}$ （2）修正移动平均法的计算公式： $\overline{Y}_{n+1}=Y_{n+1}+(Y_{n+1}-Y_n)$ = 本期移动预测值 +（本期移动预测值 - 上期移动预测值）
	特点	代表性较差（没有考虑全部的数据）
指数平滑法	预测原理	实质上是一种加权平均法，是以事先确定的平滑指数 a 及（1-a）作为权数进行加权计算，预测销售量的一种方法
	计算公式	$Y_{n+1}=aX_n+(1-a)Y_n$ 式中：Y_{n+1}——未来第 n+1 期的预测值；Y_n——第 n 期预测值，即预测前期的预测值；X_n——第 n 期的实际销售量，即预测前期的实际销售量；a——平滑指数；n——期数
	平滑指数的取值	采用较大的平滑指数，预测值可以反映样本值新近的变化趋势 采用较小的平滑指数，则反映了样本值变动的长期趋势 因此，在销售量波动较大或进行短期预测时，可选择较大的平滑指数；在销售量波动较小或进行长期预测时，可选择较小的平滑指数
	特点	优点：该方法运用比较灵活，适用范围较广 缺点：在平滑指数的选择上具有一定的主观随意性

要点小贴士

算术平均法是选择所给定历史期（n期）所有实际数据计算算术平均；移动平均法是选择 n 期数据中低于 n/2 的最近 m 期实际数据计算算术平均。

要点小贴士

a 的选择原则：与销量波动同向变动，与预测期长短反向变动（近大远小）。

2. 因果预测分析法

含义	指分析影响产品销售量（因变量）的相关因素（自变量）以及它们之间的函数关系，并利用这种函数关系进行产品销售预测的方法。因果预测分析法最常用的是回归分析法
回归直线法（一元回归分析法）	预测公式：$y=a+bx$ 其常数项 a 和系数 b 的计算公式为： $b=\frac{n\sum xy-\sum x\sum y}{n\sum x^2-(\sum x)^2}$，$a=\frac{\sum y-b\sum x}{n}$

【总结】

- 定性分析法（非数量分析法）——预测对象的历史资料不完备或无法进行定量分析时采用
  - 营销员判断法
  - 专家判断法
  - 产品寿命周期分析法
- 定量分析法（数量分析法）——预测对象有关资料完备时采用
  - 趋势预测分析法 ⇒ 历史时期的实际销售量或销售额
  - 因果预测分析法 ⇒ 影响产品销售量（因变量）的相关因素（自变量）以及它们之间的函数关系

经典题解

【真题5·单选题】下列各项中，属于销售预测定量分析方法的是（　　）。（2020年卷Ⅰ）

A. 营销员判断法　　B. 专家判断法

C. 产品寿命周期分析法　　D. 趋势预测分析法

【解析】销售预测的定量分析法一般包括趋势预测分析法和因果预测分析法两大类。选项A、B、C都是销售预测的定性分析法。

【答案】D

【真题6·单选题】下列各项销售预测分析方法中，属于定性分析法的是（　　）。（2017年卷Ⅰ）

A. 加权平均法　　B. 指数平滑法

C. 因果预测分析法　　D. 营销员判断法

【解析】此题主要考查的知识点为销售预测分析方法。销售预测的定性分析法主要包括营销员判断法、专家判断法和产品寿命周期分析法。本题选项D正确。

【答案】D

【真题7·单选题】下列销售预测分析方法中，属于定量分析法的是（　　）。（2016年）

A. 专家判断法　　B. 因果预测分析法

C. 产品寿命周期分析法　　D. 营销员判断法

【解析】选项A、C、D均为定性分析法。定量分析法包括趋势预测分析法和因果预测分析法。

【答案】B

【真题8·单选题】下列销售预测方法中，属于因果预测分析法的是（　　）。（2014年）

A. 指数平滑法　　B. 移动平均法　　C. 专家小组法　　D. 回归直线法

【解析】因果预测分析法是指分析影响产品销售量的相关因素以及它们之间的函数关系，并利用这种函数关系进行产品销售预测的方法。因果预测分析法最常用的是回归直线法。

【答案】D

【例题9·单选题】甲公司2021年实际销售量为2500吨，2020年预测的2021年销量为2375吨，平滑指数a=0.6，则用指数平滑法预测该公司2022年的销售量为（　　）吨。

A. 2375　　B. 2425　　C. 2450　　D. 2500

【解析】$Y_{2022}=aX_{2021}+(1-a)Y_{2021}=0.6\times2500+(1-0.6)\times2375=2450$（吨）。

【答案】C

【例题10·判断题】当公司销售量波动较大或进行长期预测时，应采用较小的平滑指数。（　　）

【解析】采用较大的平滑指数，预测值可以反映样本值新近的变化趋势（在销售量波动较大或进行短期预测时用）；采用较小的平滑指数，则反映了样本值变动的长期趋势（在销售量波动较小或进行长期预测时用）。

【答案】×

二、销售定价管理★★★

（一）影响产品价格的因素

（1）价值因素；（2）成本因素；（3）市场供求因素；（4）竞争因素；（5）政策法规因素。

（二）企业的定价目标

目标	特点	适用范围
实现利润最大化	这种目标通常是通过为产品制定一个较高的价格，从而提高单位产品利润率，最终实现企业利润最大化	适用于在市场中处于领先或垄断地位的企业，或者在行业竞争中具有很强的竞争优势，并能长时间保持这种优势的企业
保持或提高市场占有率	其产品价格往往需要低于同类产品价格，以较低的价格吸引客户，逐步扩大市场份额，但在短期内可能要牺牲一定的利润空间	适用于能够薄利多销的企业（要求企业具有潜在的生产经营能力，商品的需求价格弹性较大）
稳定市场价格	通常做法是由行业中的领导企业制定一个价格，其他企业的价格则与之保持一定的比例关系，无论是大企业，还是中小企业都不会随便降价	适用于产品标准化的行业，如钢铁制造业等
应对和避免竞争	企业参照对市场有决定性影响的竞争对手的产品价格变动情况，随时调整本企业产品价格，但企业不会主动调整价格	适用于中小型企业
树立企业形象及产品品牌	以树立企业形象及产品品牌为定价目标，主要有两种情况：一是树立优质高价形象；二是树立大众化平价形象	—

经典题解

【真题11·多选题】下列各项中，可以作为企业产品定价目标的有（ ）。（2017年卷Ⅰ）

A. 保持或提高市场占有率

B. 应对和避免市场竞争

C. 实现利润最大化

D. 树立企业形象

【解析】企业的定价目标主要有以下几种：①实现利润最大化；②保持或提高市场占有率；③稳定市场价格；④应对和避免竞争；⑤树立企业形象及产品品牌。故选项A、B、C、D均是正确答案。

【答案】ABCD

（三）产品定价方法

1. 以成本为基础的定价方法

要点小贴士：成本基础的选择最起码要包括变动成本，不能只弥补固定成本。

（1）成本基础的选择。

种类	内容	特点
变动成本	变动制造成本＋变动期间费用	可以作为增量产品的定价依据，但不能作为一般产品的定价依据
制造成本	一般包括直接材料、直接人工和制造费用	不包括各种期间费用，利用制造成本定价不利于企业简单再生产的继续进行
全部成本费用	制造成本＋管理费用＋销售费用＋财务费用	既可以保证企业简单再生产的正常进行，又可以使劳动者为社会劳动所创造的价值得以全部实现

要点小贴士：全部成本费用——一般产品的定价基础。

经典题解

【真题12·单选题】在生产能力有剩余的情况下，下列各项成本中，适合作为增量产品定价基础的是（ ）。（2018年卷Ⅰ）

A. 固定成本　　B. 制造成本

C. 全部成本　　D. 变动成本

【解析】变动成本是指在特定的业务量范围内，其总额会随业务量的变动而变动的成本。在生产能力有剩余的情况下，不需要增加固定成本开支，因此变动成本适合作为增量产品定价基础。

【答案】D

（2）定价方法。

①记忆通用公式基本原理：

单位价格－单位税金－单位成本＝单位利润

单位价格－单位价格×适用税率－单位成本＝单位利润

推导出通用公式：单位价格×（1－适用税率）＝单位成本＋单位利润

②各种定价法的基本公式：

种类		基本公式	记忆：利用通用公式倒推
全部成本费用加成定价法	成本利润率定价	单位产品价格 $=\frac{\text{单位成本}\times(1+\text{成本利润率})}{1-\text{适用税率}}$	因为：单位利润 = 单位成本 × 成本利润率 所以利用通用公式： 单位产品价格 ×（1- 适用税率）= 单位成本 + 单位成本 × 成本利润率
	销售利润率定价	单位产品价格 $=\frac{\text{单位成本}}{1-\text{销售利润率}-\text{适用税率}}$	因为：单位利润 = 单位产品价格 × 销售利润率 所以利用通用公式： 单位产品价格 ×（1- 适用税率）= 单位成本 + 单位产品价格 × 销售利润率
保本点定价法	计算公式	单位产品价格 $=\frac{\text{单位固定成本}+\text{单位变动成本}}{1-\text{适用税率}}=\frac{\text{单位完全成本}}{1-\text{适用税率}}$	因为：利润为 0 所以利用通用公式： 单位产品价格 ×（1- 适用税率）= 单位成本 +0 单位产品价格 ×（1- 适用税率）= 单位固定成本 + 单位变动成本
目标利润定价法	计算公式	单位产品价格 $=\frac{\text{单位目标利润}+\text{单位完全成本}}{1-\text{适用税率}}$	因为：利润为已知的目标利润 所以利用通用公式： 单位产品价格 ×（1- 适用税率）= 单位成本 + 单位目标利润
变动成本定价法	含义	变动成本定价法是指企业在生产能力有剩余的情况下增加生产一定数量的产品，这些增加的产品可以不负担企业的固定成本，只负担变动成本，在确定价格时产品成本仅以变动成本计算	因为利润是按照变动成本确定的。所以利用通用公式： 单位产品价格 ×（1- 适用税率）= 单位变动成本 + 单位利润 = 单位变动成本 + 单位变动成本 × 成本利润率 = 单位变动成本 ×（1+ 成本利润率）
	计算公式	单位产品价格 $=\frac{\text{单位变动成本}\times(1+\text{成本利润率})}{1-\text{适用税率}}$	

名师点拨

（1）按照通用公式基本原理记忆，不需要单独记忆公式，关键是把握不同情况下的单位利润和单位成本是什么。

（2）此处适用税率为价内税，如消费税，不含价外税（增值税）。

要点小贴士

（1）增量产品的定价方法。

（2）一致性原则：考试给出成本利润率时：

①变动成本法下：单位利润 = 单位变动成本 × 成本利润率。

②完全成本法下：单位利润 = 单位完全成本 × 成本利润率。

经典题解

【真题13·单选题】某公司生产A产品，本期计划销售量为1000件，完全成本总额为19000元，目标利润总额为95000元，适用的消费税税率为5%。利用目标利润法确定的A产品单价为（　　）。（2021年卷Ⅲ）

A. 108.3元

B. 120元

C. 80元

D. 72.2元

【解析】单价－单位税金－单位成本＝单位利润，单价－单价×5%–19000/1000=95000/1000

所以：单价＝（95000+19000）/［1000×（1–5%）］=120（元）。

【答案】B

【提示】2019年卷Ⅱ试题与此题的考查角度一致。

【真题14·单选题】某企业生产M产品，计划销售量为20000件，目标利润总额为400000元，完全成本总额为600000元，不考虑其他因素，则使用目标利润法测算的M产品的单价为（　　）元。（2020年卷Ⅱ）

A. 10

B. 30

C. 50

D. 20

【解析】单价－单位税金－单位成本＝单位利润，单价–0–600000/20000=400000/20000

所以：M产品的单价＝（400000+600000）/20000=50（元）。

【答案】C

解题攻略

消费税是价内税，计入税金及附加，在所得税前扣除，所以计算利润时需要减去消费税。但增值税是价外税，不计入当期损益，不影响利润，计算利润时不需要扣除增值税。

【例题15·单选题】某企业生产A产品，预计单位产品的制造成本为150元，计划销售70000件，计划期的期间费用总额为3500000元，该产品适用的消费税税率为5%，适用的增值税税率为13%，目标成本利润率为25%，则运用全部成本费用加成定价法测算的单位A产品的价格应为（　　）元。

A. 250.95

B. 258.43

C. 263.16

D. 271.22

【解析】单位价格－单位成本－单位税金＝单位利润

单位价格–（150+3500000/70000）–单位价格×5%=（150+3500000/70000）×25%

$$单位A产品价格=\frac{(150+3500000/70000)\times(1+25\%)}{1-5\%}=263.16（元）。$$

【答案】C

2. 以市场需求为基础的定价方法

<table>
<tr><th>种类</th><th colspan="3">说明</th></tr>
<tr><td rowspan="3">需求价格弹性系数定价法</td><td rowspan="2">需求价格弹性系数</td><td>含义</td><td>在其他条件不变的情况下，某种产品的需求量随其价格的升降而变动的程度，就是需求价格弹性系数</td></tr>
<tr><td>计算公式</td><td>$E=\frac{\Delta Q/Q_0}{\Delta P/P_0}$
式中：E——某种产品的需求价格弹性系数；ΔP——价格变动量；ΔQ——需求变动量；P_0——基期单位产品价格；Q_0——基期需求量</td></tr>
<tr><td colspan="2">价格确定的基本计算公式</td><td>$P=\frac{P_0Q_0^{(1/|E|)}}{Q^{(1/|E|)}}$
式中：P_0——基期单位产品价格；Q_0——基期销售数量；E——需求价格弹性系数；P——单位产品价格；Q——预计销售数量</td></tr>
<tr><td rowspan="3">边际分析定价法</td><td colspan="2">边际</td><td>每增加或减少一个单位所带来的差异</td></tr>
<tr><td colspan="2">边际收入、边际成本、边际利润</td><td>就是指销售量每增加或减少一个单位所形成的收入、成本和利润的差额</td></tr>
<tr><td colspan="2">决策原则</td><td>边际收入等于边际成本，即边际利润等于零时，利润将达到最大值。此时的价格就是最优销售价格</td></tr>
</table>

要点小贴士

根据需求价格弹性系数、销售量变动率和价格变动率的关系，若给出其中两个因素，可求出另一个因素。

考点妙记

预测期 $PQ^{(1/|E|)}$ = 基期 $P_0Q_0^{(1/|E|)}$。

要点小贴士

可以理解为刚开始增加销量时，边际收入＞边际成本，说明增加一个销量会带来利润的增加，应该继续增加销量；当边际收入＝边际成本时，说明此时增加销量带来的增加利润为零；再增加销量，这时边际收入＜边际成本，会带来利润的减少。所以在边际收入＝边际成本时，利润是最大的，再增加销量会使利润下降。

经典题解

【真题 16·单选题】下列各项中，以市场需求为基础的定价方法是（　　）。（2018 年卷Ⅱ）

A. 保本点定价法

B. 目标利润法

C. 边际分析定价法

D. 全部成本费用加成定价法

【解析】以市场需求为基础的定价方法主要有需求价格弹性系数定价法和边际分析定价法等。选项 A、B、D 属于以成本为基础的定价方法。

【答案】C

【例题 17·单选题】某企业生产销售某产品，第一季度销售价格为 2000 元，销售数量为 6500 件，第二季度销售数量为 4550 件，根据前两个季度的销量和价格测算出的该产品的需求价格弹性系数为 −2，则第二季度销售价格为（　　）元。

A. 2100　　B. 2300

C. 2150　　D. 2250

【解析】$\frac{(4550-6500)/6500}{(P-2000)/2000}$=-2，P=-1000×（4550-6500）/6500+2000=2300（元）。

【答案】B

名师点拨

主要是把握各种策略的含义。

（四）价格运用策略

1. 折让定价策略

主要方式	含义
现金折扣	购买方如果在企业规定的期限内付款，企业就给予购买方一定的折扣
数量折扣	企业对大量购买或集中购买本企业产品的购买方给予的一种折扣优惠
团购折扣	通过团购集合足够人数，便可以优惠价格购买或使用第三方公司的物品、优惠券或服务
预购折扣	对预先向企业订购或购买产品进行折扣
季节折扣	企业给予非季节性热销商品的购买者提供的一种价格优惠

经典题解

【例题18·判断题】团购折扣是指企业对大量购买或集中购买本企业产品的购买方给予的一种折扣优惠。（ ）

【解析】本题的考点是各种折扣的含义。

【答案】×

2. 其他策略

种类	含义	具体方式
心理定价策略	针对购买者的心理特点而采取的一种定价策略	（1）声望定价（利用产品知名度和消费者的信任程度） （2）尾数定价（尾数取接近整数的小数或带谐音的数） （3）双位定价（采用两种不同的标价来促销） （4）高位定价（价高质优）
组合定价策略	针对相关产品组合所采取的一种方法。根据相关产品在市场竞争中的不同情况给予的优惠	（1）具有互补关系的相关产品，可以采取降低部分产品价格而提高互补产品价格 （2）具有配套关系的相关产品，可以对组合购买进行优惠
寿命周期定价策略	根据产品从进入市场到退出市场的生命周期，分阶段确定不同价格的定价策略	（1）推广期：低价促销策略 （2）成长期：中等价格 （3）成熟期：高价促销，但定价时必须考虑竞争者的情况，以保持现有市场销售量 （4）衰退期：降价促销或维持现价并辅之以折扣等其他手段，同时积极开发新产品

经典题解

【例题 19 · 判断题】采取降低部分产品价格而提高互补产品价格的定价策略属于折让定价策略。( )

【解析】采取降低部分产品价格而提高互补产品价格的定价策略属于组合定价策略。

【答案】×

第三节 纳税管理

使用“会计云课堂”App 或“微信”扫码查看本节视频，快速 GET 知识点。

一、纳税管理概述★

（一）纳税管理

含义	是指企业对其涉税业务和纳税实务所实施的研究和分析、计划和筹划、监控和处理、协调和沟通、预测和报告全过程管理行为
目标	规范企业纳税行为、合理降低税收支出、有效防范纳税风险

经典题解

【例题 20 · 多选题】企业纳税管理的目标有（ ）。

A. 规范企业纳税行为

B. 合理降低税收支出

C. 有效防范纳税风险

D. 合理保障国家税收

解题攻略

站在企业的角度考虑纳税的目标。不是站在税务部门的角度考虑。

【解析】纳税管理的目标是规范企业纳税行为、合理降低税收支出、有效防范纳税风险。选项 A、B、C 正确。

【答案】ABC

（二）纳税筹划

含义	是指在纳税行为发生之前，在不违反税法及相关法律法规的前提下，对纳税主体的投资、筹资、营运及分配行为等涉税事项作出事先安排，以实现企业财务管理目标的一系列谋划活动
外在表现	降低税负和延期纳税

（三）纳税筹划的原则

要点小贴士

纳税筹划就是要在合法的前提下降低税负和延期纳税。

合法性原则	是纳税筹划必须坚持的首要原则
系统性原则	也称为整体性原则、综合性原则。在选择纳税方案时，要着眼于从企业整体角度考虑税负的降低
经济性原则	也称成本效益原则。权衡纳税筹划带来的收益与成本，通过成本效益分析，选择净收益最大的方案
先行性原则	通常应在纳税义务发生之前进行纳税筹划

要点小贴士

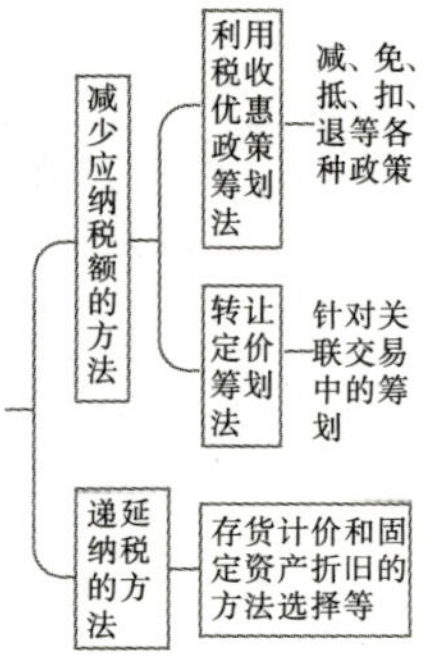

（四）纳税筹划的方法

1. 减少应纳税额

利用税收优惠政策筹划法	利用免税政策、利用减税政策、利用退税政策、利用税收扣除政策、利用税率差异、利用分劈技术、利用税收抵免等税收优惠政策 【扩展】利用分劈技术筹划，是指在合法、合理的情况下，使所得、财产在两个或更多个纳税人之间进行分劈，可以使计税基数降至低税率级次，从而降低最高边际适用税率，节减税收
转让定价筹划法	主要是指通过关联企业采用非常规的定价方式和交易条件进行的纳税筹划

经典题解

【真题21·多选题】纳税筹划可以利用的税收优惠政策筹划法包括（　　）。（2016年）

A. 税收扣除政策　　　　B. 减税政策

C. 免税政策　　　　D. 退税政策

【解析】利用税收优惠政策筹划法进行纳税筹划的主要政策包括利用免税政策、利用减税政策、利用退税政策、利用税收扣除政策、利用税率差异、利用分劈技术、利用税收抵免。

【答案】ABCD

2. 递延纳税

含义	采取有利的会计处理方法是企业实现递延纳税的一个重要途径
递延纳税的主要筹划法	（1）存货计价方法的选择 （2）固定资产折旧方法的选择

经典题解

【真题22·单选题】在税法许可的范围内，下列纳税筹划方法中，能够导致递延纳税的是（　　）。（2017年卷Ⅱ）

A. 固定资产加速折旧法

B. 费用在母子公司之间合理分劈法

C. 转让定价筹划法

D. 研究开发费用加计扣除法

【解析】纳税筹划的方法包括减少应纳税额和递延纳税。递延纳税筹划主要包括存货计价和固定资产折旧的方法选择等。因此选项 A 正确。选项 B、C、D 属于利用减少应纳税额进行纳税筹划。

【答案】A

二、企业筹资纳税管理★★

分类	要点	解释
内部筹资纳税管理	从税收角度来看，内部筹资虽然不能减少企业的所得税负担，但可以使股东受惠	相比直接以股利分配的形式发放给股东，内部筹资可以避免股东承担双重税负；若将这部分资金继续留在企业内部获取投资收益，投资者可以享受递延纳税带来的收益
外部筹资纳税管理	利用债务筹资，利息税前扣除，可以抵税，所以企业利用有息债务筹资可以获得节税效应；利用股权筹资，股利用税后利润支付，利用股权筹资不能获得节税效应	纳税筹划的最终目的是企业财务管理目标的实现而非税负最小化 出于财务管理目标的考虑，在采用债务筹资方式筹集资金时，不仅要将资本结构控制在相对安全的范围内，还要确保总资产收益率（息税前）大于债务利息率

相关链接

按照第 5 章最优资本结构的观点把握。最优资本结构下企业价值最大，加权资本成本最低。

经典题解

【真题 23 · 判断题】企业利用有息债务筹资可以获得节税效应。（　　）（2020 年卷Ⅲ）

【解析】利息税前扣除，可以抵税，所以企业利用有息债务筹资可以获得节税效应。

【答案】√

三、企业投资纳税管理★★

（一）直接投资纳税管理

1. 直接对外投资纳税管理

投资组织形式的纳税筹划	（1）公司制企业与合伙企业的选择： 公司制企业股东面临着双重税收问题。而合伙企业不缴纳企业所得税，只课征各个合伙人分得收益的所得税 （2）子公司与分公司的选择： 子公司需要独立申报企业所得税，分公司的企业所得税由总公司汇总计算并缴纳

投资行业的纳税筹划	应尽可能选择税收负担较轻的行业 【提示】对于国家重点扶持的高新技术企业，按15%的税率征收企业所得税；对于创业投资企业进行国家重点扶持和鼓励的投资，可以按投资额的一定比例抵扣应纳税所得额
投资地区的纳税筹划	企业在选择注册地点时，应考虑不同地区的税收优惠政策 【提示】对设在西部地区属于国家鼓励类产业的企业，在2021年1月1日至2030年12月31日期间，减按15%的税率征收企业所得税
投资收益取得方式的纳税筹划	在选择回报方式时，投资企业可以利用其在被投资企业中的地位，使被投资企业进行现金股利分配，这样可以减少投资企业取得投资收益的所得税税务负担。而企业卖出股份所取得的投资收益则需要缴纳企业所得税 【提示】根据《企业所得税法》的规定，居民企业直接投资于其他居民企业取得股息、红利等权益性投资收益为企业的免税收入，不包括连续持有居民企业公开发行并上市流通的股票不足12个月取得的投资收益

要点小贴士

居民企业是指依照我国法律、法规在我国境内成立，或者实际管理机构、总机构在中国境内的企业。

2. 直接对内投资纳税管理

固定资产投资	税法对固定资产的涉税事项处理均有详细的规定，在投资环节的纳税筹划较少
无形资产投资	企业在具备相应的技术实力时，应该进行自主研发，从而享受加计扣除优惠 【提示】为支持企业科技创新，2021年财政部进一步提高了企业研发费用税前加计扣除比例，即制造业企业开展研发活动中实际发生的研发费用，未形成无形资产计入当期损益的，在按规定据实扣除的基础上，自2021年1月1日起，再按照实际发生额的100%在税前加计扣除；形成无形资产的，自2021年1月1日起，按照无形资产成本的200%在税前摊销

（二）间接投资纳税管理

与直接投资相比，间接投资考虑的税收因素较少，但也有纳税筹划的空间。

【提示】我国国债利息收入免交企业所得税，当可供选择债券的回报率较低时，应该将其税后投资收益与国债的收益相比，再作决策。

经典题解

【例题24·单选题】已知当前的国债利率为3%，某公司适用的所得税税率为25%。出于追求最大税后收益的考虑，该公司决定购买一种企业债券，该企业债券的利率至少应为（　　）。

A. 2.65%　　B. 3%　　C. 3.75%　　D. 4%

【解析】我国税法规定，我国国债利息收入免交企业所得税，而购买企业债券取得的收益需要缴纳企业所得税。所以本题中通过购买企业债券获得与购买国债相同的收益率，其利率至少应为3%/（1-25%）=4%。

【答案】D

四、企业营运纳税管理★★

（一）采购的纳税管理

增值税纳税人的纳税筹划	（1）一般纳税人应交增值税 = 不含税销售额 × 增值税税率 – 不含税购进额 × 增值税税率 = 增值额 × 增值税税率 （2）小规模纳税人应交增值税 = 不含税销售额 × 征收率 若两者相等，则：增值额 × 增值税税率 = 不含税销售额 × 征收率 无差别平衡点增值率 = 增值额 / 不含税销售额 = 征收率 / 增值税税率 实际增值率＞无差别平衡点增值率，适用小规模纳税人 实际增值率＜无差别平衡点增值率，适用一般纳税人
选择供货单位（一般纳税人）的纳税筹划	从一般纳税人处采购的货物，增值税进项税额可以抵扣 从小规模纳税人处采购的货物，价格低，但是进项税不能抵扣（由税务机关代开的除外） 若价格优惠带来的成本减少额高于不能抵扣增值税带来的成本费用增加额，则选小规模纳税人；否则选一般纳税人
结算方式的纳税筹划	结算方式包括赊购、现金、预付等。在购货价格无明显差异时，要尽可能选择赊购方式

> **要点小贴士**
> 自2021年4月1日至2022年12月31日，小规模纳税人增值税应税销售行为，合计月销售额未超过15万元、季度销售额未超过45万元的，免征增值税。
> 自2021年4月1日至2022年3月1日，增值税小规模纳税人，征收率由3%减按1%征收增值税；预征率由3%减按1%预缴增值税。

> **要点小贴士**
> 选择应交增值税小的方案。

> **要点小贴士**
> 选择税后利润大的方案。

经典题解

【例题25·单选题】A公司是一家新成立的商业企业，预计经销商品的不含税年销售额为300万元，不含税年购进额为200万元（由于商品的独特性，假设只能从B公司进货，B公司为一般纳税人）。一般纳税人适用的增值税税率为13%，小规模纳税人征收率为1%时，从减少税负角度看下列表述正确的是（　　）。

A. 选择成为小规模纳税人税负较轻

B. 选择成为一般纳税人税负较轻

C. 选择成为小规模纳税人与一般纳税人税负无差别

D. 不一定

【解析】小规模纳税人应交增值税 =300×1%=3（万元）

一般纳税人应交增值税 =（300–200）×13%=13（万元）

选择成为小规模纳税人税负较轻，选项A正确。

【答案】A

（二）生产的纳税管理

存货计价的纳税筹划	盈利企业和处于非税收优惠的企业	选择使本期存货成本最大化的计价方法
	亏损企业和享受税收优惠的企业	选择使本期存货成本最小化的计价方法

固定资产的纳税筹划	盈利企业和处于非税收优惠的企业	（1）新增固定资产入账时，账面价值尽可能低，尽可能在当期扣除相关费用 （2）在征得税务机关同意的情况下，尽量缩短折旧年限或采用加速折旧法，即当期多提折旧
	亏损企业和享受税收优惠的企业	尽量在税收优惠期间和亏损期间少提折旧，以达到抵税收益最大化
期间费用的纳税筹划	有些扣除项目有限额规定，例如企业发生的招待费支出，按照发生额的60%扣除，但最高不得超过当年营业收入的5‰	

经典题解

【例题26·单选题】 某企业本年实际发生的业务招待费为50万元，本年实现的销售收入为10000万元，则根据企业所得税法规定，该企业本年可以在税前抵扣的业务招待费为（　　）万元。

A. 5　　　　B. 10

C. 30　　　　D. 50

【解析】 根据企业所得税法规定，纳税人发生的与其经营业务直接相关的业务招待费支出，应按照实际发生额的60%扣除，但最高不得超过当年销售（营业）收入的5‰；因为50×60%=30（万元）；10000×5‰=50（万元），所以取低者30万元。

【答案】 C

（三）销售的纳税管理

促销方式	对增值税纳税义务的影响
销售折扣（现金折扣）	不能减少增值税纳税义务（因为销售折扣不得从销售额中减除）
折扣销售	可以减少企业的销项税额（如果销售额和折扣额在同一张发票上注明，可以以销售额扣除折扣额后的余额作为计税金额）
实物折扣	实物款额不能从货物销售额中减除，需要按“赠送他人”计征增值税
以旧换新	一般应按新货物的同期销售价格确定销售额，不得扣减旧货物的收购价格

要点小贴士（折扣销售）

从税负角度考虑，企业适合选择折扣销售方式。

五、企业利润分配纳税管理★★★

（一）所得税的纳税管理

税法规定，纳税人发生年度亏损，可以用下一纳税年度的所得弥补；下一年度的所得不足以弥补的，可以逐年延续弥补，但延续弥补期最长不得超过5年。但对于高新技术企业和科技型中小企业，自2018年1月1日起，亏损结转年限由5年延长至10年。

经典题解

【例题 27 · 单选题】 假设某大型企业（非高新技术企业）2015~2021 年度应纳税所得额（未弥补亏损）如下表所示，该企业适用的所得税税率为 25%：

某企业 2015~2021 年度应纳税所得额（未弥补亏损）

单位：万元

年度	2015 年	2016 年	2017 年	2018 年	2019 年	2020 年	2021 年
应纳税所得额（未弥补亏损）	-100	-20	10	20	20	10	60

该企业 2021 年应当缴纳的企业所得税为（　　）万元。

A. 0　　B. 5

C. 10　　D. 15

【解析】

单位：万元

年度	2015 年	2016 年	2017 年	2018 年	2019 年	2020 年	2021 年
应纳税所得额（未弥补亏损）	-100	-20	10	20	20	10	60
应纳税所得额	-100	-120	-110	-90	-70	-60	40
应交所得税	0	0	0	0	0	0	40×25%=10

【答案】 C

（二）股利分配的纳税管理

1. 基于自然人股东的纳税筹划

投资收益的种类	持股期限	适用的个人所得税税率	交易时印花税
现金股利和股票股利收益	1 个月以内（含 1 个月）	20%	—
	1 个月 ~1 年（含 1 年）	20%×50%=10%	—
	超过 1 年	免征个人所得税	—
买卖股票获得资本利得收益	没有限制	免征个人所得税	印花税 = 成交额 ×1‰

要点小贴士

国家鼓励长期持有股票。

2. 基于法人股东的纳税筹划

从居民企业取得的现金股利或股票股利收益	免税
通过股权转让等方式取得的投资收益	缴纳企业所得税

六、企业重组纳税管理★

（一）企业重组纳税管理概述

1. 企业重组的含义

使企业法律结构或经济结构重大改变的交易，包括企业法律形式改变、债务重组、股权收购、资产收购、合并和分立等，这些交易可以统称为企业重组。

2. 企业重组纳税管理从两方面入手：

- ①通过重组事项，长期降低企业的各项纳税义务
- ②减少企业重组环节的纳税义务

  【提示】特殊性税务处理方法更有利于企业价值最大化，在进行重组时，应该尽量满足特殊性税务处理条件，采用特殊性税务处理方法

3. 资产重组的两类税务处理方法

财政部、国家税务总局联合发布的《关于企业重组业务企业所得税处理若干问题的通知》和现行的《企业所得税法》对资产重组规定了两类税务处理方法。

- 一般性税务处理方法 ⇨ 强调重组交易中的增加值一定要缴纳企业所得税
  （1）对合并企业而言：不能弥补被合并企业的亏损
  （2）对于被合并企业的股东而言：需要对资产转让所得缴纳所得税
- 特殊性税务处理方法 ⇨ （1）对合并企业而言：可以部分抵扣相关企业的亏损，从中获得抵税收益
  （2）对于被合并企业的股东而言：对资产转让所得的股权支付部分可以免于确认所得

【提示】股权支付是对企业重组采取特殊性税务处理方法的必要条件。当企业符合特殊性税务处理的其他条件，譬如股权收购，收购企业购买的股权不低于被收购企业全部股权的50%；或资产收购，受让企业收购的资产不低于转让企业全部资产的50%，且股权支付金额不低于其交易支付总额的85%时，可以使用资产重组的特殊性税务处理方法。

（二）企业合并的纳税筹划

纳税筹划	分类	要点
并购目标企业的选择	并购有税收优惠政策的企业	现行的《企业所得税法》强调以产业优惠为主、区域优惠为辅的所得税优惠格局，因此，企业在选择并购目标时，要充分重视行业优惠因素和地区优惠因素，在同等条件下，优先选择享有税收优惠政策的企业，可以使并购后企业整体的税务负担较小
	并购亏损的企业	如果企业并购重组符合特殊性税务处理的规定，合并企业可以对被合并企业的亏损进行弥补，获得抵税收益 可由合并企业弥补的被合并企业亏损的限额 = 被合并企业净资产公允价值 × 截至合并业务发生当年年末国家发行的最长期限的国债利率
	并购上下游企业或关联企业	减少流通环节，减少流转税纳税义务
并购支付方式的纳税筹划	股权支付	使用资产重组的特殊性税务处理方法的必要条件之一
	非股权支付	采用一般性税务处理方法

（三）企业分立的纳税筹划

分立方式	理解	纳税筹划
新设分立	分立后原企业不存在（A ⇨ B+C 等）	把一个企业分解成两个甚至更多个新企业，使之适用小型微利企业，或符合高新技术企业的优惠，从而降低所适用的税率，使企业的总体税收负担低于分立前的企业
存续分立	分立后原企业存续（A ⇨ A+B 等）	可以将企业某个特定部门分立出去，获得流转税的税收利益

第四节　分配管理

使用“会计云课堂”App 或“微信”扫码查看本节视频，快速 GET 知识点。

一、股利政策与企业价值★★★

（一）股利分配理论

股利分配理论的核心问题是股利政策与公司价值的关系问题。

要点小贴士

股利无关论认为股利政策不会影响公司价值；股利相关论认为股利政策会影响公司价值。

1. 股利无关理论

观点	股利无关论认为，在一定的假设条件限制下，股利政策不会对公司的价值或股票的价格产生任何影响，投资者不关心公司股利的分配。公司市场价值的高低，是由公司所选择的投资决策的获利能力和风险组合所决定的，而与公司的利润分配政策无关
假设条件	该理论是建立在完全资本市场理论之上的，假定条件包括： 第一，市场具有强式效率，没有交易成本，没有任何一个股东的实力足以影响股票价格 第二，不存在任何公司或个人所得税 第三，不存在任何筹资费用 第四，公司的投资决策与股利决策彼此独立，即投资决策不受股利分配的影响 第五，股东对股利收入和资本增值之间并无偏好

经典题解

【真题28·单选题】股利无关论认为股利分配对公司市场价值不产生影响，下列关于股利无关理论的假设表述错误的是（　　）。（2019年卷Ⅱ）

A. 投资决策不受股利分配的影响

B. 不存在股票筹资费用

C. 不存在资本增值

D. 不存在个人或公司所得税

【解析】股利无关论是建立在完全资本市场理论之上的，假定条件包括：第一，市场具有强式效率，没有交易成本，没有任何一个股东的实力足以影响股票价格；第二，不存在任何公司或个人所得税；第三，不存在任何筹资费用；第四，公司的投资决策与股利决策彼此独立，即投资决策不受股利分配的影响；第五，股东对股利收入和资本增值之间并无偏好。

【答案】C

2. 股利相关理论

种类	观点
"手中鸟"理论	该理论认为，厌恶风险的投资者偏好确定的股利收益，而不愿将收益存在公司内部去承担未来的投资风险，因此当公司支付较高的股利时，公司的股票价格会随之上升，公司的价值将得到提高
信号传递理论	该理论认为，在信息不对称的情况下，公司可以通过股利政策向市场传递有关公司未来获利能力的信息，从而会影响公司的股价 一般来讲，预期未来获利能力强的公司，往往愿意通过相对较高的股利支付水平，把自己同预期盈利能力差的公司区别开来，以吸引更多的投资者
所得税差异理论	该理论认为，由于普遍存在的税率以及纳税时间的差异，资本利得收益比股利收益更有助于实现收益最大化目标，公司应当采用低股利政策

要点小贴士

一鸟在手，强于二鸟在林。手中鸟：当期股利收益；林中鸟：未来的资本利得。

种类	观点
代理理论	该理论认为，股利的支付能够有效地降低代理成本 高水平的股利政策降低了企业的代理成本，但同时增加了外部融资成本，理想的股利政策应当使两种成本之和最小

要点小贴士

（1）股利的支付减少了管理者对自由现金流量的支配权，这在一定程度上可以抑制公司管理者的过度投资或在职消费行为，从而保护外部投资者的利益；

（2）较多的现金股利发放，减少了内部融资，导致公司进入资本市场寻求外部融资，从而公司将接受资本市场上更多的、更严格的监督，这便能通过资本市场的监督减少了代理成本。

经典题解

【真题 29 · 单选题】有观点认为，投资者一般是风险厌恶型的，偏好确定的股利收益，不愿将收益留在公司而承担未来的投资风险。因此，支付较高股利有助于提高股价和公司价值。这种观点被称为（　　）。（2021 年卷Ⅲ）

A.“手中鸟”理论　　B. 信号传递理论

C. 所得税差异理论　　D. 代理理论

【解析】本题描述的是“手中鸟”理论的观点。

【答案】A

【提示】2016 年试题与此题的考查角度一致。

【真题 30 · 多选题】下列关于股利政策的说法中，符合代理理论观点的有（　　）。（2020 年卷Ⅰ）

A. 股利政策应当向市场传递有关公司未来获利能力的信息

B. 股利政策是协调股东与管理者之间代理关系的约束机制

C. 高股利政策有利于降低公司的代理成本

D. 理想的股利政策应当是发放尽可能高的现金股利

【解析】代理理论认为，股利政策有助于减缓管理者与股东之间的代理冲突，即股利政策是协调股东与管理者之间代理关系的一种约束机制。所以选项 B 正确。代理理论认为，高水平的股利政策降低了企业的代理成本，但同时增加了外部融资成本，理想的股利政策应当使两种成本之和最小。所以选项 C 正确、选项 D 错误。选项 A 属于信号传递理论的观点。

【答案】BC

【真题 31 · 多选题】下列股利分配理论中，认为股利政策会影响公司价值的有（　　）。（2020 年卷Ⅰ）

A. 信号传递理论

B. 所得税差异理论

C.“手中鸟”理论

D. 代理理论

【解析】股利相关理论认为，企业的股利政策会影响股票价格和公司价值。主要观点有：（1）“手中鸟”理论；（2）信号传递理论；（3）所得税差异理论；（4）代理理论。

【答案】ABCD

【真题 32 · 单选题】有种观点认为，企业支付高现金股利可以减少管理

者对于自由现金流量的支配，从而在一定程度上抑制管理者的在职消费，持这种观点的股利分配理论是（　　）。（2018年卷Ⅰ）

A. 所得税差异理论　　B. 代理理论

C. 信号传递理论　　D. “手中鸟”理论

【解析】代理理论认为，股利的支付能够有效地降低代理成本。首先，股利的支付减少了管理者对自由现金流量的支配权，这在一定程度上可以抑制公司管理者的过度投资或在职消费行为，从而保护外部投资者的利益；其次，较多的现金股利发放，减少了内部融资，导致公司进入资本市场寻求外部融资，从而公司将接受资本市场上更多的、更严格的监督，这样便通过资本市场的监督减少了代理成本。

【答案】B

【真题33·单选题】下列股利理论中，支持“低现金股利有助于实现股东利益最大化目标”观点的是（　　）。（2017年卷Ⅰ）

A. 信号传递理论　　B. 所得税差异理论

C. “手中鸟”理论　　D. 代理理论

【解析】所得税差异理论认为，由于普遍存在的税率以及纳税时间的差异，资本利得收益比股利收益更有助于实现收益最大化目标，公司应当采用低股利政策，本题选项B正确。

【答案】B

【真题34·单选题】当公司宣布高股利政策后，投资者认为公司有充足的财务实力和良好的发展前景，从而使股价产生正向反应。持有这种观点的股利理论是（　　）。（2017年卷Ⅱ）

A. 所得税差异理论　　B. 信号传递理论

C. 代理理论　　D. “手中鸟”理论

【解析】信号传递理论认为，在信息不对称的情况下，公司可以通过股利政策向市场传递有关公司未来获利能力的信息，从而会影响公司的股价。此题公司通过宣布高股利政策，向投资者传递“公司有充足的财务实力和良好的发展前景”的信息，从而对股价产生正向影响，选项B正确。

【答案】B

【真题35·单选题】某股利分配理论认为，由于对资本利得收益征收的税率低于对股利收益征收的税率，企业应采用低股利政策。该股利分配理论是（　　）。（2015年）

A. 代理理论　　B. 信号传递理论

C. “手中鸟”理论　　D. 所得税差异理论

【解析】所得税差异理论认为，由于普遍存在的税率以及纳税时间的差异，资本利得收益比股利收益更有助于实现收益最大化目标，公司应当采用低股利政策。一般来说，对资本利得收益征收的税率低于对股利收益征收的税率；再者，即使两者没有税率上的差异，由于投资者对资本利得收益的纳税时间选择更具有弹性，投资者仍可以享受延迟纳税带来的收益差异。

【答案】D

（二）股利政策

1. 剩余股利政策

内容	指公司在有良好的投资机会时，根据目标资本结构，测算出投资所需的权益资本额，先从盈余中留用，然后将剩余的盈余作为股利来分配，即净利润首先满足公司的权益资金需求，如果还有剩余，就派发股利；如果没有，则不派发股利
理论依据	股利无关理论
优点	留存收益优先满足再投资的权益资金需要，有助于降低再投资的资金成本，保持最佳的资本结构，实现企业价值的长期最大化
缺点	股利发放额每年随投资机会和盈利水平的波动而波动，不利于投资者安排收入与支出，也不利于公司树立良好的形象
适用范围	一般适用于公司初创阶段

要点小贴士

预计股利 = 净利润 − 投资需要的资金 × 目标权益比重。

经典题解

【真题 36 · 单选题】某公司目标资本结构要求权益资本占 55%，2020 年的净利润为 2500 万元，预计 2021 年投资所需资金为 3000 万元。按照剩余股利政策，在 2020 年可发放的现金股利为（　　）。（2021 年卷 Ⅰ）

A. 850 万元

B. 1150 万元

C. 1375 万元

D. 1125 万元

【解析】2020 年可发放的现金股利 =2500−3000 × 55%=850（万元）。

【答案】A

【真题 37 · 判断题】某公司目标资本结构要求权益资本占 60%，2020 年的净利润为 2000 万元，预计 2021 年的投资需求为 1000 万元。按照剩余股利政策，2020 年可发放的现金股利为 1400 万元。（　　）（2021 年卷 Ⅱ）

【解析】2020 年可发放的现金股利 =2000−1000 × 60%=1400（万元）。

【答案】√

【真题 38 · 判断题】在公司具有良好的投资机会时，剩余股利政策要求公司尽量使用留存收益来满足目标资本结构所需的权益资本数额。（　　）（2020 年卷 Ⅰ）

【解析】剩余股利政策是指公司在有良好的投资机会时，根据目标资本结构，测算出投资所需的权益资本额，先从盈余中留用，然后将剩余的盈余作为股利来分配。所以该表述正确。

【答案】√

【真题39·单选题】下列股利政策中，有利于保持企业最优资本结构的是（　　）。（2018年卷Ⅱ）

A. 剩余股利政策

B. 固定或稳定增长的股利政策

C. 固定股利支付率政策

D. 低正常股利加额外股利政策

【解析】剩余股利政策的优点是：留存收益优先满足再投资需要的权益资金，有助于降低再投资的资金成本，保持最佳的资本结构，实现企业价值的长期最大化。

【答案】A

【真题40·多选题】下列各项中，属于剩余股利政策优点的有（　　）。（2015年）

A. 保持目标资本结构

B. 降低再投资资本成本

C. 使股利与企业盈余紧密结合

D. 实现企业价值的长期最大化

【解析】剩余股利政策，股利发放额会每年随着投资机会和盈利水平的波动而波动。有时会出现即使盈利水平高，但由于投资所需资金多，股利反而支付少的情况，因此选项C错误。

【答案】ABD

要点小贴士

固定：预计股利＝基期股利。

稳定增长：预计股利＝基期股利×（1+股利增长率）。

2. 固定或稳定增长的股利政策

内容	指公司将每年派发的股利额固定在某一特定水平或是在此基础上维持某一固定比率逐年稳定增长。公司只有在确信未来盈余不会发生逆转时才会宣布实施固定或稳定增长的股利政策
理论依据	股利相关理论
优点	（1）有利于树立公司的良好形象，增强投资者对公司的信心，稳定公司股票价格 （2）有助于投资者安排股利收入与支出，有利于吸引那些打算进行长期投资并对股利有很高依赖性的股东 （3）为将股利或股利增长率维持在稳定的水平上，即使推迟某些投资方案或暂时偏离目标资本结构，也可能比降低股利或股利增长率更为有利
缺点	（1）股利的支付与企业的盈利相脱节，可能导致企业资金紧缺，财务状况恶化 （2）在企业无利可分的情况下，若依然实施固定或稳定增长的股利政策，是违反《公司法》的行为
适用范围	采用固定或稳定增长的股利政策，要求公司对未来的盈利和支付能力能作出准确的判断。一般来说，公司确定的固定股利额不宜太高，以免陷入无力支付的被动局面。固定或稳定增长的股利政策通常适用于经营比较稳定或正处于成长期的企业，但很难被长期采用

经典题解

【真题41·多选题】下列各项中，属于固定或稳定增长股利政策优点的有(　　)。(2018年卷Ⅰ)

A. 稳定的股利有利于稳定股价

B. 稳定的股利有利于树立公司的良好形象

C. 稳定的股利使股利与公司盈余密切挂钩

D. 稳定的股利有利于优化公司资本结构

【解析】固定或稳定增长股利政策的股利支付与企业的盈利相脱节，选项C错误；将股利或股利增长率维持在稳定的水平上，会推迟某些投资方案或暂时偏离目标资本结构，所以选项D错误。

【答案】AB

【真题42·判断题】当公司处于经营稳定或成长期，对未来的盈利和支付能力可作出准确判断并具有足够把握时，可以考虑采用稳定增长的股利政策，增强投资者信心。(　　)(2015年)

【解析】本题的考点是固定或稳定增长股利政策的适用范围。

【答案】√

3. 固定股利支付率政策

要点小贴士

一般按基期的数据确定固定的股利支付率。预计股利 = 预计净利润 × 固定股利支付率。

内容	指公司将每年净利润的某一固定百分比作为股利分派给股东。这一百分比通常称为股利支付率
理论依据	股利相关理论
优点	(1)股利的支付与公司盈余紧密地配合，体现了“多盈多分、少盈少分、无盈不分”的股利分配原则 (2)公司每年按固定的比例从税后利润中支付现金股利，从企业支付能力的角度看，这是一种稳定的股利政策
缺点	(1)由于收益不稳导致股利的波动所传递的信息，容易成为影响股价的不利因素 (2)容易使公司面临较大的财务压力 (3)合适的固定股利支付率的确定难度比较大
适用范围	适用于那些处于稳定发展并且财务状况也比较稳定的公司

经典题解

【真题43·判断题】在固定股利支付率政策下，各年的股利随着收益的波动而波动，容易给投资者带来公司经营状况不稳定印象。(　　)(2019年卷Ⅱ)

【解析】大多数公司每年的收益很难保持稳定不变，导致年度间的股利额波动较大，由于股利的信号传递作用，波动的股利很容易给投资者带来经营状况不稳定、投资风险较大的不良印象，成为影响股价的不利因素。

【答案】√

【真题44·单选题】下列各项中，属于固定股利支付率政策的优点是（　　）。（2016年）

A. 股利与公司盈余紧密配合

B. 有利于树立公司的良好形象

C. 股利分配有较大灵活性

D. 有利于稳定公司的股价

【解析】固定股利支付率政策的优点之一是股利与公司盈余紧密地配合，体现了“多盈多分、少盈少分、无盈不分”的股利分配原则。

【答案】A

要点小贴士

（1）每年支付固定数额的低股利。

（2）高盈余年份增发股利。

4. 低正常股利加额外股利政策

内容	指公司事先设定一个较低的正常股利额，每年除了按正常股利额向股东发放股利外，还在公司盈余较多、资金较为充裕的年份向股东发放额外股利
理论依据	股利相关理论
优点	（1）赋予公司较大的灵活性，使公司在股利发放上留有余地，并具有较大的财务弹性。公司可根据每年的具体情况，选择不同的股利发放水平，以稳定和提高股价，进而实现公司价值的最大化 （2）使那些依靠股利度日的股东每年至少可以得到虽然较低但比较稳定的股利收入，从而吸引住这部分股东
缺点	（1）由于各年度之间公司盈利的波动使得额外股利不断变化，造成分派的股利不同，容易给投资者造成收益不稳定的感觉 （2）当公司在较长时间持续发放额外股利后，可能会被股东误认为“正常股利”，一旦取消，传递出的信号可能会使股东认为这是公司财务状况恶化的表现，进而导致股价下跌
适用范围	对那些盈利随着经济周期而波动较大的公司或者盈利与现金流量很不稳定时，低正常股利加额外股利政策也许是一种不错的选择

经典题解

【真题45·判断题】与固定股利政策相比，低正常股利加额外股利政策赋予公司股利发放的灵活性。（　　）（2020年卷Ⅱ）

【解析】低正常股利加额外股利政策下，公司可根据每年的具体情况，选择不同的股利发放水平，所以赋予了公司较大的灵活性。

【答案】√

【真题46·单选题】下列股利政策中，具有较大财务弹性，且可使股东得到相对稳定股利收入的是（　　）。（2017年卷Ⅱ）

A. 剩余股利政策

B. 固定或稳定增长的股利政策

C. 固定股利支付率政策

D. 低正常股利加额外股利政策

【解析】剩余股利政策的股利发放额每年随投资机会和盈利水平的波动而波动，选项A错误。固定或稳定增长的股利政策缺乏弹性，选项B错误。固定股利支付率政策会由于收益不稳导致股利的波动，选项C错误。低正常股利加额外股利政策具有较大的财务弹性，而且使那些依靠股利度日的股东每年至少可以得到虽然较低但比较稳定的股利收入，选项D正确。

【答案】D

【总结】

项目	剩余股利政策	固定股利支付率政策	固定或稳定增长股利政策	低正常股利加额外股利政策
股利理论	无关理论	相关理论	相关理论	相关理论
保持目标资本结构（降低资本成本）	有利于	不利于	不利于	不利于
股利与盈余紧密配合	不利于	有利于	不利于	低正常部分：不利于 额外部分：有利于
树立公司良好形象、稳定股价	不利于	不利于	有利于	低正常部分：有利于 额外部分：不利于
股利确定方法	股利=净利润-投资总需求×目标权益比重	股利D_1=净利润$_1$×股利支付率 其中： 股利支付率=基期股利/基期净利润	固定股利：$D_1=D_0$ 稳定增长股利：$D_1=D_0\times(1+g)$	低正常+额外

名师点拨

在实务工作中当年实现的净利润在下一年分配股利。教材为了简便，例题均默认当年的利润在当年分配。

（1）考试时不特指均按简化处理方式：

t年的股利支付率=t年分配的股利/t年净利润；

（2）考试如果特指当年净利润在下年分配：

t年的股利支付率=（t+1）年分配的股利/t年净利润。

经典题解

【例题47·单选题】某公司成立于2020年1月1日，2020年度实现的净利润为2000万元，分配现金股利1100万元，2021年实现的净利润为2500万元，若公司采用固定股利支付率政策，则2021年分配的现金股利为（　　）万元。

A. 1100　　B. 1250

C. 1375　　D. 1400

【解析】股利支付率=1100/2000=55%，2021年分配的现金股利=2500×55%=1375（万元）。

【答案】C

【例题48·单选题】甲公司是一家制造企业，当年取得的利润在下年分配。2021年公司净利润50000万元，2022年分配现金股利15000万元。预计2022年净利润60000万元，如果甲公司采用固定股利支付率政策，则2022年净利润的股利支付率为（　　）。

A. 25%　　　　B. 30%

C. 35%　　　　D. 40%

【解析】题目有特指当年取得的利润在下年分配，所以2022年分配的股利是针对2021年净利润的分配，固定股利支付率=15000/50000=30%。

【答案】B

名师点拨

影响因素很多，甚至债权人可以通过预先加入限制条款来影响公司的股利分配，具体影响按常识理解记忆。

二、利润分配制约因素★★★

（一）法律因素

资本保全约束	不能用资本（包括实收资本或股本和资本公积）发放股利
资本积累约束	公司必须按照一定的比例和基数提取各种公积金，股利只能从企业的可供股东分配利润中支付。在进行利润分配时，一般应当贯彻“无利不分”原则，即当企业出现年度亏损时，一般不进行利润分配
超额累积利润约束	如果公司为了股东避税而使得盈余的保留大大超过了公司目前及未来的投资需要时，将被加征额外的税款
偿债能力约束	要求公司考虑现金股利分配对偿债能力的影响，确定在分配后仍能保持较强的偿债能力，以维持公司的信誉和借贷能力，从而保证公司正常的资金周转

经典题解

【真题49·判断题】根据“无利不分”原则，当企业出现年度亏损时，一般不进行利润分配。（　　）（2017年卷Ⅱ）

【解析】股利只能从企业可供股东分配的利润中支付，可供分配利润包括企业当期按规定提取各种公积金后的净利润余额和以前累积的未分配利润。

【答案】√

【例题50·多选题】按照资本保全约束的要求，企业发放股利所需资金的来源包括（　　）。

A. 当期利润

B. 留存收益

C. 资本公积

D. 股本

【解析】资本保全约束规定公司不能用资本（包括实收资本或股本和资本公积）发放股利，所以选项A、B正确，选项C、D错误。

【答案】AB

（二）公司因素

现金流量	公司在进行利润分配时，要保证正常的经营活动对现金的需求，以维持资金的正常周转，使生产经营得以有序进行
资产的流动性	资产流动性较低的公司往往支付较低的股利
盈余的稳定性	一般来讲，公司盈余越稳定，其股利支付水平越高
投资机会	投资机会多——低股利；投资机会少——高股利
筹资因素	筹资能力强——高股利
其他因素	不同发展阶段、不同行业的公司股利支付比例会有差异

要点小贴士

初创期和成长期通常采用低股利支付率政策，衰退期通常采用高股利支付率政策。

经典题解

【例题51·判断题】处于衰退期的企业在制定收益分配政策时，应当优先考虑企业积累。（　　）

【解析】由于企业处于衰退期，此时企业将留存收益用于再投资所得收益低于股东个人单独将股利收益投资于其他投资机会所得的收益，企业就不应多保留留存收益，而应多发股利，这样有利于股东价值的最大化。

【答案】×

（三）股东因素

控制权	具有控制权的股东往往主张限制股利的支付，而愿意较多的保留盈余，以防止控制权旁落他人（低股利政策）
稳定的收入	从稳定收入的角度考虑，靠股利维持生活的股东要求支付稳定的股利（高股利政策）
避税	一般来讲，股利收入的税率要高于资本利得的税率，因此，高股利收入的股东出于避税因素的考虑，偏好于低股利支付水平（低股利政策）

（四）其他因素

债务契约	债权人可以在合同中加入关于借款公司股利政策的条款，以限制公司股利的发放（低股利政策）
通货膨胀	在通货膨胀时期，企业一般采用偏紧的利润分配政策。原因在于，出现通货膨胀之后，货币购买力下降，固定资产重置资金会出现缺口，为了弥补缺口，企业往往少发放现金股利（低股利政策）

经典题解

【例题52·单选题】下列关于股利分配政策影响因素的表述中，正确的是（　　）。

A. 公司盈余的稳定程度与股利支付水平负相关

B. 偿债能力弱的公司一般不应采用高现金股利政策

C. 基于控制权的考虑，股东会倾向于较高的股利支付水平

D. 债权人不会影响公司的股利分配政策

【解析】一般来讲，公司的盈余越稳定，其股利支付水平也就越高，因此选项 A 不正确；基于控制权的考虑，股东会倾向于较低的股利支付水平，因此选项 C 不正确；债权人可以在合同中加入关于借款公司股利政策的条款，以限制公司股利的发放，因此债权人会影响公司的股利分配政策，所以选项 D 不正确。偿债能力弱的公司一般采用低现金股利政策，所以选项 B 正确。

【答案】B

三、股利支付形式与程序★★★

（一）股利支付形式

要点小贴士

公司以自己的股票发股利是股票股利，公司以持有的其他公司的股票发股利是财产股利；公司以自己的债券发股利是负债股利，公司以持有的其他公司的债券发股利是财产股利。

1. 形式

形式	说明
现金股利	是以现金支付的股利，它是股利支付最常见的方式
财产股利	是以现金以外的其他资产支付的股利，主要是以公司所拥有的其他公司的有价证券，如债券、股票等，作为股利支付给股东
负债股利	是以负债方式支付的股利，通常以公司的应付票据支付给股东，有时也以发放公司债券的方式支付股利
股票股利	是公司以增发股票的方式所支付的股利

经典题解

【真题 53·单选题】如果某公司以所持有的其他公司的有价证券作为股利发放给本公司股东，则该股利支付方式属于（　　）。（2019 年卷Ⅱ）

A. 负债股利　　B. 现金股利

C. 财产股利　　D. 股票股利

【解析】财产股利是以现金以外的其他资产支付的股利，主要是以公司所拥有的其他公司的有价证券，如债券、股票等，作为股利支付给股东。

【答案】C

2. 股票股利

有影响的项目	无影响的项目
（1）所有者权益的内部结构（改变） （2）股票数量（增加） （3）每股收益（下降） （4）每股市价（下降）	（1）每股面值 （2）资本结构（资产总额、负债总额、股东权益总额均不变） （3）股东持股比例 （4）若盈利总额和市盈率不变，股票股利发放不会改变股东持股的市场价值总额

【提示】发放股票股利对所有者权益的内部结构的影响分两种情况：

一是股票股利按市价确定：未分配利润按市价减少（增加的股数 × 每股市价），股本按面值增加（增加的股数 × 每股面值），差额计入资本公积。

二是股票股利按面值确定：未分配利润按面值减少（增加的股数 × 每股面值），股本按面值增加（增加的股数 × 每股面值），不产生股本溢价，资本公积不变。

经典题解

【真题 54·单选题】以增发股票的方式支付股利，对公司产生的影响是（　　）。（2021 年卷Ⅲ）

A. 减少公司资产总额　　B. 减少股东权益总额

C. 改变股东权益结构　　D. 导致现金流出

【解析】发放股票股利不影响资产总额和股东权益总额，也不会导致现金流出。而是使得未分配利润减少，股本或股本和资本公积增加，所以会改变股东权益结构。

【答案】C

【真题 55·多选题】某公司发放股利前的股东权益如下：股本 3000 万元（每股面值 1 元），资本公积 2000 万元，盈余公积 2000 万元，未分配利润 5000 万元。若每 10 股发放 1 股普通股作为股利，股利按市价（每股 10 元）计算，则公司发放股利后，下列说法正确的有（　　）。（2021 年卷Ⅱ）

A. 未分配利润的金额为 2000 万元

B. 股东权益的金额为 12000 万元

C. 股本的金额为 3300 万元

D. 盈余公积的金额为 4700 万元

【解析】发放股票股利后，未分配利润 =5000−3000/10×10=2000（万元），股本 =3000+3000/10×1=3300（万元），资本公积 =2000+3000/10×（10−1）=4700（万元），发放股票股利不影响盈余公积，选项 A、C 正确，选项 D 错误。发放股票股利前后股东权益金额不变，仍为 3000+2000+2000+5000=12000（万元），选项 B 正确。

【答案】ABC

【真题 56·多选题】发放股票股利对上市公司产生的影响有（　　）。（2020 年卷Ⅲ）

A. 公司股票数量增加　　B. 公司资产总额增加

C. 公司股东权益总额增加　　D. 公司股本增加

【解析】发放股票股利对公司来说，并没有现金流出企业，也不会导致公司的财产减少，公司资产总额不变，而只是将公司的未分配利润转化为股本或股本和资本公积。但股票股利会增加流通在外的股票数量，同时降低股票的每股价值。它不改变公司股东权益总额，但会改变股东权益的构成。所以选项 A、D 正确，选项 B、C 错误。

【答案】AD

【真题 57·单选题】下列各项股利支付形式中，不会改变企业资本结构的是（　　）。（2015 年）

A. 股票股利　　B. 财产股利　　C. 负债股利　　D. 现金股利

真题点拨

本题各种股利支付形式中，只有股票股利是权益内部的此增彼减，不会影响资本结构。其他三种股利支付形式都会使所有者权益减少，会改变资本结构。

【解析】发放股票股利对公司来说，并没有现金流出企业，也不会导致公司的财产减少，而只是将公司未分配利润转化为股本（股本和资本公积），不改变公司股东权益总额，但会改变股东权益的构成。选项 A 正确。

【答案】A

【例题 58 · 多选题】某公司现有发行在外的普通股 1000 万股，每股面值 1 元，资本公积 6000 万元，未分配利润 8000 万元，每股市价 20 元，按 5% 的比例发放股票股利，则（　　）。

A. 若股票股利按面值发放，公司资本公积的报表列示将为 7000 万元

B. 若股票股利按面值发放，公司资本公积的报表列示将为 6000 万元

C. 若股票股利按市价发放，公司资本公积的报表列示将为 6950 万元

D. 若股票股利按市价发放，公司资本公积的报表列示将为 7200 万元

【解析】增加的股数 =1000 × 5%=50（万股）

若股票股利按面值发放：

股本增加额 =1 × 50=50（万元），未分配利润减少额 =50 万元

资本公积的报表列示金额不变，仍为 6000 万元

若股票股利按市价发放：

资本公积增加额 =（20−1）× 50=950（万元）

资本公积的报表列示金额 =6000+950=6950（万元）

同时：未分配利润减少额 =20 × 50=1000（万元）

股本增加额 =1 × 50=50（万元）。

【答案】BC

3. 发放股票股利的优点

股东角度	（1）实务中发放股票股利后，有时股价并不成反比例下降，甚至可使股票价值相对上升 （2）由于股利收入和资本利得税率的差异，如果股东把股票股利出售，还会给他带来资本利得纳税上的好处
公司角度	（1）不需要向股东支付现金，在再投资机会较多的情况下，公司就可以为再投资提供成本较低的资金，从而有利于公司的发展 （2）可以降低公司股票的市场价格，既有利于促进股票的交易和流通，又有利于吸引更多的投资者成为公司股东，进而使股权更为分散，有效地防止公司被恶意控制 （3）可以传递公司未来发展前景良好的信息，从而增强投资者的信心，在一定程度上稳定股票价格

经典题解

【真题 59 · 多选题】对公司而言，发放股票股利的优点有（　　）。（2017 年卷 Ⅰ）

A. 减轻公司现金支付压力

B. 使股权更为集中

C. 可以向市场传递公司未来发展前景良好的信息

D. 有利于股票交易和流通

【解析】对公司来讲，股票股利的优点主要有：①发放股票股利不需要向股东支付现金，在再投资机会较多的情况下，公司就可以为再投资提供成本较低的资金，从而有利于公司的发展，选项 A 正确；②发放股票股利可以降低公司股票的市场价格，既有利于促进股票的交易和流通，又有利于吸引更多的投资者成为公司股东，进而使股权更为分散，有效地防止公司被恶意控制，选项 B 错误、选项 D 正确；③股票股利的发放可以传递公司未来发展前景良好的信息，从而增强投资者的信心，在一定程度上稳定股票价格，选项 C 正确。

【答案】ACD

（二）股利支付程序

股利宣告日	股东大会决议通过并由董事会将股利支付情况予以公告的日期
股权登记日	有权领取本期股利的股东资格登记截止日期 【提示】在这一天之后取得股票的股东则无权领取本次分派的股利
除息日	领取股利的权利与股票分离的日期。在除息日之前，股利权利从属于股票；从除息日开始，新购入股票的投资者不能领取本次已宣告发放的股利
股利发放日	公司按照公布的分红方案向股权登记日在册的股东实际支付股利的日期

要点小贴士

股权登记日的股票价格（$P_{登}$）包含本期的股利，除息日的股票价格（$P_{除}$）不含本期股利，除息日的股票价格会下跌。即，$P_{登} > P_{除}$。

经典题解

【真题 60·单选题】要获得收取股利的权利，投资者购买股票的最迟日期是（　　）。（2016 年）

A. 股利宣告日　　B. 股利发放日

C. 除息日　　D. 股权登记日

【解析】股权登记日，即有权领取本期股利的股东资格登记截止日期。

【答案】D

四、股票分割与股票回购★★★

（一）股票分割

1. 含义与作用

含义	股票分割又称拆股，即将一股股票拆分成多股股票的行为
作用	（1）降低股票价格 （2）向市场和投资者传递“公司发展前景良好”的信号，有助于提高投资者对公司股票的信心

【提示】反分割又称股票合并或逆向分割，是指将多股股票合并为一股股票的行为。反分割显然会降低股票的流通性，提高公司股票投资的门槛，它向市场传递的信息通常是不利的。

要点小贴士

股票分割不影响的事项，股票反分割也不影响；股票分割影响的事项，股票反分割反向影响。

2. 股票分割与股票股利的比较

内容	股票股利	股票分割
不同点	（1）每股面值不变 （2）股东权益内部结构变化（股本或股本和资本公积增加、未分配利润减少） （3）属于股利支付方式	（1）每股面值变小 （2）股东权益内部结构不变 （3）不属于股利支付方式
相同点	（1）普通股股数增加 （2）每股收益和每股市价下降 （3）资产总额、负债总额、股东权益总额不变	

经典题解

【真题61·单选题】关于股票分割，下列表述正确的是（　　）。（2021年卷Ⅱ）

A. 会引起股票面值的变化

B. 不会增加发行在外的股票总数

C. 会引起所有者权益总额的变化

D. 会引起所有者权益内部结构的变化

【解析】股票分割，是将一股股票拆分成多股股票的行为。股票分割会改变股票面值，增加发行在外的股票总数，但不会改变所有者权益总额、所有者权益内部结构以及公司的资本结构。

【答案】A

【真题62·多选题】股票分割和股票股利的相同之处有（　　）。（2020年卷Ⅱ）

A. 不改变公司股票数量　　B. 不改变资本结构

C. 不改变股东权益结构　　D. 不改变股东权益总额

【解析】股票分割和股票股利都会导致股票数量增加，所以选项A错误；股票分割和股票股利都不改变资本结构和股东权益总额，所以选项B、D正确；股票分割不改变股东权益结构，而股票股利会改变股东权益结构，所以选项C错误。

【答案】BD

【真题63·单选题】股票股利与股票分割都将增加股份数量，二者的主要差别在于是否会改变公司的（　　）。（2019年卷Ⅰ）

A. 资产总额　　B. 股东权益总额

C. 股东权益的内部结构　　D. 股东持股比例

【解析】发放股票股利会使股东权益内部各项目此增彼减，而股票分割之后，股东权益总额及其内部结构都不会发生任何变化，变化的只是股数和每股股票面值。

【答案】C

【真题64·多选题】假设某股份公司按照1：2的比例进行股票分割，下列正确的有（　　）。（2019年卷Ⅱ）

A. 股本总额增加一倍　　B. 每股净资产保持不变

C. 股东权益总额保持不变　　D. 股东权益内部结构保持不变

【解析】股票分割之后，股东权益总额及其内部结构都不会发生任何变化。因为股数增加，股东权益总额不变，所以每股净资产下降。

【答案】CD

【真题 65·判断题】股票分割会使公司股票总数增加，但公司股本总额不变。（　　）（2018 年卷Ⅱ）

【解析】股票分割，又称拆股，即将一股股票拆分成多股股票的行为。股票分割一般只会增加发行在外的股票总数，但不会对公司的资本结构产生任何影响，即股本总额不变。

【答案】√

【真题 66·单选题】下列各项中，受企业股票分割影响的是（　　）。（2015 年）

A. 每股股票价值　　B. 股东权益总额

C. 企业资本结构　　D. 股东持股比例

【解析】股票分割在不增加股东权益的情况下增加了股份的数量，股东权益总额及其内部结构都不会发生任何变化，变化的是每股股票面值。由于净利润不变，股数增加，每股收益下降。而市盈率不变，每股市价下降，即每股股票价值下降，因此，选项 A 正确。

【答案】A

【例题 67·单选题】甲公司目前普通股 400 万股，每股面值 1 元，股东权益总额 1400 万元。如果按 2 股换成 1 股的比例进行股票反分割，下列各项中，正确的是（　　）。

解题攻略

反分割是数股合并一股，所以每股面值增大，股数变小，但是股本和股东权益总额不会变。

A. 甲公司股数 200 万股

B. 甲公司每股面值 0.5 元

C. 甲公司股本 200 万元

D. 甲公司股东权益总额 700 万元

【解析】股票反分割后每股面值 =1×2=2（元），股数 =400/2=200（万股），股本 =200×2=400（万元），股东权益总额不变，仍为 1400 万元。因此选项 A 正确。

【答案】A

【例题 68·多选题】下列关于股票分割和发放股票股利的表述中，正确的有（　　）。

A. 不会导致公司现金流出

B. 会增加公司流通在外的股票数量

C. 会改变公司股东权益的内部结构

D. 会对公司股东权益总额产生影响

【解析】发放股票股利，会引起股东权益内部此增彼减，但股票分割不会影响股东权益内部结构，选项 C 错误；发放股票股利和股票分割都不会对公司股东权益总额产生影响，选项 D 错误。

【答案】AB

（二）股票回购

1. 股票回购的含义及相关规定

（1）含义。

股票回购是指上市公司出资将其发行在外的普通股以一定价格购买回来予以注销或作为库存股的一种资本运作方式。

（2）《公司法》相关规定。

可以收购本公司股份的情形	注销或转让期限
①减少公司注册资本	应当自收购之日起10日内注销
②与持有本公司股份的其他公司合并	应当在6个月内转让或者注销
③股东因对股东大会作出的公司合并、分立决议持异议，要求公司收购其股份	
④将股份用于员工持股计划或者股权激励	公司合计持有的本公司股份数不得超过本公司已发行股份总额的10%，并应当在3年内转让或者注销
⑤将股份用于转换上市公司发行的可转换为股票的公司债券	
⑥上市公司为维护公司价值及股东权益所必需	

2. 股票回购的动机

现金股利的替代	当公司有富余资金时，通过购回股东所持股票将现金分配给股东，这样，股东就可以根据自己的需要选择继续持有股票或出售以获得现金
改变公司的资本结构	无论是现金回购还是举债回购股份，都会提高公司的财务杠杆水平，改变公司的资本结构
传递公司信息	一般情况下，投资者会认为股票回购意味着公司认为其股票价值被低估而采取的应对措施
基于控制权的考虑	控股股东为了保证其控制权不被改变，往往采取直接或间接的方式回购股票，从而巩固既有的控制权。另外，股票回购使流通在外的股份数变少，股价上升，从而可以有效地防止敌意收购

要点小贴士

股票回购与现金股利类似之处在于都会使所有者权益和货币资金减少。

经典题解

【真题69·多选题】下列各项中，属于公司回购股票动机的有（　　）。（2021年卷Ⅰ）

A. 改变公司的资本结构　　B. 替代现金股利

C. 巩固控股股东的控制权　　D. 传递公司股价被高估的信息

【解析】一般情况下，投资者会认为股票回购意味着公司认为其股票价值被低估而采取的应对措施。选项D错误。

【答案】ABC

【真题70·单选题】下列各项中，可以改变公司资本结构的是（　　）。（2020年卷Ⅰ）

A. 股票回购　　　　　　B. 股票股利
C. 股票分割　　　　　　D. 股票合并

【解析】股票回购会使资产减少，股东权益减少，所以会改变公司资本结构。股票股利会使未分配利润减少，股本（股本和资本公积）增加，是股东权益内部的此增彼减，不会改变公司资本结构。股票分割和股票合并都不会引起股本变化。

【答案】A

【真题 71·判断题】由于信息不对称和预期差异，投资者会把股票回购当做公司认为其股票价格被高估的信号。（　　）（2017 年卷Ⅰ）

【解析】由于信息不对称和预期差异，证券市场上的公司股票价格可能被低估，而过低的股价将会对公司产生负面影响。一般情况下，投资者会认为股票回购意味着公司认为其股票价值被低估而采取的应对措施。因此本题说法错误。

【答案】×

3. 股票回购的影响

<table>
<tr><th>回购情况</th><th>有利影响</th><th>不利影响</th></tr>
<tr><td>符合股票回购条件的多渠道回购方式</td><td>提升公司调整股权结构和管理风险的能力，提高公司整体质量和投资价值</td><td rowspan="6">股票回购若用大量资金支付回购成本，容易造成资金紧张，降低资产流动性，影响公司的后续发展</td></tr>
<tr><td>因实施持股计划和股权激励的股票回购</td><td>形成资本所有者和劳动者的利益共同体，有助于提高投资者回报能力</td></tr>
<tr><td>因可转换债券转换为股票所实施的股票回购</td><td>有助于拓展公司融资渠道，改善公司资本结构</td></tr>
<tr><td>当公司股价严重低于股票内在价值时，所进行股份回购</td><td>有助于稳定股价，增强投资者信心</td></tr>
<tr><td>上市公司通过履行信息披露义务和公开的集中交易方式进行股份回购</td><td>有利于防止操纵市场、内幕交易等利益输送行为</td></tr>
<tr><td>股票回购若用大量资金支付回购成本</td><td>公司没有合适的投资项目，且持有大量现金时，回购股份能更好地发挥货币资金的作用</td></tr>
</table>

【易错易混点 1】股票回购、股票分割及股票股利、股票反分割的比较

内容	股票分割及股票股利	股票反分割	股票回购
股数	增加	减少	减少
每股市价	降低	提高	提高
每股收益	降低	提高	提高
资本结构	不影响	不影响	改变，提高财务杠杆水平
控制权	不影响	不影响	改变，巩固既定控制权或转移公司控制权

要点小贴士

（1）股票股利和股票分割都会使股数增加，所以使"每股××"指标均下降；
（2）股票反分割和股票回购都会使股数减少，所以使"每股××"指标均上升；
（3）只有股票回购会影响资本结构和控制权（持股比例）。

【易错易混点2】现金股利、股票股利、股票回购、股票分割对报表结构的影响。

现金股利、股票股利对报表结构的影响如下图所示：

现金股利

货币资金↓	×
×	×
×	未分配利润↓

特点：所有者权益减少，货币资金减少

股票股利1（按面值发放股票股利）

×	×
×	股本↑
×	未分配利润↓

股票股利2（按市价发放股票股利）

×	×
×	股本↑
×	资本公积↑
×	未分配利润↓

特点：股东权益内部结构变化，资本结构不变

股票回购、股票分割对报表结构的影响如下图所示：

股票回购（用货币资金回购股票）

货币资金↓	×
×	股本↓
×	资本公积↓

特点：所有者权益减少，货币资金减少

股票分割

×	×
×	股本→
×	未分配利润→

特点：股东权益内部结构不变，资本结构不变

经典题解

【真题72·单选题】股票回购对上市公司的影响是（　　）。（2017年卷Ⅰ改编）

A. 有利于保护债权人利益　　B. 分散控股股东的控制权

C. 有利于降低公司财务风险　　D. 降低资产流动性

【解析】股票回购若用大量资金支付回购成本，容易造成资金紧张，降低资产流动性，降低偿债能力，因此不利于保护债权人的利益，而且会提高公司的财务风险，选项A、C错误，选项D正确。进行股票回购，减少股份供应量，会集中控股股东的控制权，选项B错误。

【答案】D

五、股权激励★★

（一）含义

股权激励是一种通过经营者获得公司股权形式给予企业经营者一定的经济权利，使他们能够以股东的身份参与企业决策、分享利润、承担风险，从而勤勉尽责地为公司的长期发展服务的激励方法。

（二）股权激励的主要模式

种类	含义
股票期权模式	指上市公司授予激励对象在未来一定期限内以预先确定的条件购买本公司一定数量股份的权利 【提示】激励对象获授的股票期权不得转让、不得用于担保或偿还债务

种类	含义
限制性股票模式	公司为了实现某一特定目标，先将一定数量的股票赠与或以较低价格售予激励对象。只有当实现预定目标后，激励对象才可将限制性股票抛售并从中获利；若预定目标没有实现，公司有权将免费赠与的限制性股票收回或者将售出股票以激励对象购买时的价格回购 【提示】限制性股票在解除限售前不得转让、用于担保或偿还债务
股票增值权模式	指公司授予经营者一种权利，如果经营者努力经营企业，在规定的期限内，公司股票价格上升或业绩上升，经营者就可以按一定比例获得这种由股价上扬或业绩提升所带来的收益，收益为行权价与行权日二级市场股价之间的差价或净资产的增值额 【提示】激励对象不用为行权支付现金，行权后由公司支付现金、股票或者股票和现金的组合
业绩股票激励模式	指公司在年初确定一个合理的年度业绩目标，如果激励对象经过大量努力后，在年末实现了公司预定的年度业绩目标，则公司给予激励对象一定数量的股票，或奖励其一定数量的奖金来购买本公司的股票

（三）各种模式的比较

股权激励模式	适用范围	推动企业股价上涨的激励机制	激励对象是否为行权支付现金	激励结果	
				达到目标	未达到目标
股票期权模式	处于成长初期或扩张期的企业（风险较高的企业）	有	是	行权买股票	不行权
限制性股票模式	处于成熟期的企业	缺乏	否/较低价格	预先得到股票（免费或较低价格），达到目标才能抛售股票	公司有权将股票收回
股票增值权模式	现金流量比较充裕且比较稳定的上市公司和现金流量比较充裕的非上市公司	有	否	得到增值额（现金、股票或二者的组合）	没有收益
业绩股票激励模式	适合业绩稳定型的上市公司及其集团公司、子公司	缺乏	否	达到目标才给予股票或用来购买本公司股票的奖金	得不到股票或用来购买本公司股票的奖金

经典题解

【真题73·单选题】某公司将1%的股票赠与管理者以激励其实现设定的业绩目标，如果目标未实现，公司有权将股票收回，这种股权激励模式是（　　）。（2021年卷Ⅱ）

A. 股票期权模式

B. 股票增值权模式

C. 业绩股票激励模式

D. 限制性股票模式

【解析】限制性股票模式下，公司为了实现某一特定目标，先将一定数量的股票赠与或以较低价格售予激励对象。只有当实现预定目标后，激励对象才可将限制性股票抛售并从中获利；若预定目标没有实现，公司有权将免费赠与的限制性股票收回或者将售出股票以激励对象购买时价格回购。

【答案】D

【提示】2017年卷Ⅰ试题与此题的考查角度一致。

真题点拨

期权是推动企业股价上涨的一种激励机制，所以是希望提升股价，股价高于行权价格才会行权。

【真题74·判断题】公司采用股票期权激励高管，如果行权期内的行权价格高于股价，则激励对象可以通过行权获得收益。（　　）（2021年卷Ⅰ）

【解析】公司采用股票期权激励高管，在行权期内，如果股价高于行权价格，激励对象可以通过行权获得市场价与行权价格差带来的收益。

【答案】×

【真题75·单选题】某公司对公司高管进行股权激励，约定每位高管只要自即日起在公司工作满三年，即有权按每股10元的价格购买本公司股票50万股，该股权激励模式属于（　　）。（2020年卷Ⅱ）

A. 股票期权模式

B. 限制性股票模式

C. 业绩股票激励模式

D. 股票增值权模式

【解析】股票期权模式是指上市公司授予激励对象在未来一定期限内以预先确定的条件购买本公司一定数量股份的权利。

【答案】A

真题点拨

只有股票期权和股票增值权是可以推动企业股价上涨的激励机制。

【真题76·判断题】业绩股票激励模式只对业绩目标进行考核，而不要求股价的上涨，因而比较适合业绩稳定的上市公司。（　　）（2015年）

【解析】业绩股票激励模式只对公司的业绩目标进行考核，不要求股价的上涨，因此比较适合业绩稳定型的上市公司及其集团公司、子公司。

【答案】√

本章小结

您已成功完成"第九章"的学习，本章共 15 个考点，您都学会了吗？

为了让您对章节有更清晰的理解，加倍巩固。本书作者闫华红老师将通过**"视频导图课"**的方式，带您回顾重要考点。

名师点拨，视听结合，高效提分。

※ 欢迎您扫码，免费观看学习。

用"会计云课堂"App 扫码学习

历年经典主观题回顾

使用"会计云课堂"App 或"微信"扫码快速做题、对答案、看解析、掌握解题思路，开启轻松过关之旅。

计算分析题

1. 甲公司发放股票股利前，投资者张某持有甲公司普通股 20 万股，甲公司的股东权益账户情况如下，股本为 2000 万元（发行在外的普通股为 2000 万股，面值 1 元），资本公积为 3000 万元，盈余公积为 2000 万元，未分配利润为 3000 万元。公司每 10 股发放 2 股股票股利，按市值确定的股票股利总额为 2000 万元。

   要求：

   （1）计算股票股利发放后的"未分配利润"项目金额。

   （2）计算股票股利发放后的"股本"项目金额。

   （3）计算股票股利发放后的"资本公积"项目金额。

   （4）计算股票股利发放后张某持有公司股份的比例。（2020 年卷 Ⅱ）

2. 丁公司 2017 年末的资产总额为 60000 万元，权益资本占资产总额的 60%，当年净利润为 7200 万元，丁公司认为其股票价格过高，不利于股票流通，于 2017 年末按照 1 ∶ 2 的比例进行股票分割，股票分割前丁公司发行在外的普通股股数为 2000 万股。

根据 2018 年的投资计划，丁公司需要追加 9000 万元，基于公司目标资本结构，要求追加的投资中权益资本占 60%。

要求：

（1）计算丁公司股票分割后的下列指标：①每股净资产；②净资产收益率。

（2）如果丁公司针对 2017 年度净利润采取固定股利支付率政策分配股利，股利支付率为 40%，计算应支付的股利总和。

（3）如果丁公司针对 2017 年度净利润采取剩余股利政策分配股利。计算下列指标：① 2018 年追加投资所需要的权益资本额；②可发放的股利总额。（2018 年卷 Ⅰ）

3. 丙公司是一家汽车生产企业，只生产 C 型轿车，相关资料如下：

资料一：C 型轿车年设计生产能力为 60000 辆。2016 年 C 型轿车销售量为 50000 辆，销售单价为 15 万元。公司全年固定成本总额为 67500 万元。单位变动成本为 11 万元，适用的消费税税率为 5%，假设不考虑其他税费。2017 年该公司将继续维持原有产能规模，且成本性态不变。

资料二：预计 2017 年 C 型轿车的销售量为 50000 辆，公司目标是息税前利润比 2016 年增长 9%。

资料三：2017 年某跨国公司来国内拓展汽车租赁业务，向丙公司提出以每辆 12.5 万元价格购买 500 辆 C 型轿车。假设接受该订单不冲击原有市场。

要求：

（1）根据资料一和资料二，计算下列指标：① 2017 年目标税前利润；② 2017 年 C 型轿车的目标销售单价；③ 2017 年目标销售单价与 2016 年单价相比的增长率。

（2）根据要求（1）的计算结果和资料二，计算 C 型轿车单价的敏感系数。

（3）根据资料一和资料三，判断公司是否应该接受这个特殊订单，并说明理由。（2017 年卷 Ⅱ）

历年经典主观题参考答案及解析

使用“会计云课堂”App 或“微信”扫码对答案、看解析、掌握解题思路，开启轻松过关之旅。

计算分析题

1.【答案】

（1）股票股利发放后的“未分配利润”项目金额 =3000−2000=1000（万元）

（2）股票股利发放后的“股本”项目金额 =2000+2000/10 × 2 × 1=2400（万元）

（3）股票股利发放后的“资本公积”项目金额 =3000+（2000−2000/10 × 2 × 1）=4600（万元）

（4）股票股利发放后张某持有公司股份的比例 =20 ×（1+0.2）/［2000 ×（1+0.2）］=1%。

2.【答案】

（1）①分割后股数 =2000×2=4000（万股）

股东权益总额 =60000×60%=36000（万元）

分割后的每股净资产 =36000/4000=9（元）

②分割后的净资产收益率 =7200/36000×100%=20%

（2）应支付的股利总和 =7200×40%=2880（万元）

（3）① 2018 年追加投资所需要的权益资本额 =9000×60%=5400（万元）

②可发放的股利总额 =7200−5400=1800（万元）。

3.【答案】

（1）① 2016 年税前利润 =50000×15×（1−5%）−50000×11−67500=95000（万元）

2017 年目标税前利润 =95000×（1+9%）=103550（万元）

【提示】消费税是价内税，计入税金及附加，在所得税前扣除，所以计算税前利润时需要减去消费税。

②设 2017 年 C 型轿车的目标销售单价为 P 万元，则：

50000×P×（1−5%）−50000×11−67500=103550

解得：P=（103550+67500+50000×11）/［50000×（1−5%）］=15.18（万元）

③ 2017 年目标销售单价与 2016 年单价相比的增长率 =（15.18−15）/15×100%=1.2%

（2）C 型轿车单价的敏感系数 =9%/1.2%=7.5

（3）因为目前丙企业还有剩余生产能力，且接受特殊订单不影响固定成本，且不冲击原有市场，故按变动成本计算的单价 =11/（1−5%）=11.58（万元），该特殊订单的单价 12.5 万元高于按变动成本计算的单价 11.58 万元，所以应该接受这个特殊订单。

同步强化练习题

使用“会计云课堂”App 或“微信”扫码快速做题、对答案、看解析、掌握解题思路，开启轻松过关之旅。

一、单项选择题

1. 2020 年和 2021 年甲产品的实际销售量分别为 1100 万件和 1215 万件，2020 年和 2021 年甲产品的预测销售量分别为 1200 万件和 1135 万件。公司按照指数平滑法对各年销售量进行预测，平滑指数为 0.65，则采用指数平滑法预测 2022 年度甲产品的销售量为（　　）万件。

A. 1252　　B. 1163

C. 1165　　D. 1187

2. 若企业设定的定价目标是应对和避免竞争，则（　　）。

A. 通常要为产品制定一个较高的价格
B. 其产品价格往往需要低于同类产品价格
C. 通常做法是跟随行业中的领导企业所制定的价格，与之保持一定的比例关系
D. 依照对市场有决定性影响的竞争对手的产品价格变动情况，随时调整本企业产品价格

3. 要求企业具有潜在的生产经营能力，总成本的增长速度低于总销量的增长速度，商品的需求价格弹性较大，即适用于能够薄利多销的企业的定价目标是（　　）。
A. 实现利润最大化
B. 保持或提高市场占有率
C. 稳定市场价格
D. 树立优质高价形象

4. 某公司非常重视产品定价工作，公司负责人强调，产品定价一定要正确反映企业产品的真实价值消耗和转移，保证企业简单再生产的继续进行。在下列定价方法中，该公司不宜采用的是（　　）。
A. 全部成本费用加成定价法
B. 制造成本定价法
C. 保本点定价法
D. 目标利润定价法

5. 某公司生产并销售单一产品，适用的消费税税率为5%，本期计划销售量为50000件，公司产销平衡，单位变动成本为100元，固定成本总额为4500000元，公司将目标成本利润率定为25%，则单位产品价格应为（　　）元。
A. 250　　B. 237.5
C. 200　　D. 199.5

6. 某企业生产A产品，预计单位产品的制造成本为500元，单位产品的期间费用为150元，销售利润率不能低于15%，该产品适用的消费税税率为5%，那么，运用销售利润率定价法，该企业的单位产品价格为（　　）元。
A. 800　　B. 812.5
C. 762.5　　D. 502.5

7. 某企业生产乙产品，本期计划销售量为20000件，应负担的固定成本总额为460000元，单位产品变动成本为240元，适用的消费税税率为5%。根据上述资料，运用保本点定价法测算的单位乙产品的价格应为（　　）元。
A. 276.15　　B. 263
C. 249.85　　D. 276.84

8. 某企业生产销售某产品，第一季度销售价格为1500元时，销售数量为5800件，第二季度销售价格为1800元时，销售数量为3500件，则该产品的需求价格弹性系数为（　　）。
A. 1.56　　B. −1.98
C. 2.03　　D. −2.31

9. 购买方如果在企业规定的期限内付款，企业就给予购买方一定的折扣，这种折扣属于（　　）。
A. 预购折扣　　B. 数量折扣
C. 现金折扣　　D. 团购折扣

10. 税法规定，对于国家重点扶持的高新技术企业（　　）。
A. 按10%的税率征收企业所得税
B. 按15%的税率征收企业所得税
C. 按20%的税率征收企业所得税
D. 按25%的税率征收企业所得税

11. 下列股利政策中，根据股利无关理论制定的是（　　）。
A. 剩余股利政策
B. 固定股利支付率政策
C. 稳定增长股利政策
D. 低正常股利加额外股利政策

12. 主要依靠股利维持生活或对股利有较高依赖性的股东最不赞成的公司股利政策是（　　）。

A. 剩余股利政策
B. 固定或稳定增长股利政策
C. 低正常股利加额外股利政策
D. 固定股利支付率政策

13. 当公司处于初创阶段时，适宜的股利分配政策是（　　）。
A. 剩余股利政策
B. 固定或稳定增长股利政策
C. 固定股利支付率政策
D. 低正常股利加额外股利政策

14. 在下列公司中，通常适合采用固定股利政策的是（　　）。
A. 收益显著增长的公司
B. 收益相对稳定的公司
C. 财务风险较高的公司
D. 投资机会较多的公司

15. 以下股利政策中，有利于稳定股票价格，从而树立公司良好形象，但股利的支付与公司盈余相脱节的股利政策是（　　）。
A. 剩余股利政策
B. 固定或稳定增长股利政策
C. 固定股利支付率政策
D. 低正常股利加额外股利政策

16. 某公司近年来经营业务不断拓展，目前处于成长阶段，预计现有的生产经营能力能够满足未来10年稳定增长的需要，公司希望其股利与公司盈余紧密配合。基于以上条件，最为适宜该公司的股利政策是（　　）。
A. 剩余股利政策
B. 固定股利政策
C. 固定股利支付率政策
D. 低正常股利加额外股利政策

17. 相对于其他股利政策而言，从企业支付能力的角度看，是一种稳定的股利政策的是（　　）。
A. 剩余股利政策
B. 固定股利政策
C. 固定股利支付率政策
D. 低正常股利加额外股利政策

18. 公司目前发行在外的股数10000万股，2020年的每股股利0.5元，公司计划2021年投资20000万元，目标资本结构中权益资本占50%。公司希望2021年采取固定股利政策，而且投资所需权益资金均采用留存收益解决，则2021年应实现的净利润为（　　）万元。
A. 5000　　B. 10000
C. 15000　　D. 20000

19. 甲公司2021年实现净利润1200万元。公司计划2022年新增资本支出1000万元，目标资本结构（债务：权益）为3：7。法律规定，公司须按净利润10%提取公积金。若该公司采取剩余股利政策，应发放现金股利（　　）万元。
A. 310　　B. 400
C. 380　　D. 500

20. 公司采用固定或稳定增长的股利政策发放股利的好处主要表现为（　　）。
A. 降低资本成本
B. 维持股价稳定
C. 提高支付能力
D. 实现资本保全

21. 在确定企业的收益分配政策时，应当考虑相关因素的影响，其中“资本保全约束”属于（　　）。
A. 股东因素　　B. 公司因素
C. 法律因素　　D. 债务契约因素

22. 企业投资并取得收益时，必须按一定的比例和基数提取各种公积金，这一要求体现的是（　　）。
A. 资本保全约束
B. 资本积累约束
C. 超额累积利润约束
D. 偿债能力约束

23. 甲公司以持有的乙公司股票作为股利支付给股东，这种股利属于（　　）。
A. 现金股利　B. 负债股利
C. 股票股利　D. 财产股利

24. 上市公司发放股票股利的优点是（　　）。
A. 促进上市公司股票交易和流通
B. 可以提高公司股票的市场价格
C. 使公司每股收益上升
D. 可以增加所有者权益总额

25. 确定股东是否有权领取本期股利的截止日期是（　　）。
A. 除息日　B. 股权登记日
C. 股利宣告日　D. 股利发放日

26. 在下列日期进行股票交易，其交易价格会较前一交易日下降的是（　　）。
A. 股利宣告日　B. 股权登记日
C. 除息日　D. 股利支付日

27. 某公司授予经营者一种权利，如果在规定的期限内，公司股票价格上升，经营者就可获得行权价与行权日二级市场股价之间的差价，这种股权激励模式是（　　）。
A. 股票期权模式
B. 限制性股票模式
C. 股票增值权模式
D. 业绩股票激励模式

28. 互联网、高科技等风险较高的企业适合的股权激励模式是（　　）。
A. 股票期权模式
B. 限制性股票模式
C. 股票增值权模式
D. 业绩股票激励模式

二、多项选择题

1. 预测对象的历史资料不完备或无法进行定量分析时可以采用的分析方法包括（　　）。
A. 营销员判断法
B. 德尔菲法
C. 产品寿命周期分析法
D. 指数平滑法

2. 下列方法中不属于专家判断法的有（　　）。
A. 营销员判断法
B. 回归分析法
C. 生命周期分析法
D. 德尔菲法

3. 下列关于指数平滑法的表述中正确的有（　　）。
A. 指数平滑法的实质是一种加权平均法
B. 在销售量波动较大或进行短期预测时，可选择较大的平滑指数
C. 在销售量波动较小或进行长期预测时，可选择较小的平滑指数
D. 该方法客观性强

4. 某公司非常重视产品定价工作，公司负责人强调采用以市场需求为基础的定价方法，则可以采取的定价方法有（　　）。
A. 保本点定价法
B. 目标利润定价法
C. 需求价格弹性系数定价法
D. 边际分析定价法

5. 下列属于利用税收优惠政策筹划法减少应纳税额的方法有（　　）。
A. 利用税率差异
B. 利用退税政策
C. 转让定价筹划
D. 递延纳税

6. 利用会计处理方法进行递延纳税筹划主要包括（　　）。
A. 存货计价方法的选择
B. 固定资产折旧方法的选择
C. 利用税率的差异直接节税
D. 利用退税政策节减税收

7. 我国企业所得税法规定，自 2021 年 1 月 1 日起，企业开展研发活动中实际发生的研发费用，可以在计算应纳税所得额时在税前加计扣除，具体方法有（ ）。
   A. 未形成无形资产的直接计入当期损益，据实扣除
   B. 未形成无形资产计入当期损益的，在按规定据实扣除的基础上，再按照实际发生额的 100% 在税前加计扣除
   C. 形成无形资产的，按照无形资产成本的 200% 在税前摊销
   D. 形成无形资产的，按照无形资产成本的 100% 在税前摊销

8. 某企业准备对 2022 年的投资进行税收筹划，下列能享受到税收优惠的方式有（ ）。
   A. 设立属于国家重点扶持的高新技术企业
   B. 在西部地区设立国家鼓励类产业的企业
   C. 购买企业债券
   D. 连续持有居民企业公开发行并上市流通的股票半年取得的投资收益

9. 当一般纳税人适用的增值税税率为 13%，小规模纳税人的征收率为 1% 时，下列表述正确的有（ ）。
   A. 若企业的增值率等于 7.69%，选择成为一般纳税人或小规模纳税人在税负上没有差别
   B. 若企业的增值率小于 7.69%，选择成为一般纳税人税负较轻
   C. 若企业的增值率小于 7.69%，选择成为小规模纳税人税负较轻
   D. 若企业的增值率大于 7.69%，选择成为一般纳税人税负较轻

10. 下列各项中，属于纳税筹划应遵循的原则有（ ）。
   A. 合法性原则　　B. 系统性原则
   C. 先行性原则　　D. 经济性原则

11. 下列符合股利分配代理理论观点的有（ ）。
   A. 股利政策相当于是协调股东与管理者之间代理关系的一种约束机制
   B. 股利政策向市场传递有关公司未来盈利能力的信息
   C. 用留存收益再投资带给投资者的收益具有很大的不确定性
   D. 使代理成本和外部融资成本之和最小的股利政策是最优股利政策

12. 下列各项股利政策中，股利水平与当期盈利直接关联的有（ ）。
   A. 固定股利政策
   B. 稳定增长股利政策
   C. 固定股利支付率政策
   D. 低正常股利加额外股利政策

13. 相比较其他股利政策，下列关于低正常股利加额外股利政策的特点表述正确的有（ ）。
   A. 最适用于盈利随着经济周期而波动较大的公司
   B. 灵活性较大
   C. 既可以维持股利的稳定性，又有利于稳定和提高股价进而实现公司价值最大化
   D. 可以吸引住部分依靠股利度日的股东

14. 相对而言，造成股利波动较大，给投资者以公司不稳定感觉的股利分配政策有（ ）。
   A. 剩余股利政策
   B. 固定或稳定增长的股利政策
   C. 固定股利支付率政策
   D. 低正常股利加额外股利政策

15. 影响股利政策的法律因素包括（ ）。
   A. 资本保全约束
   B. 资本确定约束
   C. 资本积累约束
   D. 偿债能力约束

16. 股东从保护自身利益的角度出发，在确定股利分配政策时应考虑的因素有（　　）。
A. 避税
B. 控制权
C. 稳定的收入
D. 资本积累约束

17. 下列属于制约股利分配的公司因素有（　　）。
A. 控制权
B. 筹资因素
C. 盈余的稳定性
D. 资产的流动性

18. 下列各项有关股利支付日期的表述正确的有（　　）。
A. 在股权登记日取得股票的股东无权领取本次分派的股利
B. 在除息日之前购买股票的股东能领取本次股利
C. 在除息日当天或是以后，本次股利权不从属于股票
D. 在股利发放日，新购入股票的投资者能领取本次股利

19. 上市公司发放股票股利可能导致的结果有（　　）。
A. 公司股东权益内部结构发生变化
B. 公司股东权益总额发生变化
C. 公司每股收益下降
D. 公司股份总额发生变化

20. 股票分割的主要作用包括（　　）。
A. 降低每股市价
B. 促进股票的流通和交易
C. 向市场和投资者传递“公司发展前景良好”的信号
D. 巩固现有股东既定控制权

21. 假设某股份公司按照1 ∶ 5的比例进行股票分割，下列表述不正确的有（　　）。
A. 股本总额会增加5倍
B. 每股净资产保持不变
C. 股东所持有的股票总市值会增加
D. 股东权益内部结构保持不变

22. 下列各项中，属于上市公司股票回购动机的有（　　）。
A. 替代现金股利
B. 传递公司信息
C. 规避经营风险
D. 改变公司的资本结构

23. 下列属于股权激励模式的有（　　）。
A. 股票期权模式
B. 限制性股票模式
C. 股票增值权模式
D. 业绩股票激励模式

24. 不利于推动股价上涨的股权激励模式有（　　）。
A. 股票期权模式
B. 限制性股票模式
C. 股票增值权模式
D. 业绩股票激励模式

三、判断题

1. 利用过去n期历史数据预测未来销量时，移动平均法预测未来销量比算术平均法预测未来销量的代表性好。（　　）

2. 采用保本点定价法，成本需按其性态，即是否随产量变动而变动的关系，分为固定成本和变动成本。（　　）

3. 按照边际分析定价法，边际利润为0时的价格就是最优售价。（　　）

4. 某产品标明“原价250元，现促销价100元”，这种标价法属于心理定价策略中的双位定价策略。（　　）

5. 纳税筹划的最终目的是在合法、合理的前提下减少企业的纳税义务。（　　）

6. 被投资居民企业对投资企业进行股利分配

不利于投资企业减轻税收负担。（　　）

7. 企业纳税筹划的外在表现为减少税负和递延纳税。（　　）

8. “手中鸟”理论的观点认为公司分配的股利越多，公司的股票价格越高。（　　）

9. 按照股利的所得税差异理论，股利政策与股价相关，由于税负影响，企业应采取高股利政策。（　　）

10. 执行剩余股利政策，股利发放额不受盈利水平影响，但是会受投资机会的影响。（　　）

11. 公司持有的本公司股份不得分配利润。（　　）

12. 采用剩余股利分配政策的优点是有利于保持理想的资本结构，降低企业的平均资本成本。（　　）

13. 采用固定股利支付率政策分配利润时，股利不受经营状况的影响，有利于公司股票价格的稳定。（　　）

14. 资产流动性差的公司，往往采用高股利支付率政策。（　　）

15. 在连续通货膨胀的条件下，公司应采取偏紧的股利政策。（　　）

16. 处于成长中的公司多采取低股利政策；陷于经营收缩的公司多采取高股利政策。（　　）

17. 财产股利是以现金以外的其他资产支付的股利，主要是以公司发行的有价证券，如公司债券、公司股票等作为股利发放给股东。（　　）

18. 在股利支付程序中，除息日是指领取股利的权利与股票分离的日期，在除息日购买股票的股东有权参与本次股利的分配。（　　）

19. 股票分割会使股票的每股市价下降，可以提高股票的流通性。（　　）

20. 股票分割对公司的资本结构和股东权益不会产生任何影响，但会引起每股收益和每股市价下跌。（　　）

21. 股票回购是指上市公司出资将其发行在外的普通股以一定价格购买回来予以注销或作为库存股的一种资本运作方式。股票回购容易造成资金紧缺，资产流动性变差，影响公司后续发展。（　　）

22. 采用股票增值权模式，激励对象不用为行权支付现金，行权后由公司支付现金、股票或者股票和现金的组合。（　　）

23. 限制性股票模式在解除限售前可以转让，但不得用于担保或偿还债务。（　　）

24. 对于处于成熟期的企业，股权激励模式采用限制性股票模式相比股票期权模式更为合适。（　　）

四、计算分析题

1. 资料 1：某公司 2015~2021 年的 D 产品销售量资料如下。

年度	2015 年	2016 年	2017 年	2018 年	2019 年	2020 年	2021 年
实际销售量（吨）	3060	3010	3070	3100	3050	3260	3310
预计销售量（吨）	3040	3000	3050	3060	3070	3140	3210
权数	0.03	0.07	0.13	0.15	0.18	0.21	0.23

资料2：D产品设计生产能力为4000吨，计划生产3300吨，预计单位产品的变动成本为200元，计划期的固定成本费用总额为123750元，该产品适用的消费税税率为5%，计划成本利润率必须达到25%。

要求：

（1）根据资料1，用算术平均法预测公司2022年的销售量；

（2）根据资料1，用加权平均法预测公司2022年的销售量；

（3）根据资料1，要求分别用移动平均法和修正的移动平均法预测公司2022年的销售量（假设样本期为3期）；

（4）根据资料1，若平滑指数a=0.65，要求利用指数平滑法预测公司2022年的销售量；

（5）根据资料2，计算该企业计划内D产品单位价格。

2. 某企业生产销售某产品，2021年前三个季度中，实际销售价格和销售数量如下表所示。

项目	第一季度	第二季度	第三季度
销售价格（元）	450	520	507
销售数量（件）	4850	4350	4713

要求：针对以下互不相干的两问进行回答：

（1）分别确定第二季度和第三季度需求价格弹性系数，假设企业在第四季度要完成5000件的销售任务，利用前两个季度的平均需求价格弹性系数，计算第四季度的销售价格应为多少。

（2）若决定第四季度比第三季度价格下降3%，预计第四季度的需求价格弹性系数为-2.1，则第四季度的预计销量为多少（四舍五入取整）？

3. 某企业生产D产品，年设计生产能力为20000件，按照正常的市场销量，企业计划生产15000件。预计单位产品的变动制造成本为150元，计划期的固定制造成本总额为280000元，该产品适用的消费税税率为5%。计划期的固定期间费用总额为140000元，单位变动期间费用为50元，企业管理当局确定的利润目标是成本利润率必须达到25%。假定本年度还接到一额外订单，订购2000件D产品，单价265元。

要求：

（1）在确定计划内产品单位价格时，企业决定采用以成本为基础的定价方法，你认为成本基础应该如何选择，为什么？按照你选择的方法，该企业计划内产品单位价格是多少元？

（2）在确定是否应接受这一额外订单时，单位价格应如何确定，为什么？请计算判断是否应接受这一额外订单。

4. 某公司成立于2020年1月1日，2020年度实现的净利润为1000万元，分配现金股利550万元，提取盈余公积450万元（所提盈余公积均已指定用途）。2021年实现的净利润为900万元（不考虑计提法定盈余公积的因素）。2022年计划增加投资，所需资金为700万元。假定公司目标资本结构为自有资金占60%，债务资金占40%。

要求：

（1）在保持目标资本结构的前提下，计算2022年投资方案所需的自有资金额和需要从外部借入的债务资金额。

（2）在保持目标资本结构的前提下，如果公司执行剩余股利政策。计算 2021 年度应分配的现金股利。

（3）在不考虑目标资本结构的前提下，如果公司执行固定股利政策（假设流通在外普通股股数不变），计算 2021 年度应分配的现金股利、可用于 2022 年投资的留存收益和需要额外筹集的资金额。

（4）不考虑目标资本结构的前提下，如果公司执行固定股利支付率政策，计算该公司的股利支付率和 2021 年度应分配的现金股利。

（5）假定公司 2022 年面临着从外部筹资的困难，只能从内部筹资，不考虑目标资本结构，计算在此情况下 2021 年度应分配的现金股利。

5. 鸿达公司是一家上市公司，其股票在我国深圳证券交易所创业板上市交易，该公司有关资料如下：

资料 1：2021 年鸿达公司实现的净利润为 2500 万元，2021 年 12 月 31 日鸿达公司股票每股市价为 50 元。鸿达公司 2021 年年末资产负债表相关数据如下表所示。

鸿达公司资产负债表相关数据

单位：万元

项目	金额
资产总计	50000
负债总计	30000
股本（面值 1 元，发行在外 5000 万股）	5000
资本公积	2500
盈余公积	5000
未分配利润	7500
所有者权益总计	20000

资料 2：鸿达公司 2022 年拟筹资 5000 万元以满足投资的需要，鸿达公司 2021 年年末的资本结构即目标资本结构。

资料 3：2022 年 3 月，鸿达公司制定的 2021 年度利润分配方案如下：（1）每 10 股发放现金股利 1 元；（2）每 10 股发放股票股利 1 股。发放股利时鸿达公司的股价为 50 元 / 股。

要求：

（1）在剩余股利政策下，计算下列数据：

①权益筹资数额；

②每股现金股利。

（2）若股票股利按面值确定，计算发放股利后下列指标：

①发放股利后的未分配利润；

②股本；

③资本公积。

6. D 公司总部在北京，目前生产的产品主要在北方地区销售，虽然市场稳定，但销售规模多年徘徊不前。为了扩大生产经营，寻求新的市场增长点，D 公司准备重点开拓长三角市场，并在上海浦东新区设立分支机构，负责公司产品在长三角地区的销售工作。相关部门提出了三个分支机构设置方案可供选择：甲方案为设立子公司；乙方案为设立分公司；

丙方案为先设立分公司，一年后注销再设立子公司。D公司总部及上海浦东新区分支机构有关资料如下。

资料一：预计D公司总部2022~2027年各年应纳税所得额（未弥补亏损）分别为1000万元、1100万元、1200万元、1300万元、1400万元、1500万元。适用的企业所得税税率为25%。

资料二：预计上海浦东新区分支机构2022~2027年各年应纳税所得额（未弥补亏损）分别为-1000万元、200万元、200万元、300万元、300万元、400万元。假设分公司所得税不实行就地预缴政策，由总公司统一汇总缴纳。假设上海浦东新区纳税主体各年适用的企业所得税税率均为15%。

要求： 计算不同分支机构设置方案下2022~2027年累计应缴纳的企业所得税税额，并从税收筹划角度分析确定分支机构的最佳设置方案。

7. 甲公司为从事产品经销的一般纳税人，甲公司采用现金购货和现金销货的方式，A产品的不含税售价为每件500元，不含税进价为每件200元，增值税税率为13%，所得税税率为25%，不考虑城市维护建设税和教育费附加。为了吸引更多顾客，提高当地市场份额，公司决定拿出1200件A产品进行促销活动，现有三种促销方案：方案一是五折销售，且销售额和折扣额开在同一张发票上；方案二是买2件A产品送1件A产品（增值税发票上只列明2件A产品的销售金额）；方案三是买2件A产品送1件A产品（在增值税专用发票上列明3件A产品，其销售金额为1500元，折扣为500元）。根据以往经验，无论采用哪种促销方式，A产品都会很快被抢购一空。

要求：

（1）填写下表，不需要列示计算过程。

单位：元

项目		方案一	方案二	方案三
现金流入	含税销售收入			
现金流出	含税进货成本			
	应纳增值税			
	应纳所得税			
净现金流量				

（2）判断甲公司应该采取哪种促销方式。

8. 新华企业为生产并销售ABC产品的增值税一般纳税人，适用的增值税税率为13%，所得税税率为25%。现有甲、乙、丙三个公司可以为其提供生产所需原材料，其中甲为一般纳税人，且可以提供增值税专用发票，适用的增值税税率为13%；乙为小规模纳税人，可以委托税务机关开具增值税税率为1%的专用发票；丙为个体工商户，目前只能出具普通发票。甲、乙、丙三家公司提供的原材料质量无差别，所提供的每单位原材料的含税价格分别为22600元、20705元和19750元。ABC产品的单位含税售价为28250元，假设城市维护建设税税率为7%，教育费附加为3%。假设新华企业的购货方式不会影响到企业的其他费用。

要求：

（1）计算每单位 ABC 产品的增值税销项税额。

（2）填写下表，不需要列示计算过程。

单位：元

方案	从甲处购货	从乙处购货	从丙处购货
不含税单位售价			
单位产品材料成本			
单位产品税金及附加			
单位产品税后利润			

（3）从利润最大化角度考虑新华企业应该选择哪家公司作为原材料供应商。

五、综合题

某公司年终利润分配前的股东权益项目资料如下：

股本——普通股（每股面值 2 元，200 万股）	400 万元
资本公积	160 万元
未分配利润	840 万元
股东权益合计	1400 万元

公司股票的每股现行市价为 35 元。

要求：计算回答下列 3 个互不关联的问题：

（1）计划按每 10 股送 1 股发放股票股利，同时每 10 股派发 2 元的现金股利，股票股利的金额按现行市价计算。计算完成这一分配方案后的股东权益各项目数额。

（2）如若按 1 股换 2 股的比例进行股票分割，计算普通股股数、股东权益各项目数额。

（3）假设利润分配不改变市净率（每股市价 / 每股净资产），公司按每 10 股送 1 股的方案发放股票股利，股票股利按现行市价计算，并按新股数发放现金股利，且希望普通股市价达到每股 30 元，计算每股现金股利应是多少？

同步强化练习题参考答案及解析

使用“会计云课堂”App或“微信”扫码对答案、看解析、掌握解题思路，开启轻松过关之旅。

一、单项选择题

1.【答案】D

【解析】2022年度甲产品的预计销售量 = 0.65×1215+（1−0.65）×1135=1187（万件）。

2.【答案】D

【解析】选项A是基于实现利润最大化目标。选项B是基于保持或提高市场占有率目标。选项C是基于稳定市场价格目标。

3.【答案】B

【解析】选项A适用于在市场中处于领先或垄断地位的企业，或者在行业竞争中具有很强的竞争优势，并且能够长时间保持这种优势的企业。选项C通常适用于产品标准化的行业，如钢铁制造业等。选项D适用于某些品牌产品具有较高的质量认知价值的企业。

4.【答案】B

【解析】制造成本是指企业为生产产品或提供劳务等发生的直接费用支出，一般包括直接材料、直接人工和制造费用。由于它不包括各种期间费用，因此不能正确反映企业产品的真实价值消耗和转移。

5.【答案】A

【解析】单位成本 =100+4500000/50000=190（元）

单位利润 =190×25%=47.5（元）

单位产品价格 =（190+47.5）/（1−5%）=250（元）。

6.【答案】B

【解析】单位产品价格 ×（1−适用税率）= 单位成本 + 单位产品价格 × 销售利润率

单位产品价格 ×（1−5%）=（500+150）+ 单位产品价格 ×15%

单位产品价格 =650/（1−5%−15%）=812.5（元）。

7.【答案】D

【解析】单位乙产品价格 =

$$\frac{460000/20000+240}{1-5\%}=276.84（元）。$$

8.【答案】B

【解析】$E=\frac{(3500-5800)/5800}{(1800-1500)/1500}=-1.98$。

9.【答案】C

【解析】预购折扣指对预先向企业订购或购买产品进行折扣；数量折扣指企业对大量购买或集中购买本企业产品的购买方给予的一种折扣优惠；团购折扣是指通过团购集合足够人数，便可以优惠价格购买或使用第三方公司的物品、优惠券或服务。

10.【答案】B

【解析】税法规定，对于国家重点扶持的高新技术企业，按 15% 的税率征收企业所得税。

11.【答案】A

【解析】剩余股利政策的理论依据是股利无关理论，选项 A 正确。其他股利政策都是基于股利相关理论。

12.【答案】A

【解析】剩余股利政策的股利不仅受盈利影响，还会受公司未来投资机会的影响，因此股东难以获得现金股利的保障。

13.【答案】A

【解析】初创阶段，公司需要大量资金，剩余股利政策下，优先满足再投资的权益资金需求，有助于降低再投资的资金成本，保持最佳的资本结构，实现企业价值最大化。所以剩余股利政策一般适用于公司初创阶段。

14.【答案】B

【解析】在固定股利政策下，公司在较长时期内都将支付固定的股利额，股利不随经营状况的变化而变动，除非公司预期未来收益将会有显著的、不可逆转的增长而提高股利发放额。采用这种政策的，大多属于收益比较稳定的公司。

15.【答案】B

【解析】固定或稳定增长股利政策下，公司将每年派发的股利额固定在某一特定水平或是在此基础上维持某一固定比率逐年稳定增长。稳定的股利向市场传递公司正常发展的信息，有利于树立公司良好的形象，增强投资者对公司的信心，稳定股票的价格。但该股利政策的缺点在于股利支付与盈余相脱节。

16.【答案】C

【解析】固定股利支付率政策的优点之一是股利与公司盈余紧密地配合，体现了“多盈多分、少盈少分、无盈不分”的股利分配原则，且该股利政策适用于那些处于稳定发展阶段且财务状况也较稳定的公司，故选项 C 正确。

17.【答案】C

【解析】由于公司的获利能力在年度间是经常变动的，每年的股利也应当随着公司收益的变动而变动。采用固定股利支付率政策，公司每年按固定的比例从税后利润中支付现金股利，从企业支付能力的角度看，这是一种稳定的股利政策。

18.【答案】C

【解析】留存收益 $=20000\times50\%=10000$（万元）

股利 $=10000\times0.5=5000$（万元）

净利润 $=10000+5000=15000$（万元）。

19.【答案】D

【解析】利润留存 $=1000\times7/10=700$（万元），应发放现金股利 $=1200-700=500$（万元）。按净利润 10% 提取的公积金含在留存收益中了，不需要单独考虑。

20.【答案】B

【解析】稳定的股利向市场传递着公司正常发展的信息，有利于树立公司的良好形象，增强投资者对公司的信心，稳定股票的价格。

21.【答案】C

【解析】法律因素包括资本保全约束、偿债能力约束、资本积累约束和超额累积利润约束。

22.【答案】B

【解析】资本积累约束要求企业在分配收益时，必须按一定比例和基数提取各种公积金。

23.【答案】D

【解析】以持有的其他公司的有价证券支付的股利，属于财产股利。

24.【答案】A

【解析】发放股票股利是所有者权益内部的此增彼减，不会影响所有者权益总额；由于股票数量的增加会使每股收益下降，从而引起股票每股市价下降，有利于吸引更多的投资者，以促进股票的交易和流通。

25.【答案】B

【解析】股权登记日，即有权领取本期股利的股东资格登记截止日期。

26.【答案】C

【解析】除息日之前交易的股票价格包含应得的股利在内。除息日的股票交易为无息交易，其交易价格会下降。

27.【答案】C

【解析】股票增值权是公司授予经营者一种权利，如果经营者努力经营企业，在规定的期限内，公司股票价格上升或业绩上升，经营者就可以按一定比例获得这种由股价上扬或业绩提升所带来的收益，收益为行权价与行权日二级市场股价之间的差价或净资产的增值额。

28.【答案】A

【解析】股票期权模式比较适合风险较高的企业，如互联网、高科技企业等。

二、多项选择题

1.【答案】ABC

【解析】预测对象的历史资料不完备或无法进行定量分析时应当采用定性分析法，选项A、B、C属于定性分析方法。选项D指数平滑法属于定量分析法。

2.【答案】ABC

【解析】专家判断法包括个别专家意见汇集法、专家小组法和德尔菲法等方法，选项D属于专家判断法。

3.【答案】ABC

【解析】指数平滑法运用比较灵活，适用的范围较广，但是在平滑指数的选择上具有一定的主观随意性，选项D错误。

4.【答案】CD

【解析】以市场需求为基础的定价方法主要包括：需求价格弹性系数定价法和边际分析定价法，所以选项C、D正确。目标利润法和保本点定价法是以成本为基础的产品定价方法。

5.【答案】AB

【解析】减少应纳税额的方法包括利用税收优惠政策筹划法和转让定价筹划法，选项C不属于利用税收优惠政策筹划法，属于通过关联企业采用非常规的定价方式和交易条件进行的纳税筹划。选项D属于递延纳税，不属于减少应纳税额的方法。

6.【答案】AB

【解析】利用会计处理方法进行递延纳税的筹划主要包括存货计价和固定资产折旧的方法选择等。选项C、D属于减少应纳税额的纳税筹划方法，不属于递延纳税的筹划方法。

7.【答案】BC

【解析】选项B、C为我国企业所得税法的规定。

8.【答案】AB

【解析】税法规定，对于国家重点扶持的高新技术企业，按15%的税率征收企业所得税；对于创业投资企业进行国家重点扶持和鼓励的投资，可以按投资额的一定比例抵扣应纳税所得额，选项A正确。对设在西部地区属于国家鼓励类产业的企业，在2021年1月1日至2030年12月31日期间，减按15%的税率征收企业所得税，选项 B 正确。国债利息收入免交企业所得税；而购买企业债券取得的收益需要缴纳企业所得税，选项 C 错误。连续持有居民企业公开发行并上市流通的股票不足 12 个月取得的投资收益也应缴纳企业所得税，选项 D 错误。

9.【答案】AB

【解析】无差别平衡点增值率 =1%/13%= 7.69%。若企业的增值率等于 7.69%，选择成为一般纳税人或小规模纳税人在税负上没有差别，其应纳增值税额相同。若企业的增值率小于 7.69%，选择成为一般纳税人税负较轻；反之，选择小规模纳税人较为有利。

10.【答案】ABCD

【解析】纳税筹划应遵循的原则：合法性原则、系统性原则、经济性原则、先行性原则。

11.【答案】AD

【解析】选项 B 是信号传递理论的观点。选项 C 是“手中鸟”理论的观点。

12.【答案】CD

【解析】固定或稳定增长股利政策的缺点之一是股利的支付与企业的盈利相脱节。低正常股利加额外股利政策，是指公司事先设定一个较低的正常股利额，每年除了按正常股利额向股东发放股利外，还在公司盈余较多、资金较为充裕的年份向股东发放额外股利。

13.【答案】ABCD

【解析】对那些盈利随着经济周期而波动较大的公司或者盈利与现金流量很不稳定时，低正常股利加额外股利政策也许是一种不错的选择。低正常股利加额外股利政策赋予公司较大的灵活性，使公司在股利发放上留有余地，并具有较大的财务弹性。公司可根据每年的具体情况，选择不同的股利发放水平，以稳定和提高股价，进而实现公司价值的最大化；使那些依靠股利度日的股东每年至少可以得到虽然较低但比较稳定的股利收入，从而吸引住这部分股东。

14.【答案】AC

【解析】本题的考点是四种股利分配政策优缺点的比较。采用固定股利支付率政策，当公司实现较多盈余时，支付较多股利。而当公司盈余较少时，分配的股利也较少，从而易给投资者公司发展不稳定的感觉。采用剩余股利政策股利发放额每年随投资机会和盈利水平的波动而波动，不利于投资者安排收入与支出，也不利于公司树立良好的形象。

15.【答案】ACD

【解析】影响股利政策的法律因素包括资本保全约束、资本积累约束、偿债能力约束和超额累积利润约束。

16.【答案】ABC

【解析】股利分配政策应考虑的股东因素包括：控制权、稳定的收入和避税。资本积累约束是法律因素。

17.【答案】BCD

【解析】股利分配制约因素中的公司因素具体包括：现金流量、资产的流动性、盈余的稳定性、投资机会、筹资因素和其他因素。本题中选项 A 属于股东因素，不属于公司因素。

18.【答案】BC

【解析】在股权登记日之后取得股票的股东无权领取本次分派的股利。除息日之前购买股票的股东能领取本次股利。

19.【答案】ACD

【解析】发放股票股利是所有者权益内部的此增彼减，不会影响所有者权益总额。

20.【答案】ABC

【解析】股票分割不会改变股东的持股比例，因此不会影响股东的控股权。巩固现有股东既定控制权是股票回购的动机。

21.【答案】ABC

【解析】股票分割之后，股东权益总额及其内部结构都不会发生任何变化，选项A错误，选项D正确。因为股数增加，股东权益总额不变，所以每股净资产下降，选项B错误。若市盈率不变，则股东所持有的股票总市值不变，选项C错误。

22.【答案】ABD

【解析】经营风险是企业在经营活动中面临的风险，和股票回购无关。股票回购动机包括：现金股利的替代、改变公司的资本结构、传递公司信息和基于控制权的考虑。

23.【答案】ABCD

【解析】股权激励模式主要有：股票期权模式、限制性股票模式、股票增值权模式、业绩股票激励模式和虚拟股票模式等。

24.【答案】BD

【解析】股票期权模式和股票增值权模式属于可以推动股价上涨的股权激励模式。

三、判断题

1.【答案】×

【解析】由于移动平均法只选用最后m期数据作为计算依据，没有考虑全部数据，故而代表性较差。

2.【答案】√

【解析】本题的考点是保本点定价法的前提。

3.【答案】√

【解析】按照微分极值原理，如果利润函数的一阶导数等于零，即边际利润等于零，边际收入等于边际成本，那么，利润将达到最大值。此时的价格就是最优销售价格。

4.【答案】√

【解析】采用250元和100元两种不同的标价来促销，属于心理定价策略中的双位定价策略。

5.【答案】×

【解析】纳税筹划的最终目的是企业财务管理目标的实现而非税负最小化。

6.【答案】×

【解析】投资企业从居民企业取得的股息等权益性收益，只要符合相关规定都可享受免税收入待遇。

7.【答案】√

【解析】纳税筹划的外在表现是降低税负和延期纳税。本题的说法是正确的。

8.【答案】√

【解析】“手中鸟”理论认为，公司的股利政策与公司的股票价格是密切相关的，即当公司支付较高的股利时，公司的股票价格会随之上升，公司的价值将得到提高。

9.【答案】×

【解析】由于普遍存在的税率差异及纳税时间的差异，资本利得收益比股利收益更有助于实现收益最大化目标，企业应当采用低股利政策。

10.【答案】×

【解析】执行剩余股利政策，股利发放额会每年随投资机会和盈利水平的波动而波动，即使在盈利水平不变的情况下，股利也将与投资机会的多少呈反方向变动。而在投资机会维持不变的情况下，股利发放额将因公司每年盈利的波动而同方向波动。

11.【答案】√

【解析】《公司法》规定，公司持有的本公司股份不得分配利润。

12.【答案】√

【解析】本题考点是剩余股利政策的优缺点。

13.【答案】×

【解析】固定股利支付率政策是指公司将每年净利润的某一固定百分比作为股利分派给股东。因此，股利要受经营状况的影响，不利于公司股票价格的稳定。

14.【答案】×

【解析】支付股利会减少现金持有量，降低资产的流动性，因此，资产流动性差的公司，往往无法采用高股利支付率政策。

15.【答案】√

【解析】通货膨胀会带来货币购买力水平下降，固定资产重置资金不足，此时，企业往往不得不考虑留用一定的利润，以弥补资金缺口。

16.【答案】√

【解析】处于成长中的公司投资机会较多，需要有强大的资金支持，因而少发放股利，将大部分盈余用于投资；而陷于经营收缩的公司，缺乏良好的投资机会，保留大量现金会造成资金的闲置，于是倾向于采用较高股利政策。

17.【答案】×

【解析】本题错在没有强调以公司拥有的其他公司的有价证券作为股利发放给股东。若以本公司发行的股票作为股利发放给股东是股票股利，以本公司发行的公司债券作为股利发放给股东是负债股利。

18.【答案】×

【解析】除息日是指领取股利的权利与股票分离的日期，在除息日之前购买股票的股东才能领取本次股利。

19.【答案】√

【解析】股票分割会使每股市价降低，买卖该股票所需资金减少，从而可以促进股票的流通和交易。因此，本题的说法是正确的。

20.【答案】√

【解析】股票分割是将一股拆分为数股，会使股数增加，每股面值下降。在其他条件不变的情况下，由于股数增加，进而会引起每股收益下降、每股市价下降，但是资产总额、负债总额、股东权益总额以及股东权益内部结构均不受影响，因此股票分割对公司的资本结构和股东权益不会产生任何影响。

21.【答案】√

【解析】股票回购是指上市公司出资将其发行在外的普通股以一定价格购买回来予以注销或作为库存股的一种资本运作方式。股票回购如果是用大量的资金支付回购成本，则容易造成资金紧缺，资产流动性变差，影响公司后续发展。

22.【答案】√

【解析】股票增值权模式是指公司授予经营者一种权利，如果经营者努力经营企业，在规定的期限内，公司股票价格上升或业绩上升，经营者就可以按一定比例获得这种由股价上扬或业绩提升所带来的收益，收益为行权价与行权日二级市场股价之间的差价或净资产的增值额。激励对象不用为行权支付现金，行权后由公司支付现金、股票或者股票和现金的组合。

23.【答案】×

【解析】限制性股票模式是指激励对象按照股权激励计划规定的条件，获得的转让等部分权利受到限制的本公司股票。限制性股票模式在解除限售前不得转让、用于担保或偿还债务。

24.【答案】√

【解析】对于处于成熟期的企业，由于其股价的上涨空间有限，因此采用限制性股票模式较为合适；股票期权模式适合那些初始资本投入较少、资本增值较快、处于成长初期或扩张期的企业，如互联网、高科技等风险较高的企业等。

四、计算分析题

1.【答案】

（1）算术平均法下，公司2022年预测销售量为：

（3060+3010+3070+3100+3050+3260+3310）/7=3122.86（吨）

（2）加权平均法下，公司2022年预测销售量为：

3060×0.03+3010×0.07+3070×0.13+3100×0.15+3050×0.18+3260×0.21+3310×0.23=3161.5（吨）

（3）①移动平均法下，公司2022年预测销售量为：

Y_{2022}=（3050+3260+3310）/3=3206.67（吨）

②修正的移动平均法下，公司2022年预测销售量为：

2022年预测销售量=Y_{2022}+（Y_{2022}−Y_{2021}）=3206.67+（3206.67−3210）=3203.34（吨）

（4）指数平滑法下，公司2022年预测销售量为：

0.65×3310+（1−0.65）×3210=3275（吨）

（5）计划内D产品单位价格=

$$\frac{(123750/3300+200)\times(1+25\%)}{1-5\%}=312.5\text{（元）}$$

2.【答案】

（1）第二季度需求价格弹性系数

$$E_1=\frac{(4350-4850)/4850}{(520-450)/450}=\frac{-0.1031}{0.1556}=-0.66$$

第三季度需求价格弹性系数

$$E_2=\frac{(4713-4350)/4350}{(507-520)/520}=\frac{0.0834}{-0.025}=-3.34$$

平均需求价格弹性系数

$$E=\frac{E_1+E_2}{2}=\frac{-0.66-3.34}{2}=-2$$

|E|=2

$$P=\frac{P_0Q_0^{(1/|E|)}}{Q^{(1/|E|)}}=\frac{507\times4713^{(1/2)}}{5000^{(1/2)}}=492.23\text{（元）}$$

即第四季度要完成5000件的销售任务，其单位产品的销售价格为492.23元。

（2）设第四季度预计销量为Q_4件：

−2.1=[（Q_4−4713）/4713]/（−3%）

解得：Q_4=3%×2.1×4713+4713=5010（件）。

3.【答案】

（1）在确定计划内产品单位价格时，应采用全部成本费用为基础的定价方法，因为在此成本基础上制定价格，既可以保证企业简单再生产的正常进行，又可以使劳动者为社会劳动所创造的价值得以全部实现。

固定成本=280000+140000=420000（元）

单位变动成本=150+50=200（元）

单价−单位成本−单位税金=单位利润

单价−（420000/15000+200）−单价×5%=（420000/15000+200）×25%

计划内单位D产品价格=[（420000/15000+200）×（1+25%）]/（1−5%）=300（元）

（2）由于企业还有剩余生产能力，增加生产一定数量的产品可以不负担企业的固定成本，只负担变动成本。因此应采用变动成本为基础的定价方法，这里的变动成本是指完全变动成本，既包括变动制造成本，也包括变动期间费用。

追加生产2000件D产品的单位变动成本为200元，则：

单价－单位变动成本－单位税金＝单位利润

单价 −200− 单价 × 5%=200 × 25%

计划外单位 D 产品价格 =［200 ×（1+25%）］/（1−5%）=263.16（元）

因为额外订单单价 265 元高于其按变动成本计算的价格 263.16 元，故应接受这一额外订单。

4.【答案】

（1）2022 年投资方案所需的自有资金额 =700 × 60%=420（万元）

2022 年投资方案所需从外部借入的债务资金额 =700 × 40%=280（万元）

或者：2022 年投资方案所需从外部借入的债务资金额 =700−420=280（万元）

（2）2021 年度应分配的现金股利 = 净利润 −2022 年投资方案所需的自有资金额 =900−420=480（万元）

（3）2021 年度应分配的现金股利 = 上年分配的现金股利 =550 万元

可用于 2022 年投资的留存收益 =900−550=350（万元）

2022 年投资需要额外筹集的资金额 =700−350=350（万元）

（4）该公司的股利支付率 =550/1000 × 100%=55%

2021 年度应分配的现金股利 =55% × 900=495（万元）

（5）因为公司只能从内部筹资且不考虑目标资本结构，所以 2022 年的投资需要从 2021 年的净利润中留存 700 万元，所以 2021 年度应分配的现金股利 =900−700=200（万元）。

5.【答案】

（1）①所需权益资本数额 =5000 ×（20000/50000）=2000（万元）

②应发放的现金股利总额 =2500−2000=500（万元）

每股现金股利 =500/5000=0.1（元）

（2）①未分配利润减少数 =5000/10 × 1+5000/10 × 1=1000（万元）

发放股利后未分配利润 =7500−1000=6500（万元）

②股本增加额 =5000/10 × 1=500（万元）

发放股利后股本 =5000+500=5500（万元）

③股票股利按面值发放，故不影响资本公积科目，所以发放股票股利后资本公积科目仍为 2500 万元。

6.【答案】

甲方案：

上海浦东新区子公司 2022~2027 年累计应缴纳的企业所得税税额 =（−1000+200+200+300+300+400）× 15%=60（万元）

公司总部 2022~2027 年累计应缴纳的企业所得税税额 =（1000+1100+1200+1300+1400+1500）× 25%=1875（万元）

2022~2027 年累计应缴纳的企业所得税税额 =60+1875=1935（万元）

乙方案：

2022~2027 年累计应缴纳的企业所得税税额 =［（1000−1000）+（1100+200）+（1200+200）+（1300+300）+（1400+300）+（1500+400）］× 25%=1975（万元）

丙方案：

2022~2027 年累计应缴纳的企业所得税税额 =（1000+1100+1200+1300+1400+1500−1000）× 25%+（200+200+300+300+400）× 15%=1835（万元）

由于丙方案累计税负最低，丙方案最佳。

7.【答案】

（1）

单位：元

项目		方案一	方案二	方案三
现金流入	含税销售收入	500×50%×1200×（1+13%）=339000	500×800×（1+13%）=452000	1200/3×（1500−500）×（1+13%）=452000
现金流出	含税进货成本	200×1200×（1+13%）=271200	200×1200×（1+13%）=271200	200×1200×（1+13%）=271200
	应纳增值税	7800	46800	20800
	应纳所得税	15000	40000	40000
净现金流量		45000	94000	120000

【解析】

方案一：五折销售

应纳增值税=500×50%×1200×13%−200×1200×13%=7800（元）

应纳税所得额=500×50%×1200−200×1200=60000（元）

应交所得税=60000×25%=15000（元）

方案二：买二送一方式销售（增值税发票上只列明2件A产品的销售金额）

应纳增值税=500×（800+400）×13%−200×1200×13%=46800（元）

应纳税所得额=500×800−200×1200=160000（元）

应交所得税=160000×25%=40000（元）

方案三：买二送一方式销售（在增值税专用发票上列明3件A产品，其销售金额为1500元，折扣为500元）

应纳增值税=1200/3×（1500−500）×13%−200×1200×13%=20800（元）

应纳税所得额=1200/3×（1500−500）−200×1200=160000（元）

应交所得税=160000×25%=40000（元）

（2）方案三的净现金流量最大，因此应选择方案三。

【提示】本题的难点在于方案二和方案三的区分。方案二中由于增值税发票上只列明2件A产品的销售金额，因此在计算增值税时，需要将发票中未列示的400件产品视同销售，也是要考虑增值税的。企业以买二赠一等方式组合销售本企业商品的，不属于捐赠，应将总的销售金额按各项商品的公允价值的比例来分摊确认各项商品的营业收入，即按照买二赠一的比例和实际营业收入计算每件产品的收入，但销售总额未变，只影响单件产品的营业收入。因此计算所得税时，无须单独考虑赠送的400件产品。

在方案三中，由于折扣直接与商品价格体现在了同一张发票中，可以将折扣直接抵扣。因此计算增值税和所得税的时候都无须考虑赠送的部分产品。

8.【答案】

（1）ABC产品的不含税单位售价=28250/（1+13%）=25000（元）

每单位ABC产品的增值税销项税额=25000×13%=3250（元）

(2)

单位：元

方案	从甲处购货	从乙处购货	从丙处购货
不含税单位售价	25000	25000	25000
单位产品材料成本	20000	20500	19750
单位产品税金及附加	65	304.5	325
单位产品税后利润	3701.25	3146.63	3693.75

【解析】

从甲处购货：

单位产品材料成本 =22600/（1+13%）=20000（元）

可以抵扣的增值税进项税额 =20000×13%=2600（元）

应纳增值税 =3250−2600=650（元）

单位产品税金及附加 =650×（7%+3%）=65（元）

单位产品税后利润 =（25000−20000−65）×（1−25%）=3701.25（元）

从乙处购货：

单位产品材料成本 =20705/（1+1%）=20500（元）

可以抵扣的增值税进项税额 =20500×1%=205（元）

应纳增值税 =3250−205=3045（元）

单位产品税金及附加 =3045×（7%+3%）=304.5（元）

单位产品税后利润 =（25000−20500−304.5）×（1−25%）=3146.63（元）

从丙处购货：

单位产品材料成本 =19750 元

可以抵扣的增值税进项税额 =0 元

应纳增值税 =3250 元

单位产品税金及附加 =3250×（7%+3%）=325（元）

单位产品税后利润 =（25000−19750−325）×（1−25%）=3693.75（元）

（3）由上可知，在一般纳税人甲处购买原材料所获利润最大，因此应该选择甲公司作为原材料供应商。

五、综合题

【答案】

（1）发放股票股利后的普通股股数 =200×（1+10%）=220（万股）

发放股票股利后的股本 =2×220=440（万元）

发放股票股利后的资本公积 =160+（35−2）×（200×1/10）=820（万元）

现金股利 =2/10×200=40（万元）

发放股利后的未分配利润 =840−35×（200×1/10）−40=100（万元）

（2）股票分割后的普通股股数 =200×2=400（万股）

股票分割后的股本 =1×400=400（万元）

股票分割后的资本公积 =160 万元

股票分割后的未分配利润 =840 万元

（3）分配前市净率 =35/（1400/200）=5

每股市价 30 元时的每股净资产 =30/5=6（元）

每股市价 30 元时的全部净资产 =6×220=1320（万元）

每股市价 30 元时的每股现金股利 =(1400−1320）/220=0.36（元）。

第十章　财务分析与评价

CHAPTER-10

本章学习指南

一、考情分析

本章主要讲述财务分析的基本方法、财务状况的综合评价等内容。从历年考试情况来看，既可以出客观题，也可以出计算分析题或综合题。近3年考试的平均分值为11分左右。

最近3年题型、题量分析表

题型	2019年		2020年			2021年		
	试卷Ⅰ	试卷Ⅱ	试卷Ⅰ	试卷Ⅱ	试卷Ⅲ	试卷Ⅰ	试卷Ⅱ	试卷Ⅲ
单项选择题	1题1分	1题1分	3题 4.5分	1题 1.5分	—	2题3分	2题3分	1题 1.5分
多项选择题	—	2题4分	1题2分	2题4分	1题2分	—	—	—
判断题	1题1分	—	—	1题1分	1题1分	2题2分	1题1分	2题2分
计算分析题	1题5分	—	1题5分	—	1题5分	1题5分	—	1题5分
综合题	0.5题 6.5分	0.2题 2.6分	0.4题 5分	0.5题 6分	—	—	0.38题 5分	0.77题 10分
合计	3.5题 13.5分	3.2题 7.6分	5.4题 16.5分	4.5题 12.5分	3题8分	5题 10分	3.38题 9分	4.77题 18.5分

二、教材变化

本章与2021年的教材相比，主要变化有：（1）根据最新报表格式修订最新报表项目；（2）增加了对资本保值增值率指标计算的解释。

核心考点精讲

第一节 财务分析与评价概述

使用“会计云课堂”App或“微信”扫码查看本节视频，快速GET知识点。

一、财务分析的内容★

（一）财务分析信息的需求者及各自的分析重点

分析主体	分析重点内容
所有者	关心其资本的保值和增值状况，因此较为重视企业盈利能力指标，主要进行企业盈利能力分析
债权人	重点关注的是其投资的安全性，因此主要进行企业偿债能力分析，同时也关注企业盈利能力分析
经营决策者	必须对企业经营理财的各方面，包括偿债能力、营运能力、盈利能力及发展能力的全部信息予以详尽的了解和掌握，进行各方面综合分析，并关注企业财务风险和经营风险
政府	兼具多重身份，既是宏观经济管理者，又是国有企业的所有者和重要的市场参与者，因此政府对企业财务分析的关注点因所具身份不同而异

要点小贴士

在各个分析主体中经营决策者的分析是最综合的。

经典题解

【例题1·判断题】在财务分析中，企业经营者应对企业财务状况进行全面的综合分析，并关注企业财务风险和经营风险。（ ）

【解析】企业经营决策者必须对企业经营理财的各个方面，包括营运能力、偿债能力、盈利能力及发展能力的全部信息予以详尽的了解和掌握，进行各方面综合分析，并关注企业财务风险和经营风险。

【答案】√

（二）财务分析的内容

偿债能力分析、营运能力分析、盈利能力分析、发展能力分析和现金流量分析等方面。

二、财务分析的方法★★★

（一）比较分析法

含义	是指对两个或两个以上的可比数据进行对比，找出企业财务状况、经营成果中的差异与问题
分类	（1）趋势分析法：比较的对象是本企业的历史 （2）横向比较法：比较的对象是同类企业 （3）预算差异分析法：比较的对象是预算数据
具体运用	（1）重要财务指标的比较： 定基动态比率 =（分析期数额 / 固定基期数额）×100% 环比动态比率 =（分析期数额 / 前期数额）×100% （2）会计报表的比较 （3）会计报表项目构成的比较
应注意的问题	（1）计算口径必须保持一致 （2）应剔除偶发性项目的影响，使分析所利用的数据能反映正常的生产经营状况 （3）应运用例外原则对某项有显著变动的指标作重点分析

经典题解

【真题2·判断题】某公司第一年至第三年的净利润分别为4000万元、5000万元和5600万元。如果以第一年作为基期，则这三年的定基动态比率为100%、125%和112%。（　　）（2021年卷Ⅲ）

【解析】第一年定基动态比率=4000/4000=100%，第二年定基动态比率=5000/4000=125%，第三年定基动态比率=5600/4000=140%。

【答案】×

【例题3·单选题】在财务分析中，利用比较分析法时如果比较的对象是同类企业，则为（　　）。

A. 趋势分析法

B. 横向比较法

C. 纵向比较法

D. 预算差异分析法

【解析】趋势分析法：比较的对象是本企业的历史；横向比较法：比较的对象是同类企业；预算差异分析法：比较的对象是预算数据。

【答案】B

（二）比率分析法

含义	是通过计算各种比率指标来确定财务活动变动程度的方法
分类	（1）构成比率 $=\dfrac{\text{某个组成部分数值}}{\text{总体数值}}\times 100\%$ （2）效率比率 $=\dfrac{\text{所得}}{\text{所费}}\times 100\%$ （3）相关比率 $=\dfrac{\text{某一指标}}{\text{另一相关指标}}\times 100\%$
应注意的问题	（1）对比项目的相关性 （2）对比口径的一致性 （3）衡量标准的科学性

名师点拨

（1）凡是分子是利润的通常是效率比率，例如成本利润率、营业利润率、资本金利润率等；

（2）相关比率采用排除法，只要不属于构成比率和效率比率的其他比率都是相关比率。

经典题解

【真题4·单选题】下列财务比率中，属于效率比率的是（　　）。（2017年卷Ⅱ）

A. 速动比率

B. 成本利润率

C. 资产负债率

D. 所有者权益增长率

【解析】效率比率是某项财务活动中所费与所得的比率，反映投入与产出的关系。利用效率比率指标，可以进行得失比较，考察经营成果，评价经济效益。通常分子是利润的比率属于效率比率，故选项B正确。

【答案】B

【例题5·单选题】下列比率指标的不同类型中，流动比率属于（　　）。

A. 构成比率

B. 动态比率

C. 相关比率

D. 效率比率

【解析】相关比率是以某个项目和与其有关但又不同的项目加以对比所得的比率，流动比率 = 流动资产 / 流动负债，流动资产与流动负债具有相关性，所以选项C正确。

【答案】C

【例题6·判断题】财务分析中的效率比率，是某项财务活动中所费与所得之间的比率，反映投入与产出的关系。（　　）

【解析】效率比率，是某项财务活动中所费与所得的比率，反映投入与产出的关系。因此本题的说法是正确的。

【答案】√

要点小贴士

比较分析法只能说明差异是多少，但为什么产生这个差异，原因是什么，要借助因素分析法。

（三）因素分析法

含义	是依据分析指标与其影响因素的关系，从数量上确定各因素对分析指标影响方向和影响程度的一种方法
应用	（1）连环替代法 设 F=A×B×C 基数（计划、上年、同行业先进水平）：$F_0=A_0\times B_0\times C_0$ 实际：$F_1=A_1\times B_1\times C_1$ 基数：$F_0=A_0\times B_0\times C_0$ ① 置换 A 因素：$A_1\times B_0\times C_0$ ② 置换 B 因素：$A_1\times B_1\times C_0$ ③ 置换 C 因素：$A_1\times B_1\times C_1$ ④ ②－①即 A 因素变动对 F 指标的影响 ③－②即 B 因素变动对 F 指标的影响 ④－③即 C 因素变动对 F 指标的影响 （2）差额分析法 A 因素变动对 F 指标的影响：$(A_1-A_0)\times B_0\times C_0$ B 因素变动对 F 指标的影响：$A_1\times(B_1-B_0)\times C_0$ C 因素变动对 F 指标的影响：$A_1\times B_1\times(C_1-C_0)$
应注意的问题	（1）因素分解的关联性（题目一般会给出综合指标与因素指标间的关系公式） （2）因素替代的顺序性（按提问的顺序） （3）顺序替代的连环性（每一次替代均以上一次为基础） （4）计算结果的假定性（各因素变动的影响数，会因替代顺序不同而有差别，因而计算结果不免带有假定性）

要点小贴士

差额分析法只适用于当综合指标等于各因素之间连乘时；当综合指标是通过因素间“加”或“减”形成时，不能用差额分析法。

经典题解

【例题 7·单选题】下列各项中，不属于财务分析中因素分析法特征的是（ ）。

A. 因素分解的关联性

B. 顺序替代的连环性

C. 分析结果的准确性

D. 因素替代的顺序性

【解析】采用因素分析法时，必须注意以下问题：①因素分解的关联性；②因素替代的顺序性；③顺序替代的连环性；④计算结果的假定性。

【答案】C

【例题 8·计算分析题】某企业 2021 年预算产量为 500 件，单位产品标准耗用量 20 千克 / 件，材料标准单价为 10 元 / 千克。实际产量为 550 件，实际材料耗用量为 13000 千克，实际材料单价为 9 元 / 千克。

要求：

（1）计算该产品实际与预算的产品材料成本差额。

（2）使用因素分析法，依次计算下列因素变化对产品材料成本实际与预算差额的影响：

①产品产量；

②单位产品材料耗用量；

③原材料单价。

【答案】

（1）该产品实际与预算的产品材料成本差额 =550×13000/550×9−500×20×10=17000（元）

（2）连环替代法：

基期数：500×20×10=100000（元）

替代产品产量：550×20×10=110000（元）

替代单位产品材料耗用量：550×13000/550×10=130000（元）

替代原材料单价：550×13000/550×9=117000（元）

①产品产量变动对材料成本差额的影响 =110000−100000=10000（元）

②单位产品材料耗用量变动对材料成本差额的影响 =130000−110000=20000（元）

③原材料单价变动对材料成本差额的影响 =117000−130000=−13000（元）

或，差额分析法：

①产品产量变动对材料成本差额的影响 =（550−500）×20×10=10000（元）

②单位产品材料耗用量变动对材料成本差额的影响 =550×（13000/550−20）×10=20000（元）

③原材料单价变动对材料成本差额的影响 =550×13000/550×（9−10）=−13000（元）。

解题攻略

因素分析法替代的顺序很重要，改变替代顺序会影响各个因素的影响程度，因此考试时要注意题目提示的替代顺序。

三、财务分析的局限性★

（1）资料来源的局限性。

（2）财务分析方法的局限性。

（3）财务分析指标的局限性。

四、财务评价★

含义	财务评价是对企业财务状况和经营情况进行的总结、考核和评价。它以企业的财务报表和其他财务分析资料为依据，注重对企业财务分析指标的综合考核
方法	财务综合评价的方法有很多，包括杜邦分析法、沃尔评分法、经济增加值法等

第二节　基本的财务报表分析

使用“会计云课堂”App或“微信”扫码查看本节视频，快速GET知识点。

【提示】

（1）指标计算规律。

母子率：指标名称中前面提到的是分母，后面提到的是分子。比如资产负债率，资产是分母，负债是分子。

分子比率：指标名称中前面提到的是分子。比如速动比率，速动资产就是分子。

要点小贴士

分子、分母口径的一致性原则。

（2）指标计算应注意的问题。

①在比率指标计算中，分子、分母的时间特征必须一致。即同为时点指标，或者同为时期指标。若一个为时期指标，另一个为时点指标，应该把时点指标调整为时期指标，调整的方法是计算时点指标的平均值。

②在按杜邦分析体系进行分析时，由于净资产收益率中净资产应该使用平均数，因此，拆分为几个指标计算时，对于资产负债率、权益乘数等应该按平均数计算。

③对于资产负债表中的数据应该按平均数计算的题目，还要看题目中条件是否具备计算平均数的条件，如果不能计算出平均数，就应按期末数计算。另外，在计算时，有时题目本身也会要求使用期末数或平均数，此时按要求处理。

一、偿债能力分析★★★

考点妙记

这部分指标除营运资金外，其他指标分母均为流动负债，分子可以从名称中得到提示。

（一）短期偿债能力分析

- 绝对数：营运资金 = 流动资产 − 流动负债
- 相对数：××××/流动负债
- （分子比率指标）
  - 流动比率 = 流动资产/流动负债
  - 速动比率 = 速动资产/流动负债
  - 现金比率 =（货币资金 + 交易性金融资产）/流动负债

1.流动资产的构成

- 流动资产
  - 速动资产
    - 货币资金（现金资产）
    - 交易性金融资产（现金资产）
    - 衍生金融资产
    - 各种应收款项
  - 非速动资产
    - 存货
    - 预付款项
    - 一年内到期的非流动资产
    - 其他流动资产等

【结论】相对数指标分母均为流动负债，因为流动资产>速动资产>现金资产，所以流动比率>速动比率>现金比率。

【提示】速动资产主要剔除存货的原因：

（1）流动资产中存货的变现速度比应收账款要慢得多；（2）部分存货可能已被抵押；（3）存货成本和市价可能存在差异。

经典题解

【真题9·单选题】在计算速动比率指标时，下列各项中，不属于速动资产的是（ ）。（2018年卷Ⅱ）

A. 存货　　B. 货币资金

C. 应收账款　　D. 应收票据

【解析】货币资金、以公允价值计量且其变动计入当期损益的金融资产和各种应收款项，可以在较短时间内变现，称为速动资产。

【答案】A

【真题10·多选题】下列各项中，属于速动资产的有（ ）。（2017年卷Ⅰ）

A. 货币资金　　B. 预收账款

C. 应收账款　　D. 存货

【解析】构成流动资产的各项目，流动性差别很大。其中货币资金、以公允价值计量且其变动计入当期损益的金融资产和各种应收款项，可以在较短时间内变现，称为速动资产。选项B属于流动负债。选项D属于非速动资产。

【答案】AC

2. 指标的具体分析

分类	指标及计算公式	分析
绝对数指标	营运资金＝流动资产－流动负债＝长期负债＋所有者权益－长期资产	营运资金为正，说明企业财务状况稳定，不能偿债的风险较小。反之，当营运资金为负，此时，企业部分非流动资产以流动负债作为资金来源，企业不能偿债的风险很大
相对数指标（分子比率）	流动比率＝流动资产/流动负债	（1）不同行业的流动比率，通常有明显差别。营业周期短、应收账款和存货的周转速度快的企业，其流动比率的标准可以低一些 （2）一般情况下，营业周期、应收账款和存货的周转速度是影响流动比率的主要因素
	速动比率＝速动资产/流动负债	如同流动比率一样，不同行业的速动比率有很大差别。影响速动比率可信性的重要因素是应收账款的变现能力
	现金比率＝（货币资金＋交易性金融资产）/流动负债	现金比率剔除了应收账款对偿债能力的影响，最能反映企业直接偿付流动负债的能力 经研究表明，0.2的现金比率就可以接受。而这一比率过高，就意味着企业过多资源占用在盈利能力较低的现金资产上从而影响企业盈利能力

相关链接

第7章：营业周期（经营周期）＝存货周转期＋应收账款周转期。

要点小贴士

不存在统一、标准的比率数值，不同行业的指标没有可比性。

经典题解

真题点拨

业务发生对指标的影响，不仅要掌握指标的计算公式，同时要注意当比率指标分子、分母同时变动时，指标变动方向要看原有比率和1的关系，不需要记忆，只需要自己代入数据测试即可。

【真题11·单选题】某公司当前的速动比率大于1，若用现金偿还应付账款，则对流动比率与速动比率的影响是（　　）。（2021年卷Ⅰ）

A. 流动比率变小，速动比率变小

B. 流动比率变大，速动比率不变

C. 流动比率变大，速动比率变大

D. 流动比率不变，速动比率变大

【解析】使用现金偿还应付账款，会使速动资产、流动负债减少相同的金额。速动比率大于1，分子、分母减少相同的数值后速动比率变大；速动比率大于1，则流动比率也大于1，使用现金偿还应付账款，也会使得流动资产、流动负债减少相同数值，流动比率变大。也可以代入数据判断，如设原有比率为3/2，若分子、分母同时减少1，则变化后的比率为：（3−1）/（2−1）=2，说明指标变大。

【答案】C

【真题12·单选题】某公司流动比率为1.8，如果赊购一批原材料，则流动比率的变化方向是（　　）。（2021年卷Ⅱ）

A. 不变　　B. 变小

C. 变大　　D. 以上都有可能

【解析】流动比率＝流动资产/流动负债，流动比率为1.8，说明流动资产大于流动负债。赊购一批原材料，会使流动资产和流动负债等额增长，流动负债的增长幅度大于流动资产的增长幅度，流动比率变小。也可以代入数据判断，设分子、分母均增长1，则变化后的指标为：（1.8+1）/（1+1）=2.8/2=1.4，指标变小了。

【答案】B

【真题13·单选题】下列各项中，既不影响现金比率又不影响速动比率的是（　　）。（2021年卷Ⅱ）

A. 交易性金融资产　　B. 应收票据

C. 短期借款　　D. 存货

【解析】存货属于非速动资产，既不属于速动资产，也不属于现金资产，因此既不影响现金比率又不影响速动比率。

【答案】D

【真题14·单选题】如果公司现有的流动比率大于0而小于1，则下列举措将导致流动比率提高的是（　　）。（2021年卷Ⅲ）

A. 收回应收账款　　B. 库存商品抵债

C. 赊购原材料　　D. 偿还短期借款

【解析】流动比率＝流动资产/流动负债，选项A是流动资产内部的变化，不会影响流动比率。选项B、D会使流动资产和流动负债等额减少，流动比率大于0小于1说明流动资产小于流动负债，流动资产的下降幅度大于流动负债的下降幅度，流动比率变小（代入数据：设原来为2/3，分子、分母均降低1，变化后指标：（2−1）/（3−1）=1/2，指标变小）。选项C会使流动资产和流动负债等额增长，流动资产的增长幅度大于流动负债的增长幅度，流动比率变大［代入数据：设原来为 2/3，分子、分母均提高 1，变化后指标：（2+1）/（3+1）=3/4，指标变大］。

【答案】C

【真题 15·单选题】下列财务指标中，最能反映企业即时偿付短期债务能力的是（　　）。（2018 年卷Ⅰ）

A. 资产负债率　　B. 流动比率

C. 权益乘数　　D. 现金比率

【解析】现金比率剔除了应收账款对偿债能力的影响，最能反映企业直接偿付流动负债的能力。

【答案】D

【真题 16·判断题】现金比率不同于速动比率之处主要在于剔除了应收账款对短期偿债能力的影响。（　　）（2017 年卷Ⅱ）

【解析】现金资产包括货币资金和交易性金融资产等。现金比率剔除了应收账款对偿债能力的影响，最能反映企业直接偿付流动负债的能力，表明每 1 元流动负债有多少现金资产作为偿债保障。

【答案】√

（二）长期偿债能力分析

考点妙记

长期偿债能力的衡量指标中只有资产负债率符合“母子率”的记忆规律，即指标名称中前面提到的是分母，后面提到的是分子。其余指标均需要单独记忆。

- 还本能力
  - 资产负债率 $= \frac{负债总额}{资产总额} \times 100\%$
  - 产权比率 $= \frac{负债总额}{股东权益} \times 100\%$
  - 权益乘数 $= \frac{资产总额}{股东权益} = 1 + 产权比率 = \frac{1}{1-资产负债率}$
- 付息能力
  - 利息保障倍数 = 息税前利润 / 应付利息
  - =（净利润 + 利润表中的利息费用 + 所得税）/ 应付利息

分类	指标及计算公式	分析
还本能力分析	资产负债率 = 负债总额 / 资产总额 ×100%	（1）三个指标对长期偿债能力的影响相同：指标**越低**，企业的**长期偿债能力越强** （2）三个指标间的关系：产权比率和权益乘数是资产负债率的另外两种表现形式，是常用的反映财务杠杆水平的指标 **权益乘数 =1/（1− 资产负债率）=1+ 产权比率**
	产权比率 = 负债总额 / 股东权益 ×100%	
	权益乘数 = 资产总额 / 股东权益	

要点小贴士

权益乘数、资产负债率和产权比率三者之间同向变动，指标越高，说明财务杠杆程度越大。

分类	指标及计算公式	分析
付息能力分析	利息保障倍数（已获利息倍数）= 息税前利润 / 应付利息	该比率越高，长期偿债能力越强。从长期看，利息保障倍数至少要大于 1 【提示】 （1）息税前利润 = 净利润 + 利润表中的利息费用 + 所得税 （2）公式中的分母“应付利息”是指本期发生的全部应付利息，不仅包括财务费用中的利息费用，还应包括计入固定资产成本的资本化利息 （3）在短期内，利息保障倍数小于 1 也仍然具有利息支付能力，因为计算息税前利润时减去了一些非付现成本（折旧和摊销费用等）

经典题解

【真题 17 · 判断题】在资产负债率、产权比率和权益乘数三个指标中，已知其中一个指标值，就可以推算出另外两个指标值。（　　）（2021 年卷Ⅰ）

【解析】权益乘数 =1/（1- 资产负债率）=1+ 产权比率，因此已知其中一个指标值，就可以推算出另外两个指标值。

【答案】√

【真题 18 · 判断题】计算利息保障倍数时，“应付利息”指的是计入财务费用中的利息支出，不包括资本化利息。（　　）（2021 年卷Ⅱ）

【解析】计算利息保障倍数时，公式中的分母“应付利息”是指本期发生的全部应付利息，不仅包括财务费用中的利息费用，还应包括计入固定资产成本的资本化利息。

【答案】×

【真题 19 · 单选题】某企业 2019 年利润总额为 700 万元，财务费用中的利息支出金额为 50 万元，计入固定资产成本的资本化利息金额为 30 万元，则 2019 年利息保障倍数为（　　）。（2020 年卷Ⅰ）

A. 9.375　　B. 15　　C. 14　　D. 9.75

【解析】利息保障倍数 = 息税前利润 / 应付利息 =（700+50）/（50+30）=9.375。

【答案】A

【真题 20 · 多选题】下列财务指标中，可以用来反映公司资本结构的有（　　）。（2020 年卷Ⅱ）

A. 资产负债率　　B. 产权比率

C. 营业净利率　　D. 总资产周转率

【解析】资产负债率、产权比率、权益乘数均可以反映公司资本结构。

【答案】AB

【真题 21 · 多选题】下列财务指标中，不能用来直接反映企业长期偿债能力的

有（　　）。（2020 年卷Ⅲ）

A. 总资产净利率　　B. 固定资产周转率

C. 资产负债率　　D. 净资产收益率

【解析】选项 A、D 反映盈利能力，选项 B 反映营运能力。

【答案】ABD

【真题 22 · 单选题】关于产权比率指标和权益乘数指标之间的数量关系，下列表达式中正确的是（　　）。（2019 年卷Ⅰ）

A. 权益乘数 × 产权比率 =1　　B. 权益乘数 – 产权比率 =1

C. 权益乘数 + 产权比率 =1　　D. 权益乘数 / 产权比率 =1

【解析】产权比率 = 负债总额 / 所有者权益 =（资产总额 – 所有者权益）/ 所有者权益 = 总资产 / 所有者权益 – 所有者权益 / 所有者权益 = 权益乘数 –1，即，权益乘数 – 产权比率 =1。

【答案】B

【真题 23 · 多选题】下列财务指标中，可以反映长期偿债能力的有（　　）。（2017 年卷Ⅱ）

A. 总资产周转率　　B. 权益乘数

C. 产权比率　　D. 资产负债率

【解析】反映长期偿债能力的财务指标主要有资产负债率、产权比率、权益乘数、利息保障倍数。总资产周转率是反映营运能力的指标，因此选项 A 不正确。

【答案】BCD

【真题 24 · 单选题】产权比率越高，通常反映的信息是（　　）。（2015 年）

A. 财务结构越稳健　　B. 长期偿债能力越强

C. 财务杠杆效应越强　　D. 股东权益的保障程度越高

【解析】产权比率 = 负债总额 / 所有者权益总额 ×100%，这一比率越高，表明企业长期偿债能力越弱，债权人权益保障程度越低，因此选项 B、D 不正确。产权比率高，是高风险、高收益的财务结构，财务杠杆效应强，因此选项 C 正确、选项 A 不正确。

【答案】C

（三）影响偿债能力的其他因素

因素	影响
可动用的银行贷款指标或授信额度	可以提高企业的偿债能力
资产质量	如果企业存在很快变现的长期资产，会增加企业的短期偿债能力
或有事项和承诺事项	会增加企业的潜在偿债压力，降低偿债能力
经营租赁	会降低企业的偿债能力

要点小贴士

按照实质重于形式的原则，虽然在会计报表中没有反映为资产或负债的变动，但是实质上会影响企业的偿债能力。

经典题解

【真题25·多选题】下列各项因素中，影响企业偿债能力的有（　　）。（2015年）

A. 经营租赁　　B. 或有事项　　C. 资产质量　　D. 授信额度

【解析】影响偿债能力的其他因素包括：①可以动用的银行贷款指标或授信额度；②资产质量；③或有事项和承诺事项；④经营租赁。因此选项A、B、C、D均正确。

【答案】ABCD

二、营运能力分析★★★

- 某某周转率（次数）＝周转额／某某平均数
  - 应收账款周转率＝营业收入／应收账款平均余额
  - 存货周转率＝营业成本／存货平均余额
  - 流动资产周转率＝营业收入／流动资产平均余额
  - 固定资产周转率＝营业收入／平均固定资产
  - 总资产周转率＝营业收入／平均资产总额
- 某某周转天数＝计算期天数／某某周转率（次数）

【提示】流动资产周转率分析应注意的问题：

通常，流动资产中应收账款和存货占绝大部分，因此它们的周转状况对流动资产周转情况具有决定性影响。

指标	分析及运用时需注意的主要问题
应收账款周转率	（1）营业收入指扣除销售折扣和折让后的**销售净额**。营业收入数据使用利润表中的“营业收入” （2）应收账款包括会计报表中**“应收账款”**和**“应收票据”**等全部赊销账款在内 （3）应收账款应为**未扣除坏账准备的金额** （4）应收账款是特定时点的存量，容易受季节性、偶然性和人为因素的影响。在用应收账款周转率进行业绩评价时，**最好使用多个时点的平均数**，以减少这些因素的影响
存货周转率	（1）存货周转率的分析应注意行业的可比性 （2）反映的是存货整体的周转情况，不能说明企业经营各环节的存货（如材料、在产品及产成品）的周转情况和管理水平 （3）应结合应收账款周转情况和信用政策进行分析

要点小贴士

资产负债表上的资产是按净值列示，报表上的应收账款金额是扣除坏账准备后的金额。计算时应利用报表上的应收账款和应收票据的平均余额再加上报表附注中的坏账准备的平均余额。

经典题解

【真题26·单选题】某公司上期营业收入为1000万元，本期期初应收账款为120万元，本期期末应收账款为180万元，本期应收账款周转率为8次，则本期的营业收入增长率为（　　）。（2020年卷Ⅱ）

A. 20%　　B. 12%　　C. 18%　　D. 50%

【解析】本期应收账款周转率＝本期营业收入／[（期初应收账款＋期末应收账款）/2]，即8=本期营业收入／[（120+180）/2]，本期营业收入=1200（万元），本期的营业收入增长率＝（1200−1000）/1000=20%。

【答案】A

【真题27·多选题】下列各项中，可用于企业营运能力分析的财务指标有（ ）。（2020年卷Ⅰ）

A. 速动比率　　B. 应收账款周转天数

C. 存货周转次数　　D. 流动比率

【解析】用于企业营运能力分析的财务指标有应收账款周转率、存货周转率、流动资产周转率、固定资产周转率、总资产周转率，所以选项B、C正确。选项A、D属于用于短期偿债能力分析的财务指标。

【答案】BC

【真题28·判断题】在计算应收账款周转次数指标时，不应将应收票据考虑在内。（ ）（2020年卷Ⅱ）

【解析】在计算应收账款周转次数指标时，应收账款包括会计报表中"应收票据"及"应收账款"等全部赊销账款在内，因为应收票据是销售形成的应收款项的另一种形式。

【答案】×

【真题29·判断题】一般而言，存货周转速度越快，存货占用水平越低，企业的营运能力就越强。（ ）（2020年卷Ⅲ）

【解析】一般来讲，存货周转速度越快，存货占用水平越低，流动性越强，存货转化为现金或应收账款的速度就越快，这样会增强企业的短期偿债能力及盈利能力。即企业的营运能力也就越强。

【答案】√

【真题30·多选题】下列各项中，影响应收账款周转率指标的有（ ）。（2016年）

A. 应收账款　　B. 预付账款

C. 应收票据　　D. 销售折扣与折让

【解析】应收账款包括会计报表中"应收账款"和"应收票据"等全部赊销账款在内，因为应收票据是销售形成的应收款项的另一种形式，所以本题选项A、C正确。其中营业收入是指扣除了销售折扣和折让后的销售净额，所以选项D正确。

【答案】ACD

三、盈利能力分析★★

考点妙记

盈利能力的衡量指标均符合"母子率"的记忆规律，即指标名称中前面提到的是分母，后面提到的是分子。

指标	计算公式
营业毛利率	营业毛利率 = 营业毛利 / 营业收入 ×100% 其中：营业毛利 = 营业收入 − 营业成本
营业净利率	营业净利率 = 净利润 / 营业收入 ×100%
总资产净利率	总资产净利率 = 净利润 / **平均**资产总额 ×100%
净资产收益率	净资产收益率 = 净利润 / **平均**净资产 ×100%

经典题解

【例题31·单选题】在其他条件不变的情况下，下列经济业务可能导致总资产净利率下降的是（　　）。

A. 用银行存款支付一笔销售费用　　B. 用银行存款购入一台设备

C. 将优先股转换为普通股　　D. 用银行存款归还银行借款

【解析】选项B是资产之间的此增彼减，选项C是所有者权益之间的此增彼减，不会影响资产和利润。选项D会使资产减少，从而会使总资产净利率上升。只有选项A，一方面使利润减少，另一方面又会使资产减少，则有可能导致总资产净利率下降，当总资产净利率为100%时，选项A不会影响总资产净利率；当总资产净利率小于100%时，选项A会使总资产净利率下降；当总资产净利率大于100%时，选项A会使总资产净利率上升。

【答案】A

考点妙记

(1) 增长率指标=（本年-上年）/上年；

(2) 资本保值增值率要单独记忆，这个资本指的是所有者权益。

四、发展能力分析★★

指标	计算公式与分析
营业收入增长率	营业收入增长率=本年营业收入增长额/上年营业收入 ×100%
总资产增长率	总资产增长率=本年资产增长额/年初资产总额 ×100%
营业利润增长率	营业利润增长率=本年营业利润增长额/上年营业利润总额 ×100%
所有者权益增长率	所有者权益增长率=本年所有者权益增长额/年初所有者权益 ×100% 所有者权益增长率越高，表明企业的资本积累越多，应对风险、持续发展的能力越强
资本保值增值率	资本保值增值率是扣除客观增减因素后所有者权益的期末总额与期初总额的比率，主要反映企业资本的运营效益与安全状况 客观因素对所有者权益的影响包括但不限于： （1）本期投资者追加投资，使企业的实收资本增加，以及因资本溢价、资本折算差额引起的资本公积变动 （2）本期接受外来捐赠、资产评估增值导致资本公积增加 资本保值增值率还受企业利润分配政策的影响 严格意义上的资本保值增值应该既与本期筹资、接受捐赠、资产评估增值等事项无关，也与本期利润分配无关，而是真正取决于当期实现的经济效益，即净利润 严格意义上的资本保值增值指标应从损益表出发，以净利润为核心，即： 资本保值增值率=（期初所有者权益+本期利润）/期初所有者权益 ×100%

经典题解

【真题32·单选题】下列各项财务分析指标中，能反映企业发展能力的是（　　）。（2018年卷Ⅱ）

A. 权益乘数　　　　　　　　　　B. 资本保值增值率

C. 现金营运指数　　　　　　　　D. 净资产收益率

【解析】选项 A 反映企业偿债能力。选项 C 反映企业收益质量。选项 D 反映企业盈利能力。

【答案】B

【真题 33·判断题】计算资本保值增值率时，期末所有者权益的计量应当考虑利润分配政策的影响。(　　)(2016 年)

【解析】资本保值增值率受企业利润分配政策的影响。因为本期资本的增值不仅表现为期末账面结存的盈余公积和未分配利润的增加，还应包括本期企业向投资者分配的利润，而分配了的利润不再包括在期末所有者权益中。

【答案】√

五、现金流量分析★★

考点妙记

财务分析里的财务比率涉及现金流量的指标，均使用经营活动现金流量净额。

(一)获取现金能力的分析(经营活动现金流量净额 / 投入资源)

指标	计算公式	分析
营业现金比率	营业现金比率 = 经营活动现金流量净额 / 营业收入	该指标数值越大，反映每 1 元营业收入得到的经营活动现金流量净额越多
每股营业现金净流量	每股营业现金净流量 = 经营活动现金流量净额 / 普通股股数	该指标反映企业最大的分派股利能力，超过此限度，可能就要借款分红
全部资产现金回收率	全部资产现金回收率 = 经营活动现金流量净额 / 平均总资产 × 100%	该指标说明企业全部资产产生现金的能力

经典题解

【真题 34·单选题】关于获取现金能力的有关财务指标，下列表述中正确的是(　　)。(2019 年卷Ⅱ)

A. 全部资产现金回收率指标不能反映公司获取现金的能力

B. 用长期借款方式购买固定资产会影响营业现金比率

C. 公司将销售政策由赊销调整为现销方式后，不会对营业现金比率产生影响

D. 每股营业现金净流量是经营活动现金流量净额与普通股股数之比

【解析】每股营业现金净流量是通过企业经营活动现金流量净额与普通股股数之比来反映的。

【答案】D

(二)收益质量分析

1. 含义及判断

含义	收益质量是指会计收益与公司业绩之间的相关性
收益质量的判断	如果会计收益能如实反映公司业绩，则其收益质量高。反之，则收益质量不高

要点小贴士

净收益营运指数属于构成比率指标；现金营运指数属于相关比率指标。

2. 收益质量分析的指标

指标	计算公式	分析
净收益营运指数	净收益营运指数 = 经营净收益 / 净利润 其中： （1）经营净收益 = 净利润 − 非经营净收益 （2）非经营净收益是指投资活动和筹资活动所产生的投资收益、财务费用和营业外收支等	净收益营运指数越小，非经营收益所占比重越大，收益质量越差
现金营运指数	现金营运指数 = 经营活动现金流量净额 / 经营所得现金 其中：经营所得现金 = 经营净收益 + 非付现费用	现金营运指数大于1，说明收益质量较好 现金营运指标小于1，说明收益质量较差

经典题解

【真题35·单选题】某公司利润总额为6000万元，所得税费用为1500万元，非经营净收益为450万元，则净收益营运指数为（　　）。（2021年卷Ⅰ）

A. 0.81　　B. 0.75

C. 0.93　　D. 0.9

【解析】经营净收益 = 净利润 − 非经营净收益 =6000−1500−450=4050（万元），净收益营运指数 = 经营净收益 / 净利润 =4050/（6000−1500）=0.9。

【答案】D

【真题36·单选题】下列财务分析指标中能够反映收益质量的是（　　）。（2018年卷Ⅰ）

A. 营业毛利率

B. 每股收益

C. 现金营运指数

D. 净资产收益率

【解析】收益质量是指会计收益与公司业绩之间的相关性。如果会计收益能如实反映公司业绩，则其收益质量高；反之，则收益质量不高。收益质量分析，主要包括净收益营运指数分析与现金营运指数分析。

【答案】C

【真题37·判断题】净收益营运指数越大，收益质量越差。（　　）（2017年卷Ⅰ）

【解析】净收益营运指数小于1时，净收益营运指数越大，说明经营净收益所占比重越大，收益质量越好，因为非经营收益不反映公司的核心能力及正常的收益能力，可持续性较低。反之，净收益营运指数越小，收益质量越差。

【答案】×

第三节 上市公司财务分析

使用“会计云课堂”App 或“微信”扫码查看本节视频，快速 GET 知识点。

一、上市公司特殊财务分析指标★★★

- 与股数对比的指标
  - 每股收益
    - 基本每股收益
    - 稀释每股收益
  - 每股股利 = 现金股利总额 / 期末发行在外的普通股股数
  - 每股净资产 = 期末普通股净资产 / 期末发行在外的普通股股数
- 市价比率指标
  - 市盈率 = 每股市价 / 每股收益
  - 市净率 = 每股市价 / 每股净资产
- 勾稽关系比率 ⇨ 股利支付率 = 每股股利 / 每股收益

（一）每股收益

1. 基本每股收益

基本每股收益 = 归属于公司普通股股东的净利润 / 发行在外普通股加权平均数

【提示】发行在外普通股加权平均数计算需注意的问题：

名师点拨

年内股数变动不一定都要按时间加权，需要看清引起股数变动的原因。

（1）引起所有者权益总额变动的股数变动（增发股票、回购股票等）需要计算加权平均：

发行在外普通股加权平均数 = 期初发行在外普通股股数 + 当期新发行普通股股数 × 已发行时间 / 报告期时间 − 当期回购普通股股数 × 已回购时间 / 报告期时间

（2）不引起所有者权益总额变动的股数变动（如发放股票股利，由于送红股是将公司以前年度的未分配利润转为普通股，转化与否都一直作为资本使用）不需要按照实际增加的月份加权计算，可以直接以发放股票股利前的股数乘以股利发放率计入分母。

经典题解

【例题 38 · 单选题】某上市公司 2021 年度净利润为 26000 万元。2020 年年末的普通股股数为 10000 万股，优先股的股数 1000 万股，优先股的每股股息为 1 元，2021 年 5 月 1 日新发行普通股 6000 万股，2021 年 12 月 1 日，回购 1000 万股普通股，则该上市公司 2021 年基本每股收益为（　　）元。

A. 1.5　　B. 1.6

C. 1.7　　D. 1.8

【解析】基本每股收益 =（26000−1000×1）/（10000+6000×8/12−1000×1/12）=1.8（元）。

【答案】D

【例题39·单选题】某上市公司2021年度归属于普通股股东的净利润为25000万元。2020年年末的股数为10000万股，2021年3月1日，经公司2020年度股东大会决议，以截至2020年年末公司总股数为基础，向全体股东每10股送红股1股，2021年5月1日新发行普通股6000万股，2021年12月1日，回购普通股1000万股，则该上市公司2021年基本每股收益为（　　）元。

A. 1.65　　B. 1.66

C. 1.67　　D. 1.68

【解析】基本每股收益=25000/（10000+10000×10%+6000×8/12−1000×1/12）=1.68（元）。

【答案】D

要点小贴士

为了提醒投资人存在潜在的风险，考虑潜在的、有可能增加普通股股数的衍生金融工具的影响。

2. 稀释每股收益

（1）含义。

稀释每股收益	是指企业存在稀释性潜在普通股的情况下，以基本每股收益的计算为基础，在分母中考虑稀释性潜在普通股的影响，同时对分子也作相应的调整
稀释性潜在普通股	是指假设当期转换为普通股会减少每股收益的潜在普通股。目前常见的潜在普通股主要包括：可转换公司债券、认股权证和股份期权等

经典题解

【真题40·单选题】计算稀释每股收益时，需考虑潜在普通股的影响，下列不属于潜在普通股的是（　　）。（2020年卷Ⅰ）

A. 认股权证

B. 股份期权

C. 库存股

D. 可转换债券

【解析】稀释性潜在普通股指假设当期转换为普通股会减少每股收益的潜在普通股。潜在普通股主要包括：可转换公司债券、认股权证和股份期权等。

【答案】C

【真题41·多选题】根据有关要求，企业存在稀释性潜在普通股的，应当计算稀释每股收益，下列属于潜在普通股的有（　　）。（2019年卷Ⅱ）

A. 可转换公司债券

B. 股份期权

C. 认股权证

D. 不可转换优先股

【解析】稀释性潜在普通股指假设当期转换为普通股会减少每股收益的潜在普通股。潜在普通股主要包括：可转换公司债券、认股权证和股份期权等。

【答案】ABC

（2）稀释每股收益的计算。

类型	分子调整	分母调整
可转换公司债券	可转换债券当期已确认为费用的利息等的税后影响额	增加的潜在加权平均普通股股数 =（面值 / 转换价格）× 时间权重 【提示】假定可转换公司债券在当期期初或发行日转换为普通股
认股权证、股份期权	不调整	认股权证或股份期权行权增加的加权平均普通股股数 = 行权认购的股数 ×（1- 行权价格 / 普通股平均市价）× 时间权重

要点小贴士

如果是计算期年度之内新发行的，时间权重＜1；

如果是计算期年度之前或年初发行的，时间权重为 1。

【提示】认股权证或股份期权行权时发行的股数，可以看成是两部分：

一部分是按照平均市场价格发行的普通股，这部分普通股由于是按照市价发行，导致企业经济资源流入与普通股股数同比例增加，也就是没有稀释作用，也没有反稀释作用，是不考虑的。

另一部分是按照无对价发行的普通股，由于是无对价发行，不会导致净利润增加，但是股数却是增加的，因此具有稀释性。

“行权价格 × 拟行权时认购的普通股股数 / 当期普通股平均市场价格”就是第一部分的普通股，没有影响，不具有稀释性，因此是不考虑的，需要扣除，只考虑剩余部分的股数。

所以，认股权证或股份期权行权增加的普通股股数 = 行权认购的股数 ×（1- 行权价格 / 普通股平均市价）。作为稀释每股收益分母的调整项时要考虑时间权重。

经典题解

【例题 42 · 单选题】公司目前发行在外的普通股股数为 4000 万股。2021 年 7 月 1 日，公司发行一批可转换债券，债券面值为 10000 万元，期限为 10 年，2 年后可以转换为本公司的普通股，转换价格为每股 20 元，可转换债券当年发生的利息全部计入当期损益，其对于公司当年净利润的影响数为 250 万元。公司当年归属于普通股股东的净利润为 2350 万元，公司适用的企业所得税税率为 25%，则该上市公司 2021 年的稀释每股收益为（　　）元 / 股。

A. 0.55　　B. 0.58

C. 0.60　　D. 0.61

【解析】可以转换的股数 =10000/20=500（万股）

2021 年的稀释每股收益 =（2350+250）/（4000+500×6/12）=0.61（元 / 股）。

【答案】D

【例题 43 · 单选题】某公司 2021 年度归属于普通股股东的净利润为 500 万元，发行在外普通股加权平均数为 1250 万股，该普通股平均每股市场价格为 4 元。2021 年 1 月 1 日，该公司对外发行 250 万份认股权证，行权日为 2024 年 3 月 1 日，每份认股权证可以在行权日以 3.5 元的价格认购本公司 1 股新发的股票，2021 年的稀释每股收益为（　　）元。

A. 0.38　　B. 0.39　　C. 0.40　　D. 0.41

【解析】调整增加的普通股股数 =250×（1−3.5/4）=31.25（万股）

稀释每股收益 =500/（1250+31.25）=0.39（元）。

【答案】B

（二）每股股利

指标计算	每股股利 = 现金股利总额 / 期末发行在外的普通股股数
指标的影响因素	上市公司每股股利发放多少，除了受上市公司盈利能力大小影响以外，还取决于企业的股利分配政策和投资机会
关联指标	股利发放率（股利支付率）= 每股股利 / 每股收益

相关链接

每股股利与盈利能力之间的关系要结合第9章介绍的公司的股利政策理解，盈利多不一定股利支付多。

经典题解

【例题44·单选题】下列各项财务指标中，能够揭示公司每股股利与每股收益之间关系的是（　　）。

A. 市净率　　B. 股利发放率　　C. 每股市价　　D. 每股净资产

【解析】股利发放率 = 股利支付额 / 净利润 = 每股股利 / 每股收益。

【答案】B

（三）市盈率

指标计算	市盈率 = 每股市价 / 每股收益
指标分析	反映了市场上投资者对股票**投资收益和投资风险**的预期。一方面，市盈率越高，意味着投资者对该股票的收益预期越看好，投资价值越大；另一方面，市盈率越高，说明投资于该股票的风险越大 【提示】 （1）每股收益很小或接近亏损时，很高的市盈率不能说明任何问题 （2）通常难以根据某一股票在某一时期的市盈率对其投资价值作出判断。应该进行不同时期以及同行业不同公司之间的比较或与行业平均市盈率进行比较，以**判断股票的投资价值**
指标的影响因素	（1）上市公司盈利能力的成长性 （2）投资者所获收益率的稳定性 （3）市盈率也受到利率水平变动的影响

经典题解

【真题45·判断题】市盈率是反映股票投资价值的重要指标，该指标数值越大，表明投资者越看好该股票的投资预期。（　　）（2014年）

【解析】市盈率的高低反映了市场上投资者对股票投资收益和投资风险的预期，市盈率越高，意味着投资者对股票的收益预期越看好，投资价值越大。

【答案】√

【例题46·单选题】下列各项财务指标中，能够综合反映企业成长性和投资风险的是（　　）。

A. 市盈率　　B. 每股收益

C. 营业净利率　　D. 每股净资产

【解析】一方面，市盈率越高，意味着企业未来成长的潜力越大，即投资者对该股票的评价越高，反之，投资者对该股票评价越低。另一方面，市盈率越高，说明投资于该股票的风险越大，市盈率越低，说明投资于该股票的风险越小。

【答案】A

（四）每股净资产（每股账面价值）

指标计算	每股净资产 = 期末普通股净资产 / 期末发行在外的普通股股数
指标分析	利用该指标进行横向和纵向对比，可以衡量上市公司股票的投资价值

【提示】投资者的观点有冲突：

如在企业性质相同、股票市价相近的条件下，某一企业股票的每股净资产越高，则企业发展潜力与其股票的投资价值越大，投资者所承担的投资风险越小。但是也不能一概而论，在市场投机气氛较浓的情况下，每股净资产指标往往不太受重视。短线投资者认为市价高于账面价值的公司前景好、有潜力。

经典题解

【例题47·判断题】通过横向和纵向对比，每股净资产指标可以作为衡量上市公司股票投资价值的依据之一。（　　）

【解析】利用每股净资产指标进行横向和纵向对比，可以衡量上市公司股票的投资价值。

【答案】√

（五）市净率

指标计算	市净率 = 每股市价 / 每股净资产
指标分析	市净率是投资者用以衡量、分析个股是否具有**投资价值**的工具之一

【提示】投资者的观点有冲突：

一般来说，市净率较低的股票，投资价值较高；反之，则投资价值较低。但有时较低市净率反映的可能是投资者对公司前景的不良预期，而较高市净率则相反。

【总结】

要点小贴士

三个指标都可以用来衡量投资价值。

指标	结论
市盈率	指标高，投资价值高，未来发展潜力大，但风险大
市净率	一般情况下，指标低，投资价值高，风险小（但也不能一概而论）
每股净资产	一般情况下，指标高，投资价值高，风险小（但也不能一概而论）

经典题解

【真题48·单选题】某上市公司2019年每股收益为2元,年末每股市价为20元,每股净资产为5元，则该公司2019年末的市净率为（　　）。（2020年卷Ⅰ）

A. 4　　B. 2.86

C. 10　　D. 20

【解析】市净率 = 每股市价 / 每股净资产 =20/5=4。

【答案】A

二、管理层讨论与分析★

概念	管理层讨论与分析是上市公司定期报告中管理层对于本企业过去经营状况的评价分析以及对企业未来发展趋势的前瞻性判断，是对企业财务报表中所描述的财务状况和经营成果的解释，是对经营中固有风险和不确定性的揭示，同时也是对企业未来发展前景的预期 【提示】若企业实际经营业绩较曾公开披露过的本年度盈利预测或经营计划低于10%以上或高于20%以上，应详细说明造成差异的原因
内容	（1）报告期间经营业绩变动的解释 （2）企业未来发展的前瞻性信息 【提示1】披露原则——强制与自愿相结合 【提示2】管理层讨论与分析是上市公司定期报告的重要组成部分。其信息必须披露在上市公司中期报告中的“管理层讨论与分析”部分以及年度报告中的“董事会报告”部分

要点小贴士（概念）

既有过去分析，也有未来预测；

既有发展预期，也有风险提示。

经典题解

【真题49·多选题】关于上市公司管理层讨论与分析,正确的有（　　）。（2019年卷Ⅱ）

A. 管理层讨论与分析是对本公司过去经营状况的评价，而不对未来发展作前瞻性判断

B. 管理层讨论与分析包括报表及附注中没有得到充分揭示，而对投资者决策有用的信息

C. 管理层讨论与分析包括对财务报告期间有关经营业绩变动的解释

D. 管理层讨论与分析不是定期报告的组成部分，并不要求强制性披露

【解析】管理层讨论与分析是上市公司定期报告中管理层对于本企业过去经营状况的评价分析以及对企业未来发展趋势的前瞻性判断，选项A错误。管理层讨论与分析是定期报告的组成部分，且披露原则是强制与自愿相结合，选项D错误。

【答案】BC

第四节 财务评价与考核

使用“会计云课堂”App 或“微信”扫码查看本节视频，快速 GET 知识点。

一、企业综合绩效分析的方法★★

（一）杜邦分析法

关键公式	净资产收益率 = 总资产净利率 × 权益乘数 总资产净利率 = 营业净利率 × 总资产周转率 净资产收益率 = 营业净利率 × 总资产周转率 × 权益乘数 其中： 权益乘数 = 资产 / 所有者权益 =1/（1- 资产负债率）=1+ 产权比率
分析要点	（1）净资产收益率是一个综合性最强的财务分析指标，是杜邦分析体系的起点 （2）营业净利率反映了企业净利润与营业收入的关系，它的高低取决于营业收入与成本总额的高低 （3）资产总额由流动资产与长期资产组成，它们的结构合理与否将直接影响总资产的周转速度 （4）资产负债率越高，权益乘数就越高，说明企业的负债程度比较高，给企业带来了较多的杠杆利益，同时，也带来了较大的风险

要点小贴士

杜邦分析体系将盈利能力、营运能力和偿债能力的分析指标综合在一个体系中。而且考试时，杜邦分析体系经常与因素分析法相结合考查。

要点小贴士

权益乘数在杜邦分析中一般分子、分母均应采用平均数。

经典题解

【真题 50·多选题】杜邦分析体系中所涉及的主要财务指标有（　　）。（2020 年卷Ⅱ）

A. 营业现金比率　　B. 权益乘数

C. 营业净利率　　D. 总资产周转率

【解析】杜邦分析体系下，净资产收益率 = 营业净利率 × 总资产周转率 × 权益乘数，所以选项 B、C、D 正确。

【答案】BCD

【真题 51·单选题】关于杜邦分析体系所涉及的财务指标，下列表述错误的是（　　）。（2018 年卷Ⅱ）

A. 营业净利率可以反映企业的盈利能力

B. 权益乘数可以反映企业的偿债能力

C. 总资产周转率可以反映企业的营运能力

D. 总资产收益率是杜邦分析体系的起点

【解析】杜邦分析体系是以净资产收益率为起点，以总资产净利率和权益乘数为基础，重点揭示企业盈利能力及权益乘数对净资产收益率的影响，以及各相关指标间的相互影响和作用关系。

【答案】D

【真题52·单选题】某企业的营业净利率为20%，总资产净利率为30%，则总资产周转率为（　　）。（2018年卷Ⅱ）

A. 1.5　　B. 0.1　　C. 0.67　　D. 0.5

【解析】总资产周转率 = 总资产净利率 / 营业净利率 =30%/20%=1.5。

【答案】A

【例题53·计算分析题】D公司为一家上市公司，已公布的公司2021年财务报告显示，该公司2021年净资产收益率为4.8%，较2020年大幅降低，引起了市场各方的广泛关注。为此，某财务分析师详细搜集了D公司2020年和2021年的有关财务指标，如下表所示：

相关财务指标

项目	2020年	2021年
营业净利率	12%	8%
总资产周转率（次数）	0.6	0.3
权益乘数	1.8	2

要求：

（1）计算D公司2020年净资产收益率。

（2）计算D公司2021年和2020年净资产收益率的差异。

（3）利用因素分析法依次测算营业净利率、总资产周转率和权益乘数的变动对D公司2021年净资产收益率变动的影响。

【答案】

（1）2020年净资产收益率 =12%×0.6×1.8=12.96%

（2）2021年和2020年净资产收益率的差异 =4.8%-12.96%=-8.16%

（3）2020年净资产收益率 =12%×0.6×1.8=12.96%　　①

替代营业净利率：8%×0.6×1.8=8.64%　　②

替代总资产周转率：8%×0.3×1.8=4.32%　　③

替代权益乘数：8%×0.3×2=4.8%　　④

营业净利率变动对净资产收益率的影响：② - ① =8.64%-12.96%=-4.32%

总资产周转率变动对净资产收益率的影响：③ - ② =4.32%-8.64%=-4.32%

权益乘数变动对净资产收益率的影响：④ - ③ =4.8%-4.32%=0.48%

或：营业净利率变动对净资产收益率的影响：（8%-12%）×0.6×1.8=-4.32%

总资产周转率变动对净资产收益率的影响：8%×（0.3-0.6）×1.8=-4.32%

权益乘数变动对净资产收益率的影响：8%×0.3×（2-1.8）=0.48%。

要点小贴士

传统：重点衡量的是偿债能力；
现代改进：重点衡量的是盈利能力。

（二）沃尔评分法

1. 传统的沃尔评分法

含义	亚历山大·沃尔在20世纪初出版的《信用晴雨表研究》和《财务报表比率分析》中提出了信用能力指数的概念，他**把7种财务比率用线性关系结合起来，以此来评价企业的信用水平**，被称为沃尔评分法

缺点	（1）未能证明为什么要选择这 7 个指标 （2）未能证明每个指标所占比重的合理性 （3）从技术上讲有一个问题，就是当某一个指标严重异常时，会对综合指数产生不合逻辑的重大影响。这个缺陷是由相对比率与比重相“乘”而引起的。财务比率提高一倍，其综合指数增加 100%；而财务比率缩小一倍，其综合指数只减少 50%

2. 现代改进的分析方法

指标的选择	一般认为企业财务评价的内容：首先是盈利能力，其次是偿债能力，最后是成长能力，它们之间大致可按 5∶3∶2 的比重来分配
特点	标准比率以本行业平均数为基础，在给每个指标评分时，应规定其上限和下限，以减少个别指标异常对总评分造成不合理的影响。此外，给分不是采用“乘”的关系，而采用“加”或“减”的关系来处理，以克服沃尔评分法的缺点

相关链接

（1）与第 8 章部门剩余收益一样都是会计利润扣除投资人投入资本所要求的必要收益。

（2）不同点在于，部门剩余收益是针对部门的业绩评价，用的是息税前利润。

（三）经济增加值法

含义	经济增加值（EVA）是指税后净营业利润扣除全部投入资本的成本后的剩余收益		
具体作用	（1）经济增加值提供了更好的业绩评估标准。经济增加值可以使管理者作出更明智的决策，因为经济增加值要求考虑包括股本和债务在内所有资本的成本 （2）帮助企业实现了决策与股东财富一致		
基本公式	经济增加值 = 税后净营业利润 − 平均资本占用 × 加权平均资本成本 【提示】 （1）税后净营业利润衡量的是企业的经营盈利情况，营业外收支、递延税金等都要从税后净营业利润中扣除 （2）平均资本占用反映的是企业持续投入的各种债务资本和股权资本 （3）加权平均资本成本反映的是企业各种资本的平均成本率		
结论	经济增加值为正，表明经营者在为企业创造价值；经济增加值为负，表明经营者在毁损企业价值		
与传统业绩评价指标的比较	项目	经济增加值	传统业绩评价
	会计数据	需要对会计数据进行一系列调整	只是从反映某方面的会计指标来度量公司绩效
	资本成本	既考虑债务资本的成本，也考虑股权资本的机会成本	只考虑债务资本的成本，不考虑股权资本的机会成本
	评价结果	能够体现股东财富的变化	不能反映股东财富的变化
优点	（1）考虑了所有资本的成本，能够更加真实地反映企业的价值创造 （2）实现了企业利益、经营者利益和员工利益的统一		

要点小贴士

传统的会计净利润只是扣除了利息，没有考虑股权资金的成本，但是经济增加值要扣除利息也要扣除股权资本的成本，这样才能够反映企业为股东创造的价值。

缺点	（1）仅能衡量企业当期或预判未来1~3年的价值创造情况，无法衡量企业长远发展战略的价值创造 （2）该指标计算主要基于财务指标，无法对企业进行综合评价 （3）由于不同行业、不同规模、不同成长阶段等的公司，其会计调整项和加权平均资本成本各不相同，故该指标的可比性较差 （4）指标的计算存在许多争议，不利于建立一个统一的规范，使得该指标往往主要用于一个公司的历史分析以及内部评价

要点小贴士

经济增加值要扣除投入资本所要求的必要收益，因此即使同一企业，不同成长阶段的经济增加值也不可比：一般处于成长阶段的公司经济增加值较低，而处于衰退阶段的公司经济增加值可能较高。

经典题解

【真题54·判断题】与净资产收益率相比，经济增加值绩效评价方法考虑了全部资本的机会成本，能更真实地反映企业的价值创造。（　　）（2021年卷Ⅰ）

【解析】经济增加值＝税后净营业利润－平均资本占用×加权平均资本成本。其中，平均资本占用反映的是企业持续投入的各种债务资本和股权资本；加权平均资本成本反映的是企业各种资本的平均成本率。因此经济增加值绩效评价方法考虑了全部资本的机会成本，能更真实地反映企业的价值创造。

【答案】√

【例题55·单选题】某公司的税后净营业利润为1000万元，所有者权益总额为7000万元，负债总额为5000万元，加权平均资本成本为10%，假设没有需要调整的项目，则该公司的经济增加值为（　　）万元。

A. 300　　B. 500

C. -200　　D. 800

【解析】经济增加值=1000-（7000+5000）×10%=-200（万元）。

【答案】C

二、综合绩效评价★★

（一）综合绩效评价的含义

综合绩效评价，是指运用数理统计和运筹学的方法，通过建立综合评价指标体系，对照相应的评价标准，定量分析与定性分析相结合，对企业一定经营期间的盈利能力、资产质量、债务风险以及经营增长等经营业绩和努力程度等各方面进行的综合评判。

【提示】综合绩效评价是综合分析的一种，一般是站在企业所有者（投资人）的角度进行的。

（二）综合绩效评价指标

1. 财务绩效定量评价指标

要点小贴士

资产质量状况即营运能力分析。

债务风险状况即偿债能力分析。

经营增长状况即发展能力分析。

评价内容	评价指标	
	基本指标	修正指标
盈利能力状况	净资产收益率 总资产收益率	销售（营业）利润率 利润现金保障倍数 成本费用利润率 资本收益率
资产质量状况	总资产周转率 应收账款周转率	不良资产比率 流动资产周转率 资产现金回收率
债务风险状况	资产负债率 已获利息倍数	速动比率 现金流动负债比率 带息负债比率 或有负债比率
经营增长状况	销售（营业）增长率 资本保值增值率	销售（营业）利润增长率 总资产增长率 技术投入比率

经典题解

【真题 56 · 多选题】企业综合绩效评价可分为财务绩效定量评价与管理绩效定性评价两部分，下列各项中，属于财务绩效定量评价内容的有（　　）。（2018 年卷Ⅰ）

A. 资产质量　　B. 盈利能力　　C. 债务风险　　D. 经营增长

【解析】财务绩效定量评价是指对企业一定期间的盈利能力、资产质量、债务风险和经营增长四个方面进行定量对比分析和评判。

【答案】ABCD

2. 管理绩效定性评价指标

管理绩效定性评价指标包括战略管理、发展创新、经营决策、风险控制、基础管理、人力资源、行业影响、社会贡献 8 个方面的指标。

（三）综合绩效评价计分方法

类别	具体做法
财务绩效评价计分	按照功效系数法计分原理，计算各项基本指标得分，并分别计算盈利能力、资产质量、债务风险和经营增长四个部分的综合修正系数，再据此计算出修正后的分数
管理绩效评价计分	一般通过专家评议打分形式完成
综合绩效评价计分	综合绩效评价分数 = 财务绩效定量评价分数 ×70%+ 管理绩效定性评价分数 ×30%

【提示】绩效改进度 = 本期绩效评价分数 / 基期绩效评价分数

绩效改进度大于 1，说明经营绩效上升；绩效改进度小于 1，说明经营绩效下滑。

（四）综合绩效评价标准

类别	评价标准
财务绩效评价	财务绩效定量评价标准包括国内行业标准和国际行业标准。财务绩效定量评价标准按照不同行业、不同规模及指标类别，划分为优秀（A）、良好（B）、平均（C）、较低（D）、较差（E）五个档次
管理绩效评价	管理绩效定性评价标准具有行业普遍性和一般性，在进行评价时，应当根据不同行业的经营特点，灵活把握个别指标的标准尺度。管理绩效定性评价标准分为优（A）、良（B）、中（C）、低（D）、差（E）五个档次

经典题解

【真题 57 · 判断题】在综合绩效评价体系中，进行管理绩效的评价计分时，为保持可比性，应不分行业而设定统一的评价标准。（　　）（2021 年卷Ⅲ）

【解析】管理绩效定性评价标准具有行业普遍性和一般性，在进行评价时，应当根据不同行业的经营特点，灵活把握个别指标的标准尺度。

【答案】×

【例题 58 · 判断题】在综合绩效评价体系中，管理绩效定性评价指标的计分一般应用功效系数法计分原理。（　　）

【解析】财务绩效定量评价基本指标计分是按照功效系数法计分原理，管理绩效定性评价指标的计分一般通过专家评议打分形式完成。

【答案】×

本章小结

用“会计云课堂”App 扫码学习

您已成功完成“第十章”的学习，本章共 13 个考点，您都学会了吗？

为了让您对章节有更清晰的理解，加倍巩固。本书作者闫华红老师将通过“**视频导图课**”的方式，带您回顾重要考点。

名师点拨，视听结合，高效提分。

※ 欢迎您扫码，免费观看学习。

历年经典主观题回顾

使用“会计云课堂”App或“微信”扫码快速做题、对答案、看解析、掌握解题思路，开启轻松过关之旅。

计算分析题

1. 甲公司2020年有关报表数据（单位：万元）如下表所示，假定一年按360天计算。

资产负债表			利润表	
项目	年初数	年末数	项目	金额
货币资金	150	150	营业收入	8000
交易性金融资产	50	50	营业成本	6400
应收账款	600	1400		
存货	800	2400		
流动资产合计	1600	4000		
流动负债合计	1000	1600		

要求：

（1）计算2020年的营业毛利率、应收账款周转率和存货周转天数。

（2）计算2020年营运资金的增加额。

（3）计算2020年末的现金比率。（2021年卷Ⅰ）

2. 甲公司是一家上市公司，2020年初发行在外的普通股为8000万股，7月1日回购普通股400万股以备奖励员工，9月30日奖励给员工80万股。2020年归属于普通股股东的净利润为11730万元，向普通股股东发放现金股利6144万元，2020年末，公司净资产总额为96000万元，普通股每股市价36元。不考虑其他因素。

要求：

（1）计算2020年基本每股收益与2020年末市盈率。

（2）计算2020年每股股利。

（3）计算2020年末每股净资产与市净率。（2021年卷Ⅲ）

3. 甲公司生产销售某产品，现将该产品的人工成本分解为产品产量、单位产品消耗人工工时和小时工资率三个影响因素，采用因素分析法对其人工成本变动进行分析，基期、报告期人工成本信息如下表所示：

	基期	报告期
产品产量（件）	200	220
单位产品消耗人工工时（小时）	20	18
小时工资率（元 / 小时）	25	30

要求：

（1）计算该产品报告期与基期的人工成本的差额。

（2）使用因素分析法（连环替代法或差额分析法），依次计算下列因素变化对报告期与基期人工成本差额的影响：

①产品产量；

②单位产品消耗人工工时；

③小时工资率。（2020 年卷 I ）

4. 甲公司为控制杠杆水平，降低财务风险，争取在 2019 年末将资产负债率控制在 65% 以内。公司 2019 年末的资产总额为 4000 万元，其中流动资产为 1800 万元；公司 2019 年年末的负债总额为 3000 万元，其中流动负债为 1200 万元。

要求：

（1）计算 2019 年末的流动比率和营运资金。

（2）计算 2019 年末的产权比率和权益乘数。

（3）计算 2019 年末的资产负债率，并据此判断公司是否实现了控制杠杆水平的目标。（2020 年卷Ⅲ）

5. 甲公司近年来受宏观经济形势的影响，努力加强资产负债管理，不断降低杠杆水平，争取在 2018 年末将资产负债率控制在 55% 以内。为考查降杠杆对公司财务绩效的影响，现基于杜邦分析体系，将净资产收益率指标依次分解为营业净利率、总资产周转率和权益乘数三个因素，采用连环替代法予以分析。近几年有关财务指标如下表所示。（单位：万元）

项目	2016 年末	2017 年末	2018 年末	2017 年度	2018 年度
资产总额	6480	6520	6980		
负债总额	4080	3720	3780		
所有者权益总额	2400	2800	3200		
营业收入				9750	16200
净利润				1170	1458

要求：

（1）计算 2018 年末的资产负债率，并据以判断公司是否实现了降杠杆目标。

（2）计算2017年和2018年的净资产收益率（涉及的资产、负债、所有者权益均采用平均值计算）。
（3）计算2017年和2018年的权益乘数（涉及的资产、负债、所有者权益均采用平均值计算）。
（4）计算2018年与2017年净资产收益率之间的差额，动用连环替代法，计算权益乘数变化对净资产收益率变化的影响（涉及的资产、负债、所有者权益均采用平均值计算）。（2019年卷Ⅰ）

6. 丁公司2017年末的资产负债表（简表）如下。

资产负债表（简表）

单位：万元

资产	年末数	负债和所有者权益	年末数
货币资金	450	短期借款	A
应收账款	250	应付账款	280
存货	400	长期借款	700
非流动资产	1300	所有者权益合计	B
资产总计	2400	负债和所有者权益总计	2400

2017年营业收入为1650万元，营业成本为990万元，净利润为220万元，应收账款年初余额为150万元，存货年初余额为260万元，所有者权益年初余额为1000万元。该公司年末流动比率为2.2。

要求：
（1）计算上表中字母A和B所代表的项目金额。
（2）每年按360天计算，计算应收账款周转次数、存货周转天数和营业毛利率。（2018年卷Ⅱ）

7. 丁公司是一家创业板上市公司，2016年度营业收入为20000万元，营业成本为15000万元，财务费用为600万元（全部为利息支出），利润总额为2000万元，净利润为1500万元，非经营净收益为300万元。此外，资本化的利息支出为400万元。丁公司存货年初余额为1000万元，年末余额为2000万元，公司全年发行在外的普通股加权平均数为10000万股，年末每股市价为4.5元。

要求：
（1）计算营业净利率。
（2）计算利息保障倍数。
（3）计算净收益营运指数。
（4）计算存货周转率。
（5）计算市盈率。（2017年卷Ⅱ）

8. 丁公司2015年12月31日的资产负债表显示，资产总额年初数和年末数分别为4800万元和5000万元，负债总额年初数和年末数分别为2400万元和2500万元，丁公司2015年度营业收入为7350万元，净利润为294万元。

要求：

（1）根据年初、年末平均值，计算权益乘数。

（2）计算总资产周转率。

（3）计算营业净利率。

（4）计算总资产净利率和权益净利率。（2016年）

9. 丙公司是一家上市公司，管理层要求财务部门对公司的财务状况和经营成果进行评价。财务部门根据公司2013年和2014年的年报整理出用于评价的部分财务数据，如下表所示。

丙公司部分财务数据

单位：万元

资产负债表项目	2014年期末余额	2013年期末余额
应收账款	65000	55000
流动资产合计	200000	220000
流动负债合计	120000	110000
负债合计	300000	300000
资产总计	800000	700000
利润表项目	**2014年度**	**2013年度**
营业收入	420000	400000
净利润	67500	55000

要求：

（1）计算2014年年末的下列财务指标：①营运资金；②权益乘数。

（2）计算2014年度的下列财务指标：①应收账款周转率；②净资产收益率；③严格意义上的资本保值增值率。（2015年改编）

历年经典主观题参考答案及解析

使用“会计云课堂”App 或“微信”扫码对答案、看解析、掌握解题思路，开启轻松过关之旅。

计算分析题

1.【答案】

（1）营业毛利率 =（8000−6400）/8000=20%

应收账款周转率 =8000/［（600+1400）/2］=8（次）

存货周转率 =6400/［（800+2400）/2］=4（次）

存货周转天数 =360/4=90（天）

（2）营运资金的增加额 =（4000−1600）−（1600−1000）=1800（万元）

（3）现金比率 =（150+50）/1600=0.13。

2.【答案】

（1）2020 年基本每股收益 =11730/（8000−400×6/12+80×3/12）=1.5（元 / 股）

2020 年末市盈率 =36/1.5=24（倍）

（2）2020 年每股股利 =6144/（8000−400+80）=0.8（元 / 股）

（3）2020 年末每股净资产 =96000/（8000−400+80）=12.5（元 / 股）

市净率 =36/12.5=2.88（倍）。

3.【答案】

（1）该产品报告期与基期人工成本的差额 =220×18×30−200×20×25=18800（元）

（2）①产品产量变动对人工成本差额的影响 =（220−200）×20×25=10000（元）

②单位产品消耗人工工时变动对人工成本差额的影响 =220×（18−20）×25=−11000（元）

③小时工资率变动对人工成本差额的影响 =220×18×（30−25）=19800（元）。

4.【答案】

（1）2019 年末的流动比率 =1800/1200=1.5

2019 年末的营运资金 =1800−1200=600（万元）

（2）2019 年末的产权比率 =3000/（4000−3000）=3

2019 年末的权益乘数 =4000/（4000−3000）=4

（3）2019 年末的资产负债率 =3000/4000=75%

因为 2019 年末的资产负债率 75% 大于 65%，所以该公司没有实现控制杠杆水平的目标。

5.【答案】

（1）2018年末的资产负债率=3780/6980=54.15%

由于公司的目标是2018年末将资产负债率控制在55%以内，所以实现了降杠杆目标。

（2）2017年净资产收益率=1170/［（2400+2800）/2］=45%

2018年净资产收益率=1458/［（2800+3200）/2］=48.6%

（3）2017年的权益乘数=［（6480+6520）/2］/［（2400+2800）/2］=2.5

2018年的权益乘数=［（6520+6980）/2］/［（2800+3200）/2］=2.25

（4）2018年与2017年净资产收益率的差额=48.6%-45%=3.6%

2018年营业净利率=1458/16200×100%=9%

2018年总资产周转率=16200/［（6980+6520）/2］=2.4

2017年营业净利率=1170/9750×100%=12%

2017年总资产周转率=9750/［（6480+6520）/2］=1.5

2017年净资产收益率=12%×1.5×2.5=45%

替代营业净利率：净资产收益率=9%×1.5×2.5=33.75%

替代总资产周转率：净资产收益率=9%×2.4×2.5=54%

替代权益乘数：净资产收益率=9%×2.4×2.25=48.6%

权益乘数变化对净资产收益率变化的影响=48.6%-54%=-5.4%。

6.【答案】

（1）流动比率=流动资产/流动负债，流动负债=流动资产/流动比率=（450+250+400）/2.2=500（万元）

短期借款A=500-280=220（万元）

所有者权益合计B=2400-500-700=1200（万元）

（2）应收账款周转次数=1650/［（150+250）/2］=8.25（次）

存货周转次数=990/［（260+400）/2］=3（次）

存货周转天数=360/3=120（天）

营业毛利率=（1650-990）/1650=40%。

7.【答案】

（1）营业净利率=净利润/营业收入=1500/20000=7.5%

（2）利息保障倍数=息税前利润/应付利息=（2000+600）/（600+400）=2.6

（3）净收益营运指数=经营净收益/净利润=（1500-300）/1500=0.8

（4）存货周转率=营业成本/存货平均余额=15000/［（1000+2000）/2］=10（次）

（5）市盈率=每股市价/每股收益=4.5/（1500/10000）=30（倍）。

8.【答案】

（1）年初所有者权益=4800-2400=2400（万元）

年末所有者权益=5000-2500=2500（万元）

权益乘数=［（4800+5000）/2］/［（2400+2500）/2］=2

（2）总资产周转率=7350/［（4800+5000）/2］=1.5（次）

（3）营业净利率=294/7350=4%

（4）总资产净利率=1.5×4%=6%

权益净利率 =294/［(2400+2500)/2］=12%

或：权益净利率 =1.5×4%×2=12%。

【提示】在计算权益乘数时的取值，要区分不同的情况来看：

①在利用因素分析法计算权益净利率，将权益净利率分解为三个指标相乘时，此时的权益乘数的计算为了保持前后的一致性，分子、分母需要利用平均数计算。

②如果单独计算权益乘数一个指标，由于权益乘数的分子、分母都取自资产负债表，可直接用期末数据计算即可。为了避免考生困惑，考试对权益乘数指标的计算一般会有明确要求，本题要求用平均数计算。

9.【答案】

(1)①营运资金 =200000-120000=80000(万元)

②权益乘数 =800000/(800000-300000)=1.6

(2)①应收账款周转率 =420000/［(65000+55000)/2］=7(次)

② 2013 年年末所有者权益 =700000-300000=400000(万元)

2014 年年末所有者权益 =800000-300000=500000(万元)

净资产收益率 =67500/［(500000+400000)/2］×100%=15%

③严格意义上的资本保值增值率 =(400000+67500)/400000×100%=116.88%。

同步强化练习题

使用“会计云课堂”App 或“微信”扫码快速做题、对答案、看解析、掌握解题思路，开启轻松过关之旅。

一、单项选择题

1. 在下列财务分析主体中，必须对企业营运能力、偿债能力、盈利能力及发展能力的全部信息予以详尽的了解和掌握的是(　　)。

A. 短期投资者

B. 企业债权人

C. 企业经营决策者

D. 政府

2. 企业所有者作为投资人，关心其资本的保值和增值状况，因此较为重视企业的(　　)。

A. 偿债能力

B. 营运能力

C. 盈利能力

D. 发展能力

3. 下列指标中，属于效率比率的是(　　)。

A. 流动比率

B. 资本金利润率

C. 应收账款周转率

D. 不良资产比率

4. 下列属于构成比率的指标是（　　）。
A. 净收益营运指数
B. 流动比率
C. 总资产周转率
D. 营业净利率

5. 下列各项中，不属于速动资产的是（　　）。
A. 现金
B. 产成品
C. 应收账款
D. 交易性金融资产

6. 较高的现金比率一方面会使企业资产的流动性较强，另一方面也会带来（　　）。
A. 存货购进的减少
B. 销售机会的丧失
C. 利息的增加
D. 机会成本的增加

7. 若流动比率大于1，则下列结论一定成立的是（　　）。
A. 速动比率大于1
B. 营运资金大于零
C. 资产负债率大于1
D. 短期偿债能力绝对有保障

8. 如果企业速动比率很小，下列结论成立的是（　　）。
A. 企业流动资产占用过多
B. 企业短期偿债能力很强
C. 企业短期偿债风险很大
D. 企业资产流动性很强

9. 某企业库存现金2万元，银行存款68万元，交易性金融资产80万元，预付账款15万元，应收账款50万元，存货100万元，流动负债750万元。据此，计算出该企业的速动比率为（　　）。
A. 0.2　　B. 0.09
C. 0.01　　D. 0.27

10. 影响速动比率可信性的最主要因素是（　　）。
A. 存货的变现能力
B. 短期证券的变现能力
C. 产品的变现能力
D. 应收账款的变现能力

11. 下列各项中，不会影响流动比率的业务是（　　）。
A. 用现金购买短期债券
B. 用现金购买固定资产
C. 用存货进行对外长期投资
D. 从银行取得长期借款

12. 如果流动负债小于流动资产，则期末以现金偿付一笔短期借款所导致的结果是（　　）。
A. 营运资金减少
B. 营运资金增加
C. 流动比率降低
D. 流动比率提高

13. 下列指标中，其数值大小与偿债能力大小同方向变动的是（　　）。
A. 产权比率　　B. 资产负债率
C. 利息保障倍数　　D. 权益乘数

14. 2021年年末甲公司每股账面价值为30元，负债总额6000万元，每股收益为4元，每股发放现金股利1元，留存收益增加1200万元，假设甲公司一直无对外发行的优先股，则甲公司2021年年末的权益乘数是（　　）。
A. 1.15　　B. 1.50
C. 1.65　　D. 1.85

15. 从ABC公司2021年年末的资产负债表、利润表及相关的报表附注中可知，该公司当年利润总额为3亿元，财务费用中的利息费用为2000万元，2021年资本化利息支出300万元，可计算得出该公司已获利息倍数为（　　）。
A. 16　　B. 16.15
C. 14.04　　D. 13.91

16. 利息保障倍数反映了企业获利能力，对债务偿付的保障程度，即反映了企业（ ）。
A. 总偿债能力 B. 短期偿债能力
C. 长期偿债能力 D. 经营能力

17. 下列各项中会使企业实际偿债能力大于财务报表所反映的能力的是（ ）。
A. 存在将很快变现的存货
B. 存在未决诉讼案件
C. 为别的企业提供信用担保
D. 存在未使用的银行贷款额度

18. 假定其他条件不变，下列各项经济业务中，会导致公司总资产净利率上升的是（ ）。
A. 收回应收账款
B. 用资本公积转增股本
C. 用银行存款购入生产设备
D. 用银行存款归还银行借款

19. 下列关于资本保值增值率计算正确的是（ ）。
A. 本年所有者权益增长额 / 年初所有者权益 ×100%
B. 扣除客观增减因素影响后的期末所有者权益 / 期初所有者权益 ×100%
C.（本年实收资本增长额 + 本年资本公积的增长额）/（年初实收资本 + 年初资本公积）×100%
D.（年末实收资本 + 年末资本公积）/（年初实收资本 + 年初资本公积）×100%

20. 反映企业最大的分派股利能力，超过此限度，可能就要借款分红的指标是（ ）。
A. 股利发放率
B. 每股股利
C. 每股营业现金净流量
D. 每股收益

21. 某公司 2021 年的净利润为 2000 万元，非经营净收益为 400 万元，非付现费用为 1500 万元，经营现金净流量为 3500 万元，那么，现金营运指数为（ ）。
A. 1.13 B. 0.89
C. 2.1875 D. 1.114

22. 某上市公司 2021 年度归属于普通股股东的净利润为 2950 万元。2020 年年末的股数为 10000 万股。2021 年 3 月 5 日，经公司 2020 年度股东大会决议，以截至 2020 年年末公司总股数为基础，向全体股东每 10 股送红股 1 股，工商注册登记变更完成后公司总股数变为 11000 万股，2021 年 5 月 1 日新发行 6000 万股，11 月 1 日回购 1500 万股，以备将来奖励职工之用，则该上市公司基本每股收益为（ ）元。
A. 0.1 B. 0.2
C. 0.3 D. 0.4

23. 下列有关每股收益说法正确的是（ ）。
A. 每股收益是衡量上市公司盈利能力的财务指标
B. 每股收益多，反映股票所含有的风险大
C. 每股收益多的公司市盈率就高
D. 每股收益多，则意味着每股股利高

24. 我国上市公司“管理层讨论与分析”信息披露遵循的原则是（ ）。
A. 自愿原则
B. 强制原则
C. 不定期披露原则
D. 强制与自愿相结合原则

25. 在上市公司杜邦财务分析体系中，最具有综合性的财务指标是（ ）。
A. 营业净利率
B. 净资产收益率
C. 总资产净利率
D. 总资产周转率

26. 某企业 2020 年和 2021 年的营业净利率分别为 7% 和 8%，资产周转率分别为 2 和 1.5，两年的资产负债率相同，与 2020 年相比，2021 年的净资产收益率变动趋势为（　　）。

A. 上升　　B. 下降

C. 不变　　D. 无法确定

27. 某企业的净资产收益率为 30%，总资产净利率为 20%，则权益乘数为（　　）。

A. 1.5　　B. 0.1

C. 0.67　　D. 0.5

28. 某公司 2021 年的税后净营业利润为 2000 万元，资产总额为 20000 万元，税后债务资本成本为 6%，股权资本成本为 10%，产权比率为 1，假设没有需要调整的项目，则该公司的经济增加值为（　　）万元。

A. 300　　B. 400

C. 500　　D. −100

29. 一般认为在现代综合评价体系中，企业财务评价的内容最关注的首先是（　　）。

A. 偿债能力　　B. 营运能力

C. 盈利能力　　D. 成长能力

30. 下列综合绩效评价指标中，属于财务绩效定量评价指标的是（　　）。

A. 盈利能力评价指标

B. 战略管理评价指标

C. 经营决策评价指标

D. 风险控制评价指标

二、多项选择题

1. 比率分析法是通过计算各种比率指标来确定财务活动变动程度的方法，比率指标的类型主要有（　　）。

A. 构成比率　　B. 效率比率

C. 相关比率　　D. 动态比率

2. 在运用比较分析法时，应注意的问题有（　　）。

A. 因素替代的顺序性

B. 剔除偶发性项目的影响

C. 衡量标准的科学性

D. 运用例外原则

3. 乙企业目前的流动比率为 1.5，若赊购材料一批，将会导致乙企业（　　）。

A. 速动比率降低

B. 流动比率降低

C. 营运资金增加

D. 存货周转次数增加

4. 在计算速动比率时，要把存货从流动资产中剔除的原因，包括（　　）。

A. 存货的变现速度比应收账款要慢得多

B. 可能部分存货已抵押

C. 可能存在成本与合理市价相差悬殊的存货估价问题

D. 存货属于非流动资产

5. 某公司当年的经营利润很多，却不能偿还到期债务。为查清其原因，应检查的财务比率包括（　　）。

A. 资产负债率

B. 流动比率

C. 存货周转率

D. 应收账款周转率

6. 当企业资产负债率低时，对其正确的评价有（　　）。

A. 说明企业财务风险大

B. 可能没有充分发挥财务杠杆作用

C. 说明企业财务风险小

D. 企业债务负担重

7. 下列关于权益乘数的表达式中，正确的有（　　）。

A. 权益乘数 = 股东权益 / 资产总额

B. 权益乘数 =1/（1− 资产负债率）

C. 权益乘数 = 资产总额 / 股东权益

D. 权益乘数 =1+ 产权比率

8. 一般而言，存货周转次数增加，其所反映的信息有（　　）。
A. 盈利能力下降
B. 存货周转期延长
C. 存货流动性增强
D. 资产管理效率提高

9. 在一定时期内，应收账款周转次数多、周转天数少表明（　　）。
A. 收账速度快
B. 信用管理政策宽松
C. 应收账款流动性强
D. 应收账款管理效率高

10. 在其他条件不变的情况下，会引起总资产周转率指标上升的经济业务有（　　）。
A. 用现金偿还负债
B. 借入一笔短期借款
C. 用银行存款购入一台设备
D. 用银行存款支付应交税费

11. 下列指标中属于发展能力分析指标的有（　　）。
A. 营业毛利率
B. 营业利润增长率
C. 总资产增长率
D. 资本保值增值率

12. 下列财务指标中，属于衡量企业获取现金能力的财务比率指标有（　　）。
A. 营业现金比率
B. 每股营业现金净流量
C. 全部资产现金回收率
D. 现金营运指数

13. 下列关于收益质量分析的表述正确的有（　　）。
A. 如果会计收益能如实反映公司业绩，则其收益质量高
B. 若企业现金营运指数小于 1，说明企业收益质量差
C. 若净收益营运指数大于 1，说明企业收益质量高
D. 若营业现金比率大于 1，说明企业收益质量高

14. 一般情况下，下列有关市盈率表述正确的有（　　）。
A. 上市公司盈利能力的成长性越高，市盈率越高
B. 上市公司经营效益良好且稳定性越好，市盈率越高
C. 通常市场利率越高，企业的市盈率会越大
D. 市盈率越高，表示企业股票的投资价值越高

15. 股利发放率是上市公司财务分析的重要指标，下列关于股利发放率的表述中，正确的有（　　）。
A. 可以评价公司的股利分配政策
B. 反映每股股利与每股收益之间的关系
C. 股利发放率越高，盈利能力越强
D. 是每股股利与每股净资产之间的比率

16. 市净率指标的计算直接涉及的参数有（　　）。
A. 年末普通股股数
B. 年末普通股权益
C. 年末普通股股本
D. 每股市价

17. 计算下列各项指标时，其分母需要采用平均数的有（　　）。
A. 基本每股收益
B. 应收账款周转次数
C. 总资产收益率
D. 每股净资产

18. 下列各项中，会稀释公司每股收益的有（　　）。
A. 发行认股权证
B. 发行永续债券

C. 发行可转换公司债券
D. 授予管理层股份期权

19. 上市公司"管理层讨论与分析"中对于报告期间经营业绩变动的解释中，下列情况应详细说明造成差异原因的有（　　）。
A. 企业实际经营业绩较曾公开披露过的本年度盈利预测或经营计划低于10%以上
B. 企业实际经营业绩较曾公开披露过的本年度盈利预测或经营计划高于10%
C. 企业实际经营业绩较曾公开披露过的本年度盈利预测或经营计划高于20%以上
D. 企业实际经营业绩较曾公开披露过的本年度盈利预测或经营计划低于20%

20. 下列分析方法中，属于财务综合分析方法的有（　　）。
A. 趋势分析法
B. 杜邦分析法
C. 沃尔评分法
D. 因素分析法

21. 从杜邦财务分析体系可知，提高净资产收益率的途径有（　　）。
A. 加强负债管理，降低负债比率
B. 加强成本管理，降低成本费用
C. 加强销售管理，提高营业净利率
D. 加强资产管理，提高资产周转率

22. 下列企业综合绩效评价指标中，属于评价资产质量状况指标的有（　　）。
A. 资产现金回收率
B. 应收账款周转率
C. 不良资产比率
D. 总资产收益率

23. 在对企业进行绩效评价时，下列属于评价企业盈利能力的基本指标的有（　　）。
A. 资产现金回收率
B. 资本保值增值率
C. 净资产收益率
D. 总资产收益率

24. 下列关于综合绩效评价的说法正确的有（　　）。
A. 综合绩效评价由财务绩效定量评价和管理绩效定性评价两部分组成
B. 财务绩效定量评价包括盈利能力分析、资产质量分析、债务风险分析、经营增长分析
C. 各类财务绩效定量评价指标由基本指标和修正指标构成
D. 财务绩效定量评价指标中盈利能力状况所占比重最高

25. 某企业2020年综合绩效评价分数为92分，2021年综合绩效评价分数为95分，则（　　）。
A. 该企业绩效改进度为1.03
B. 该企业绩效改进度为3.26%
C. 该企业经营绩效上升
D. 该企业经营绩效下滑

26. 下列有关经济增加值表述正确的有（　　）。
A. 经济增加值为负，表明经营者在毁损企业价值
B. 计算经济增加值时税后净营业利润衡量的是企业的经营盈利情况，不含营业外收支、递延税金等非经营收益
C. 经济增加值能够体现股权资本的机会成本及股东财富的变化，能够衡量企业长远发展战略的价值创造
D. 经济增加值的可比性好，便于不同行业、不同规模、不同成长阶段公司的比较

三、判断题

1. 财务分析中的效率指标，是某项财务活动中所费与所得的比率，反映投入与产出的关系。（　　）

2. 在财务分析中，将通过对比两期或连续数

期财务报告中的相同指标，来说明企业财务状况或经营成果变动趋势的方法称为趋势分析法。（ ）

3. 定基动态比率，是以每一分析期的数据与上期数据相比较计算出来的动态比率。（ ）

4. 因素分析法是依据分析指标与其影响因素的关系，从数量上确定各因素对分析指标影响方向和影响程度的一种方法，但其计算结果具有一定的假定性。（ ）

5. 计算已获利息倍数时分母的应付利息，指的是计入财务费用的各项利息。（ ）

6. 权益乘数的高低取决于企业的资本结构，资产负债率越高，权益乘数越高，财务风险越大。（ ）

7. 从股东的立场看，在全部资本利润率高于借款利息率时，负债比例越小越好，否则反之。（ ）

8. 若资产增加幅度低于营业收入增长幅度，则会引起资产周转率增大，表明企业的营运能力有所提高。（ ）

9. 资本保值增值率是企业扣除客观因素影响后的期末所有者权益总额与期初所有者权益总额的比值，属于发展能力分析的指标，同时该指标也是衡量企业盈利能力的重要指标。（ ）

10. 某公司今年与上年相比，营业收入增长 10%，净利润增长 8%，资产总额增加 12%，负债总额增加 9%。可以判断，该公司净资产收益率比上年下降了。（ ）

11. 营业现金比率反映每 1 元营业收入获得的现金，在数值上等于货币资金与交易性金融资产之和与营业收入的比。（ ）

12. 净收益营运指数是收益质量分析的重要指标，一般而言，净收益营运指数越小，表明企业收益质量越好。（ ）

13. 某一企业股票的每股净资产越高，投资者所承担的投资风险越高，企业发展潜力与其股票的投资价值越大。（ ）

14. 认股权证、股份期权等的行权价格高于当期普通股平均市场价格时，应当考虑其稀释性。（ ）

15. 一般来说，市净率较低的股票，投资价值较高。（ ）

16. 经济增加值（EVA）指从税后净营业利润扣除债务资本成本后的剩余收益。（ ）

17. 综合绩效评价是综合分析的一种，一般是站在企业经营决策的角度进行的。（ ）

四、计算分析题

1. 丁公司 2021 年 12 月 31 日总资产为 600000 元，其中流动资产为 450000 元，非流动资产为 150000 元；股东权益为 400000 元。
丁公司年度运营分析报告显示，2021 年的存货周转次数为 8 次，营业成本为 500000 元，净资产收益率为 20%，非经营净收益为 -20000 元。年末的流动比率为 2.5。

要求：

（1）计算 2021 年存货平均余额。
（2）计算 2021 年年末流动负债。
（3）计算 2021 年净利润。
（4）计算 2021 年经营净收益。
（5）计算 2021 年净收益营运指数。

2. 某企业上年营业收入净额为 6900 万元，全部资产平均余额为 2760 万元，流动资产平均余额为 1104 万元；本年营业收入净额为

7938万元，全部资产平均余额为2940万元，流动资产平均余额为1323万元。

要求：

（1）计算上年与本年的总资产周转率（次数）、流动资产周转率（次数）和资产结构（流动资产平均余额占全部资产平均余额的百分比）。

（2）运用差额分析法计算流动资产周转率与资产结构变动对总资产周转率的影响。

3. 资料一：A企业2021年的资产负债表如下：

单位：万元

资产	年初	年末	负债及所有者权益	年初	年末
货币资金	130	130	流动负债合计	220	218
应收账款	135	150	长期负债合计	290	372
存货	160	170	负债合计	510	590
流动资产合计	425	450	所有者权益合计	715	720
长期投资	100	100			
固定资产原值	1100	1200			
减：累计折旧	400	440			
固定资产净值	700	760			
非流动资产合计	800	860			
总计	1225	1310	总计	1225	1310

资料二：2021年营业收入150万元，营业净利率30%。假定该企业流动资产仅包括速动资产与存货，非经营净收益为113万元，非付现费用为40万元，经营活动现金流量净额为350万元，该企业适用的所得税税率为25%。

要求：

（1）计算该企业2021年年末的流动比率、速动比率、现金比率。

（2）计算该企业2021年年末的资产负债率、产权比率、权益乘数。

（3）计算该企业2021年应收账款周转率、流动资产周转率、总资产周转率。

（4）计算该企业2021年净资产收益率、所有者权益增长率、总资产增长率。

（5）计算全部资产现金回收率、营业现金比率、净收益营运指数、现金营运指数。

4. A公司2021年度简化的资产负债表如下：

资产负债表简表

2021年12月31日　　单位：万元

资产	年末金额	负债及所有者权益	年末金额
货币资金	500	应付账款	1000

续表

资产	年末金额	负债及所有者权益	年末金额
应收账款		长期负债	
存货		实收资本	1000
固定资产		留存收益	1000
资产合计		负债及所有者权益合计	

其他有关财务指标如下：

（1）长期负债与所有者权益之比为 0.5。

（2）营业毛利率为 10%。

（3）存货周转率（存货按年末数计算）为 9 次。

（4）平均收现期（应收账款按年末数计算，一年按 360 天计算）为 18 天。

（5）总资产周转率（总资产按年末数计算）为 2.5 次。

要求：

利用上述资料，计算该公司资产负债表的空白部分的数据，并列示所填数据的计算过程。

五、综合题

1. 戊公司是一家上市公司，为了综合分析上年度的经营业绩，确定股利分配方案，公司董事会召开专门会议进行讨论。公司相关资料如下。

资料一：戊公司资产负债表简表如下表所示。

戊公司资产负债表简表

2021 年 12 月 31 日　　单位：万元

资产	年末金额	负债和股东权益	年末金额
货币资金	4000	流动负债合计	20000
应收账款	12000	非流动负债合计	40000
存货	14000	负债合计	60000
流动资产合计	30000	股东权益合计	40000
非流动资产合计	70000		
资产总计	100000	负债和股东权益总计	100000

资料二：戊公司及行业标杆企业部分财务指标如下表所示（财务指标的计算如需年初、年末平均数时使用年末数代替）。

戊公司及行业标杆企业部分财务指标（2021 年）

项目	戊公司	行业标杆企业
流动比率	（A）	2
速动比率	（B）	1
资产负债率	×	50%

续表

项目	戊公司	行业标杆企业
营业净利率	×	（F）
总资产周转率（次）	×	1.3
总资产净利率	（C）	13%
权益乘数	（D）	（G）
净资产收益率	（E）	（H）

注：表中“×”表示省略的数据。

资料三：假设戊公司债务均为有息负债，税后债务资本成本为 5%，股权资本成本为 10%。

资料四：戊公司 2021 年营业收入为 146977 万元。税后营业净利润为 12480 万元，净利润为 9480 万元。

资料五：2021 年投资计划需要资金 15600 万元。公司的目标资产负债率为 60%，公司一直采用剩余股利政策。

要求：

（1）确定上表中英文字母代表的数值（不需要列示计算过程）。

（2）假设没有其他调整项，计算戊公司的经济增加值。

（3）计算戊公司 2021 年净资产收益率与行业标杆企业的差异，并使用因素分析法依次测算总资产净利率和权益乘数变动对净资产收益率差异的影响。

（4）计算戊公司 2021 年度可以发放的现金股利金额。

2. 已知：A 公司 2021 年年初负债总额为 4000 万元，年初所有者权益为 6000 万元，该年的所有者权益增长率为 150%，年末资产负债率为 25%，平均负债的年均利息率为 10%。全年固定经营成本总额为 6925 万元，净利润为 10050 万元，适用的企业所得税税率为 25%。假设该公司没有优先股。2021 年年初发行在外的股数为 10000 万股，2021 年 3 月 1 日，经股东大会决议，以截至 2020 年年末公司总股数为基础，向全体股东发放 10% 的股票股利，工商注册登记变更完成后的总股数为 11000 万股。2021 年 9 月 30 日新发股票 5000 万股。2021 年年末的股票市价为 5 元。2021 年的负债总额包括 2021 年 7 月 1 日平价发行的面值为 1000 万元，票面利率为 1%，每年年末付息的 3 年期可转换债券，转换价格为 5 元 / 股，不可转换期为 2 年，债券利息不符合资本化条件，直接计入当期损益，假设公司没有其他的稀释性潜在普通股。

要求：根据上述资料，计算公司的下列指标：

（1）2021 年年末的所有者权益总额和负债总额。

（2）2021 年的基本每股收益、稀释每股收益和严格意义上的资本保值增值率。

（3）2021 年年末的每股净资产、市净率和市盈率。

（4）计算公司 2022 年的经营杠杆系数、财务杠杆系数和总杠杆系数。

（5）预计 2022 年的目标是使每股收益提高 10%，则 2022 年的销量至少要提高多少？

同步强化练习题参考答案及解析

使用“会计云课堂”App 或“微信”扫码对答案、看解析、掌握解题思路，开启轻松过关之旅。

一、单项选择题

1.【答案】C

【解析】为满足不同利益主体的需要，协调各方面的利益关系，企业经营决策者必须对企业经营理财的各个方面，包括营运能力、偿债能力、盈利能力及发展能力的全部信息予以详尽的了解和掌握，进行各方面综合分析，并关注企业财务风险和经营风险。

2.【答案】C

【解析】企业所有者作为投资人，主要进行企业盈利能力分析。

3.【答案】B

【解析】效率比率是某项财务活动中所费与所得的比率，通常利润与营业成本、营业收入、资本金对比的比率属于效率比率。选项 A、C 属于相关比率。不良资产比率 = 不良资产总额 / 资产总额，选项 D 属于构成比率。

4.【答案】A

【解析】本题考查的是比率分析法的分类。选项 A 属于构成比率；选项 B、C 属于相关比率；选项 D 属于效率比率。

5.【答案】B

【解析】构成流动资产的各项目，流动性差别很大。其中货币资金、以公允价值计量且其变动计入当期损益的金融资产和各种应收款项，可以在较短时间内变现，称为速动资产。存货、预付款项、一年内到期的非流动资产及其他流动资产属于非速动资产，产成品属于存货。

6.【答案】D

【解析】持有大量现金或现金等价物会丧失投资于其他项目的机会。

7.【答案】B

【解析】流动比率是流动资产与流动负债之比，若流动比率大于 1，则说明流动资产大于流动负债，营运资金 = 流动资产 − 流动负债，因此一定大于零。

8.【答案】C

【解析】速动比率是用来衡量企业短期偿债能力的指标，一般来说速动比率越高，反映企业短期偿债能力越强，企业的短期偿债风险越小；反之，速动比率越低，反映企业短期偿债能力越弱，企业的短期偿债风险越大。

9.【答案】D

【解析】速动比率 =（2+68+80+50）/750=0.27。

10.【答案】D

【解析】速动比率是用速动资产除以流动负债，其中应收账款的变现能力是影响速动比率可信性的最主要因素。

11.【答案】A

【解析】流动比率为流动资产除以流动负债，选项B、C会使流动资产减少，长期资产增加，从而使流动比率下降。选项D会使流动资产增加，长期负债增加，从而会使流动比率上升。选项A是流动资产内部此增彼减，不影响流动比率。

12.【答案】D

【解析】营运资金是绝对数指标，营运资金等于流动资产减流动负债，以现金偿付一笔短期借款，会使流动资产、流动负债等额减少，不会影响营运资金。流动负债小于流动资产，因此原有流动比率大于1，则期末以现金偿付一笔短期借款，会使流动比率分子、分母都变小，但分子原有基础大，所以变化幅度小，流动比率提高。例如原有流动资产是300万元，流动负债是200万元，即流动比率是1.5，期末以现金100万元偿付一笔短期借款，则流动资产变为200万元，流动负债变为100万元，因此流动比率变为2（增大）。原营运资金=300-200=100（万元），变化后的营运资金=200-100=100（万元）（不变）。

13.【答案】C

【解析】利息保障倍数=息税前利润/应付利息，该指标越大，说明企业偿债能力越强。其他三个指标均为数值越高，偿债能力越弱的指标。

14.【答案】B

【解析】每股留存收益增加=每股收益-每股现金股利=4-1=3（元），股数=留存收益增加/每股留存收益增加=1200/3=400（万股），所有者权益=400×30=12000（万元），权益乘数=（12000+6000）/12000=1.5。

15.【答案】D

【解析】已获利息倍数=息税前利润/应付利息=（30000+2000）/（2000+300）=13.91。

16.【答案】C

【解析】利息保障倍数又称已获利息倍数，反映了获利能力对债务偿付的保证程度，是分析企业长期偿债能力的指标。

17.【答案】D

【解析】选项B、C会使企业实际偿债能力小于财务报表所反映的能力。选项A使企业实际偿债能力与财务报表所反映的能力一致。

18.【答案】D

【解析】总资产净利率=净利润/平均资产总额，选项A、C都是资产内部的此增彼减。选项B是所有者权益内部此增彼减。只有选项D会使得银行存款减少，从而使得总资产减少，总资产净利率上升。

19.【答案】B

【解析】选项A是所有者权益增长率的公式。选项C、D是干扰项，教材中没有这两个计算公式。

20.【答案】C

【解析】每股营业现金净流量=经营活动现金流量净额/普通股股数，该指标反映企业最大的分派股利能力，超过此限度，可能就要借款分红。

21.【答案】A

【解析】现金营运指数=经营活动现金流量净额/经营所得现金=3500/（2000-400+1500）=1.13。

22.【答案】B

【解析】发行在外的普通股加权平均数=11000+6000×8/12-1500×2/12=14750（万股），基本每股收益=2950/14750=0.2（元）。由于送红股是将公司以前年度的未分配利润转为普通股，转化与否都一直作为资本使用，因此，新增的这1000万股不需要按照实际增加的月份加权计算，可以直接计入分母。

23.【答案】A

【解析】每股收益，是衡量上市公司盈利能力最重要的财务指标，它反映普通股的盈利水平，每股收益不反映股票所含有的风险，选项A正确、选项B错误；市盈率=每股市价/每股收益，每股收益与市盈率的关系还要看每股市价，选项C错误；每股收益多，不一定意味着多分股利，还要看公司股利分配政策，选项D错误。

24.【答案】D

【解析】管理层讨论与分析信息的披露原则是强制与自愿相结合，选项D正确。

25.【答案】B

【解析】此题考查的是杜邦分析法的财务指标。净资产收益率是一个综合性最强的财务分析指标，是杜邦分析体系的起点。

26.【答案】B

【解析】净资产收益率=营业净利率×总资产周转率×权益乘数，因为资产负债率不变，所以权益乘数不变。2020年的净资产收益率=7%×2×权益乘数=14%×权益乘数；2021年的净资产收益率=8%×1.5×权益乘数=12%×权益乘数。因此2021年的净资产收益率是下降了。

27.【答案】A

【解析】权益乘数=净资产收益率/总资产净利率=30%/20%=1.5。

28.【答案】B

【解析】加权平均资本成本=6%×50%+10%×50%=8%

经济增加值=2000−20000×8%=400（万元）。

29.【答案】C

【解析】一般认为企业财务评价的内容首先是盈利能力，其次是偿债能力，最后是成长能力，它们之间大致可按5∶3∶2的比重来分配。

30.【答案】A

【解析】此题考查的是综合绩效评价指标。财务绩效定量评价指标由反映企业盈利能力状况、资产质量状况、债务风险状况和经营增长状况四方面的基本指标和修正指标构成。因此本题的正确答案是选项A。而选项B、C、D均属于管理绩效定性评价指标。

二、多项选择题

1.【答案】ABC

【解析】比率指标的类型主要有构成比率、效率比率、相关比率三类。

2.【答案】BD

【解析】比较分析法，是指对两个或两个以上的可比数据进行对比，找出企业财务状况、经营成果中的差异与问题。因此，运用比较分析法时，不需要再考虑选择衡量标准，选项C是比率分析法应注意的问题。选项A是因素分析法应注意的问题。

3.【答案】AB

【解析】赊购材料会使存货增加，流动负债增加，不影响速动资产，所以速动比率降低，选项A正确；由于流动比率大于1，流动比率分子、分母同时增加相同金额，流动比率的比值则会降低，选项B正确；赊购原材料使流动资产和流动负债等额增加，所以营运资金不变，选项C错误；营业成本不变，存货增大会使存货周转次数降低，选项D错误。

4.【答案】ABC

【解析】存货属于流动资产，不属于非流动资产，选项D错误。

5.【答案】BCD

【解析】不能偿还到期债务，说明短期偿债能力较差，即在短期内能够转化为现金的流动资产较少。资产负债率是长期偿债能力指标，选项A错误。流动比率是短期偿债能力指标，表明每1元流动负债有多少流动资产作为保障，选项B正确。存货周转率、应收账款周转率是流动资产营运能力指标，反应流动资产变现的能力，存货周转率、应收账款周转率越高，流动性越强，短期偿债能力越强，选项C、D正确。

6.【答案】BC

【解析】资产负债率低表明财务风险较低，但同时也意味着可能没有充分发挥财务杠杆的作用，盈利能力也较低；而较高的资产负债率表明较大的财务风险和较高的盈利能力。

7.【答案】BCD

【解析】 权益乘数=资产总额/股东权益=（负债总额+股东权益）/股东权益=1+产权比率；权益乘数=资产总额/股东权益=资产总额/（资产总额-负债总额）=1/（1-资产负债率）。

8.【答案】CD

【解析】存货周转次数是衡量和评价企业购入存货、投入生产、销售收回等各环节管理效率的综合性指标。一般来讲，存货周转速度越快，存货占用水平越低，流动性越强，存货转化为现金或应收账款的速度就越快，这样会增加企业的短期偿债能力及盈利能力。

9.【答案】ACD

【解析】信用管理政策宽松会使企业应收账款周转效率降低。选项B错误。选项A、C、D是教材对应收账款周转率分析的表述。

10.【答案】AD

【解析】选项A、D都使企业资产减少，从而会使总资产周转率上升。选项B会使资产增加，因而会使总资产周转率下降。选项C是资产内部各项目的此增彼减，对总资产周转率没有影响。

11.【答案】BCD

【解析】选项A属于盈利能力指标。

12.【答案】ABC

【解析】选项D属于衡量收益质量的指标。

13.【答案】AB

【解析】收益质量是指会计收益与公司业绩之间的相关性。如果会计收益能如实反映公司业绩，则其收益质量高。反之，则收益质量不高。选项A正确。现金营运指数是经营活动现金流量净额与经营所得现金之比，其比值小于1，说明企业收益质量较差，收益已经实现，但未能收到现金。选项B正确。净收益营运指数大于1的原因是存在非经营净损失，并不表明收益质量一定好。选项C错误。营业现金比率为经营现金流量净额与营业收入的比，与收益质量无关。选项D错误。

14.【答案】ABD

【解析】市场利率与市盈率之间的关系常用公式表示：市场平均市盈率=1/市场利率，可见，市场利率越高，企业的市盈率会越小。

15.【答案】AB

【解析】反映每股股利和每股收益之间关系的一个重要指标是股利发放率，即每股股利分配额与当期的每股收益之比，选项D错误。借助于该指标，投资者可以了解一家上市公司的股利发放政策，但无法直接衡量盈利能力，选项C错误。

16.【答案】ABD

【解析】市净率 = 每股市价 / 每股净资产，而每股净资产 = 期末普通股权益 / 期末发行在外普通股股数。

17.【答案】ABC

【解析】对于比率指标，当分子、分母一个是时期指标，另一个是时点指标时，为了计算口径的一致性，应把取自资产负债表的时点指标取平均数。每股净资产 = 期末普通股净资产 / 期末发行在外普通股股数，因此其分母不是平均数。

18.【答案】ACD

【解析】稀释性潜在普通股指假设当期转换为普通股会减少每股收益的潜在普通股。潜在普通股主要包括：可转换公司债券、认股权证和股份期权等。

19.【答案】ACD

【解析】若企业实际经营业绩较曾公开披露过的本年度盈利预测或经营计划低于 10% 以上或高于 20% 以上，应详细说明造成差异的原因。选项 D 属于低于 10% 以上范畴。

20.【答案】BC

【解析】杜邦分析法、沃尔评分法、经济增加值法属于综合分析法。

21.【答案】BCD

【解析】净资产收益率 = 营业净利率 × 总资产周转率 × 权益乘数，权益乘数与负债程度是同方向变动的。适当开展负债经营，可使权益乘数提高，给企业带来较大的财务杠杆利益，但同时企业也要承担较大的财务风险。

22.【答案】ABC

【解析】本题考查的知识点是综合绩效评价指标。企业资产质量状况以总资产周转率、应收账款周转率两个基本指标和不良资产比率、流动资产周转率、资产现金回收率三个修正指标进行评价，主要反映企业所占用经济资源的利用效率、资产管理水平与资产的安全性。总资产收益率是评价企业盈利能力状况的基本指标。

23.【答案】CD

【解析】企业盈利能力指标包括净资产收益率、总资产收益率两个基本指标和销售(营业)利润率、利润现金保障倍数、成本费用利润率、资本收益率四个修正指标。资产现金回收率属于资产质量状况的修正指标。资本保值增值率属于经营增长状况的基本指标。

24.【答案】ABCD

【解析】本题的考点是财务综合绩效评价体系。

25.【答案】AC

【解析】绩效改进度 =95/92=1.03，绩效改进度大于 1，说明经营绩效上升；绩效改进度小于 1，说明经营绩效下滑。

26.【答案】AB

【解析】经济增加值仅能衡量企业当期或预判未来 1~3 年价值创造情况，无法衡量企业长远发展战略的价值创造，选项 C 错误；经济增加值的会计调整项和加权平均资本成本各不相同，故该指标的可比性较差，选项 D 错误。

三、判断题

1.【答案】√

【解析】此题考查的知识点是效率比率。效率比率，是某项财务活动中所费与所得的比率，反映投入与产出的关系。因此本题的说法是正确的。

2.【答案】√

【解析】趋势分析法，是通过对比两期或连续数期财务报告中的相同指标，确定其增减变动的方向、数额和幅度，来说明企业财务状况或经营成果变动趋势的一种方法。

3.【答案】×

【解析】定基动态比率，是以某一时期的数额为固定的基期数额而计算出来的动态比率；环比动态比率，是以每一分析期的数据与上期数据相比较计算出来的动态比率。

4.【答案】√

【解析】由于因素分析法计算的各因素变动的影响数，会因替代顺序不同而有差别，因而计算结果不免带有假定性，即它不可能使每个因素计算的结果都达到绝对的准确。

5.【答案】×

【解析】计算已获利息倍数时分母的应付利息，不仅包括计入财务费用中的各项利息，还应包括计入固定资产成本的资本化利息。

6.【答案】√

【解析】权益乘数 =1/（1– 资产负债率），因此资产负债率越高，权益乘数越高，财务风险越大。

7.【答案】×

【解析】从股东的立场看，在全部资本利润率高于借款利息率时，公司举债所创造的利润大于所支付的利息，负债比率越大，创造的利润越多，因此，负债比例越大越好，否则反之。

8.【答案】√

【解析】因为资产周转率 = 营业收入 / 平均资产总额，所以当资产增加幅度低于营业收入增长幅度，则会引起资产周转率增大，企业营运能力有所提高。

9.【答案】√

【解析】在其他因素不变的情况下，如果企业本期净利润大于 0，并且利润留存率大于 0，必然会使期末所有者权益大于期初所有者权益，所以该指标也是衡量企业盈利能力的重要指标。这一指标的高低，除了受企业经营成果的影响外，还受企业利润分配政策的影响。

10.【答案】√

【解析】今年净资产收益率 = 上年净利润 ×（1+8%）/［上年资产总额 ×（1+12%）– 上年负债 ×（1+9%）］，可见分母的上涨幅度大于分子上涨幅度，因此该公司净资产收益率比上年下降了。

11.【答案】×

【解析】营业现金比率反映每 1 元营业收入获得的经营活动现金流量净额，在数值上等于经营活动现金流量净额与营业收入的比。

12.【答案】×

【解析】净收益营运指数越小，非经营收益所占比重越大，收益质量越差。因此，本题的说法是错误的。

13.【答案】×

【解析】通过横向和纵向对比，每股净资产指标可以作为衡量上市公司股票投资价值的依据之一。在企业性质相同、股票市价相近的条件下，某一企业股票的每股净资产越高，则企业发展潜力与其股票的投资价值越大，投资者所承担的投资风险越小。

14.【答案】×

【解析】认股权证、股份期权等的行权价格低于当期普通股平均市场价格时，应当考虑其稀释性。若行权价格高于当期普通股平均市场价格时，证券持有人是不会行权的。

15.【答案】√

【解析】一般来说，市净率较低的股票，投资价值较高；反之，则投资价值较低。

16.【答案】×

【解析】经济增加值（EVA）指从税后净营业利润扣除全部资本的成本后的剩余收益，全部资本包括债务资本和股权资本。

17.【答案】×

【解析】综合绩效评价是综合分析的一种，一般是站在企业所有者（投资人）的角度进行的。

四、计算分析题

1.【答案】

（1）2021年存货平均余额=500000/8=62500（元）

（2）2021年年末流动负债=450000/2.5=180000（元）

（3）2021年净利润=400000×20%=80000（元）

（4）2021年经营净收益=80000-（-20000）=100000（元）

（5）2021年净收益营运指数=100000/80000=1.25。

2.【答案】

（1）上年总资产周转率=6900/2760=2.5（次）

本年总资产周转率=7938/2940=2.7（次）

上年流动资产周转率=6900/1104=6.25（次）

本年流动资产周转率=7938/1323=6（次）

上年资产结构=（1104/2760）×100%=40%

本年资产结构=（1323/2940）×100%=45%

（2）总资产周转率总变动=2.7-2.5=0.2（次）

流动资产周转率变动对总资产周转率的影响=（6-6.25）×40%=-0.1（次）

资产结构变动对总资产周转率的影响=6×（45%-40%）=0.3（次）

由于流动资产比重增加导致总资产周转率提高0.3次，但是由于流动资产周转率的降低使得总资产周转率降低0.1次，二者共同影响使总资产周转率提高0.2次。

3.【答案】

（1）流动比率=450/218=2.06

速动比率=（450-170）/218=1.28

现金比率=130/218=0.60

（2）资产负债率=590/1310=45.04%

产权比率=590/720=0.82

权益乘数=1/（1-45.04%）=1.82

（3）应收账款周转率=1500/［（135+150）/2］=10.53（次）

流动资产周转率=1500/［（425+450）/2］=3.43（次）

总资产周转率=1500/［（1225+1310）/2］=1.18（次）

（4）净资产收益率=1500×30%/［（715+720）/2］=62.72%

所有者权益增长率=（720-715）/715=0.7%

总资产增长率=（1310-1225）/1225=6.94%

（5）全部资产现金回收率=350/［（1225+1310）/2］=27.61%

营业现金比率=350/1500=23.33%

净收益营运指数=经营净收益/净利润=（1500×30%-113）/（1500×30%）=0.75

现金营运指数=经营活动现金流量净额/经营所得现金=350/（1500×30%-113+40）=0.93。

4.【答案】

资产负债表

2021年12月31日　　单位：万元

资产	年末金额	负债及所有者权益	年末金额
货币资金	500	应付账款	1000

续表

资产	年末金额	负债及所有者权益	年末金额
应收账款	500	长期负债	1000
存货	1000	实收资本	1000
固定资产	2000	留存收益	1000
资产合计	4000	负债及所有者权益合计	4000

所有者权益 =1000+1000=2000（万元）

长期负债 =2000×0.5=1000（万元）

负债及所有者权益合计 =2000+1000+1000=4000（万元）

资产合计 = 负债及所有者权益合计 =4000 万元

营业收入 =2.5×4000=10000（万元）

应收账款 =18×10000/360=500（万元）

（营业收入 – 营业成本）/ 营业收入 =10%

营业成本 =9000（万元）

存货 =9000/9=1000（万元）

固定资产=4000–500–500–1000=2000（万元）。

五、综合题

1.【答案】

（1）

戊公司及行业标杆企业部分财务指标（2021 年）

项目	戊公司	行业标杆企业
流动比率	（1.5）	2
速动比率	（0.8）	1
资产负债率	×	50%
营业净利率	×	（10%）
总资产周转率（次）	×	1.3
总资产净利率	（9.48%）	13%
权益乘数	（2.5）	（2）
净资产收益率	（23.7%）	（26%）

注：表中“×”表示省略的数据。

【解析】A=30000/20000=1.5

B=（4000+12000）/20000=0.8

C=9480/100000×100%=9.48%

D=100000/40000=2.5

E=9480/40000=23.7%

F=13%/1.3=10%

G=1/（1–50%）=2

H=13%×2=26%

（2）加权平均资本成本 =5%×60%+10%×（1–60%）=7%

经济增加值 =12480–100000×7%=5480（万元）

（3）戊公司 2021 年净资产收益率与行业标杆企业的差异 =23.7%–26%=–2.3%

总资产净利率变动对净资产收益率差异的影响 =（9.48%–13%）×2=–7.04%

权益乘数变动对净资产收益率差异的影响 =9.48% ×（2.5−2）=4.74%

（4）戊公司 2021 年可以发放的现金股利额 =9480−15600 ×（1−60%）=3240（万元）。

2.【答案】

（1）2021 年年末的所有者权益总额 = 6000 ×（1+150%）=15000（万元）

2021 年年末的负债总额 = 所有者权益 ×（负债总额 / 所有者权益）=15000 × 25%/（1−25%）=5000（万元）

（2）2021 年的基本每股收益 =10050/（11000+5000 × 3/12）=0.82（元）

2021 年的稀释每股收益 =［10050+（1000 × 1% × 6/12）×（1−25%）］/（11000+5000 × 3/12+1000/5 × 6/12）=0.81（元）

严格意义上的资本保值增值率 =（期初权益 + 净利润）/ 期初权益 =（6000+10050）/ 6000=267.5%

（3）2021 年年末的每股净资产 =15000/（11000+5000）=0.94（元）

2021 年年末的市净率 =5/0.94=5.32（倍）

2021 年年末的市盈率 =5/0.82=6.10（倍）

（4）2021 年利息 = 平均负债 × 平均负债利息率 =（4000+5000）/2 × 10%=450（万元）

2021 年税前利润 =10050/（1−25%）=13400（万元）

2021 年息税前利润 =13400+450=13850（万元）

2021 年边际贡献 =13850+6925=20775（万元）

2022 年经营杠杆系数 =20775/13850=1.5

2022 年财务杠杆系数 =13850/13400=1.03

2022 年总杠杆系数 =20775/13400=1.55

或：2022 年总杠杆系数 =1.5 × 1.03=1.55

（5）总杠杆系数 = 每股收益变动百分比 / 产销量变动百分比

产销量变动百分比 = 每股收益变动百分比 / 总杠杆系数 =10%/1.55=6.45%

要使 2022 年每股收益提高 10%，2022 年的销量至少要提高 6.45%。

【提示】基本每股收益 = 归属于公司普通股股东的净利润 / 发行在外的普通股加权平均数

每股净资产 = 期末普通股净资产 / 期末发行在外的普通股股数

发行在外的普通股加权平均数，是指考虑了新发普通股的发行时间等情况计算出来的加权平均股数，需要考虑时间权重。期末发行在外的普通股股数是个时点数，表示在期末时点有多少发行在外的普通股，不考虑新发普通股的发行时间等情况，即不需要考虑时间权重。以每股净资产来说，分子普通股股东权益是账面价值，是一个时点数值，因此这里计算每股净资产用的就是期末发行在外的普通股股数。

03

第三部分

跨章节综合题演练

跨章节综合题演练

综合题备考攻略

综合题主要考查考生对知识的全面综合掌握和熟练运用能力。这类试题的特点是计算量大，综合性强，通常涉及多章的内容，往往带有案例分析的性质。综合题由于涉及的内容多，一般要分成若干个步骤，因此，必须认真审题，仔细阅读题目中给出的资料、数据和具体要求，通过分析找出解题的思路。

一、各年综合题的出题情况

中级会计资格考试属于国家级考试，从 1992 年开始，至今已举行了 30 届，但财务管理是从 1999 年开始才正式单独命题。从考试所考的章节看，除第 1 章没有出过综合题外，其他章节几乎都有知识点在综合题中涉及。以2022年教材章节内容看最近6年综合题试题内容如下表所示。

年份	题量	涉及内容	涉及章节	分值
2016 年	2 题	责任中心业绩评价、市盈率和市净率计算、剩余股利政策、股票股利发放对所有者权益的影响的综合	第 8 章、第 9 章、第 10 章	10 分
		基本财务比率计算、现金流量计算、净现值的计算、杠杆系数计算、每股收益无差别点的综合	第 5 章、第 6 章、第 10 章	15 分
2017 年（卷 I ）	2 题	目标利润分析、财务分析的方法、偿债能力分析、盈利能力分析、营运能力分析的综合	第 8 章、第 10 章	10 分
		资本资产定价模型、加权平均资本成本、投资项目财务评价指标的综合	第 5 章、第 6 章	15 分
2017 年（卷 II ）	2 题	现金收支日常管理、短期借款、偿债能力分析－权益乘数、盈利能力分析－营业毛利率、销售百分比法、资本成本的综合	第 5 章、第 7 章、第 10 章	10 分
		边际分析、盈亏平衡分析－单一产品盈亏平衡分析、本量利分析在经营决策中的应用、销售预测分析－指数平滑法、信用政策、杠杆效应－经营杠杆系数的综合	第 5 章、第 7 章、第 8 章、第 9 章	15 分
2018 年（卷 I ）	2 题	租赁租金的计算、销售百分比法、银行借款的资本成本、营业现金净流量、静态回收期、放弃现金折扣的信用成本率的综合	第 4 章、第 5 章、第 6 章、第 7 章	13 分
		资本资产定价模型、股票价值的估算、股票的内部收益率、财务比率计算与分析的综合	第 2 章、第 6 章、第 10 章	12 分

年份	题量	涉及内容	涉及章节	分值
2018年（卷Ⅱ）	2题	高低点法预测资金需要量、债务资本成本、指数平滑法确定销量、剩余股利政策的综合	第5章、第9章	13分
		预计生产量的计算、直接人工预算金额、制造费用预算总额、资金预算、标准成本确定及标准成本差异计算的综合	第3章、第8章	12分
2019年（卷Ⅰ）	2题	投资项目财务评价指标的计算（回收期、净现值、现值指数、年金净流量）、互斥投资方案的决策、股利政策的综合	第6章、第9章	13分
		边际分析、杠杆效应、上市公司特殊财务分析指标（基本每股收益、稀释每股收益、市盈率）的综合	第5章、第8章、第10章	12分
2019年（卷Ⅱ）	2题	财务预算的编制、经营预算的编制、财务分析的方法的综合	第3章、第10章	13分
		个别资本成本的计算、平均资本成本的计算、边际分析、资本结构优化、股利政策与企业价值的综合	第5章、第8章、第9章	12分
2020年（卷Ⅰ）	2题	个别资本成本的计算、每股收益无差别点确定、现金流量确定、现值指数计算的综合	第5章、第6章	13分
		流动资产融资策略、应收账款信用政策、现金收支日常管理、财务比率计算的综合	第7章、第10章	12分
2020年（卷Ⅱ）	2题	销售百分比法、年金成本计算及决策、基本财务比率计算的综合	第5章、第6章、第10章	13分
		最优存货量的确定、应付账款周转期、付款方案的净收益、利润中心业绩评价指标计算的综合	第7章、第8章	12分
2020年（卷Ⅲ）	2题	高低点法分解成本、经营预算、资金预算的综合	第2章、第3章	13分
		固定资产投资决策、边际分析的综合	第6章、第8章	12分
2021年（卷Ⅰ）	2题	每股收益无差别点、杠杆系数计算、本量利分析、安全边际分析、盈亏平衡分析的综合	第5章、第8章	13分
		项目现金流量、净现值、年金净流量、互斥投资方案的决策、可转换债券的综合	第4章、第6章	12分
2021年（卷Ⅱ）	2题	边际资本成本的计算、盈亏平衡分析、边际分析、项目现金流量、净现值、年金净流量、回收期的综合	第5章、第6章、第8章	13分
		偿债能力分析、营运能力分析、现金收支日常管理、销售百分比法、个别资本成本的计算的综合	第5章、第7章、第10章	12分

年份	题量	涉及内容	涉及章节	分值
2021 年（卷Ⅲ）	2 题	项目现金流量、净现值、个别资本成本的计算、平均资本成本的计算的综合	第 5 章、第 6 章	13 分
		杜邦分析体系、因素分析法、销售定价管理、销售百分比法的综合	第 5 章、第 9 章、第 10 章	12 分

二、综合题的命题特点

从过去考试综合题的出题情况看，职称考试综合题的特点表现为以下几个方面：

（一）计算量较大

对于综合题的考查，1999 年只有 1 题占 10 分，2000 年也是只有 1 题占 14 分，2001 年出了两道综合题，共占 20 分，从 2002 年开始至今每年综合题出两题，占 25 分，可见财务管理综合题的分数已经加大并稳定。通常两道题的计算量较大，综合性较高，综合两三章的相关内容进行考查。

（二）难度适中

职称考试是一种能力测试，主要是考查考生是否具备相应的知识和技能，只要考生具备了相应的知识和技能，就能够通过。从来没有故意降低及格率，历来并不主张用偏题、怪题来卡人，因此难度并不大，甚至有一些题是书上例题的简单组合与变形。因此对于职称考试财务管理综合题的掌握，大家不用故意去做偏题、怪题，关键是掌握教材的基本内容与例题，在练习时要找与教材知识和难度相近的练习题进行训练。

（三）没有固定的模式

职称考试综合题的章节组合灵活性很强，除第 1 章外，其他任何章节都可以综合起来考查。只要想考查哪些知识点，在题目中就可以针对该知识点给出相关资料，并给出相应提问要求，因此考生对综合题进行掌握时，不用考虑什么定式，不能一变模式就不会了。要做到无论如何组合，无论以何种形式出现，都应该会解决。因此在掌握教材内容时一定要理解，并灵活掌握。

（四）提问清晰

职称考试题的提问历来非常清晰，通常从其提问中就可以看出要考查哪一章的知识。综合题一般分成几问，这往往是一种提示，因此，一定要按照题目所问的顺序答题。这类试题一般不是只考某一个知识点，往往要把几个知识点联系起来考查，因此，思路要开阔，将各知识点联系起来归纳和分析，要注意答题的系统性。另外为避免由于前面问题解答错误影响到后面答题的结果，通常综合题的各个提问可以单独解答，因此如有前面问题不会答，并不影响后面几问的计算。

总之，大家只要打好基础，碰到综合题，从其提问着手，找出考查的知识点，同时联想相关知识点所在章节解决此类问题的方法，然后利用相应的方法解决问题即可。

近六年综合真题

【真题 1】

甲公司生产和销售 A 产品，有关资料如下：

资料一：2020 年产销量为 45000 件，单价为 240 元 / 件，单位变动成本为 200 元 / 件，固定成本总额为 1200000 元。

资料二：2020 年公司负债为 4000000 元，平均利息率为 5%；发行在外的普通股为 800000 股。公司适用的企业所得税税率为 25%。

资料三：公司拟在 2021 年初对生产线进行更新，更新后，原有产销量与单价保持不变，单位变动成本将降低到 150 元 / 件，年固定成本总额将增加到 1800000 元。

资料四：生产线更新需要融资 6000000 元，公司考虑如下两种融资方案：一是向银行借款 6000000 元，新增借款利息率为 6%；二是增发普通股 200000 股，每股发行价为 30 元。

要求：

（1）根据资料一，计算 2020 年下列指标：①息税前利润；②盈亏平衡点销售额。

（2）根据资料一和资料二，以 2020 年为基期，计算：①经营杠杆系数；②财务杠杆系数；③总杠杆系数。

（3）根据资料一和资料二，计算 2020 年每股收益。

（4）根据资料一、资料二和资料三，计算生产线更新后的下列指标：①盈亏平衡点销售量；②安全边际率；③息税前利润。

（5）根据资料一至资料四，计算每股收益无差别点的息税前利润，并据此判断应选择哪种融资方案。（2021 年卷Ⅰ）

【真题 2】

甲公司计划在 2021 年初构建一条新生产线，现有 A、B 两个互斥投资方案，有关资料如下：

资料一：A 方案需要一次性投资 30000000 元，建设期为 0，该生产线可用 3 年，按直线法计提折旧，净残值为 0，第 1 年可取得税后营业利润 10000000 元，以后每年递增 20%。

资料二：B 方案需要一次性投资 50000000 元，建设期为 0，该生产线可用 5 年，按直线法计提折旧，净残值为 0，投产后每年可获得营业收入 35000000 元，每年付现成本为 8000000 元。在投产期初需垫支营运资金 5000000 元，并于营业期满时一次性收回。

资料三：甲公司适用的企业所得税税率为 25%，项目折现率为 8%。有关货币时间价值系数如下：(P/A，8%，3) =2.5771，(P/A，8%，4) =3.3121，(P/A，8%，5) =3.9927；(P/F，

8%，1）=0.9259，（P/F，8%，2）=0.8573，（P/F，8%，3）=0.7938，（P/F，8%，5）=0.6806。

资料四：为筹集投资所需资金，甲公司在 2021 年 1 月 1 日按面值发行可转换债券，每张面值 100 元，票面利率为 1%，按年计息，每年年末支付一次利息，一年后可以转换为公司股票，转换价格为每股 20 元。如果按面值发行相同期限、相同付息方式的普通债券，票面利率需要设定为 5%。

要求：

（1）根据资料一和资料三，计算 A 方案的下列指标：①第 1 年的营业现金净流量；②净现值；③现值指数。

（2）根据资料二和资料三，不考虑利息费用及其影响，计算 B 方案的下列指标：①投资时点的现金净流量；②第 1~4 年的营业现金净流量；③第 5 年的现金净流量；④净现值。

（3）根据资料一、资料二和资料三，计算 A 方案和 B 方案的年金净流量，据此进行投资方案选择，并给出理由。

（4）根据资料四和要求（3）的计算选择结果，计算：①可转换债券在发行当年比一般债券节约的利息支出；②可转换债券的转换比率。（2021 年卷Ⅰ）

【真题 3】

甲公司是一家制造企业，计划在 2021 年初新增一套设备，用于生产一种新产品。相关资料如下：

资料一：公司拟通过外部筹资购置新设备，根据目标资本结构设计的筹资组合方案如下：银行借款筹资占 40%，资本成本为 7%；发行普通股筹资占 60%，资本成本为 12%。

资料二：设备投资额为 30000000 元，建设期为 0，运营期为 5 年，采用直线法计提折旧，预计净残值为 1500000 元。设备投入运营之初，需垫支营运资金 5000000 元，该营运资金在运营期满时全额收回。公司以筹资组合的资本成本率为项目折现率，适用的企业所得税税率为 25%。

资料三：设备运营期间，预计年产销量为 40000 件，单价为 1000 元 / 件，单位变动成本为 600 元 / 件，变动成本均为付现成本，固定成本仅包括设备折旧费。

资料四：货币时间价值系数表如下。

	年金现值系数					复利现值系数				
期数	7%	8%	9%	10%	12%	7%	8%	9%	10%	12%
4	3.3872	3.3121	3.2397	3.1699	3.0373	0.7629	0.7350	0.7084	0.6830	0.6355
5	4.1002	3.9927	3.8897	3.7908	3.6048	0.7130	0.6806	0.6499	0.6209	0.5674

要求：

（1）根据资料一，计算筹资组合的平均资本成本率。

（2）根据资料二和资料三，计算：①边际贡献率；②盈亏平衡点的产销量；③安全边际额；④盈亏平衡作业率。

（3）根据资料二、资料三和资料四，不考虑利息费用及其影响，计算：①年营业现金净流量；②净现值；③年金净流量；④静态回收期。（2021 年卷Ⅱ）

【真题 4】

甲公司是一家制造企业，有关资料如下：

资料一：甲公司 2020 年 12 月 31 日资产负债表（单位：万元）如下。

资产	年初数	年末数	负债与股东权益	年初数	年末数
货币资金	4400	4000	短期借款	5700	5500
应收账款	4000	6000	应付账款	3500	4500
存货	4500	5500	长期借款	8300	7400
固定资产	17900	17400	股本	20000	20000
无形资产	8000	8000	留存收益	1300	3500
资产总计	38800	40900	负债与股东权益总计	38800	40900

资料二：公司 2020 年度营业收入（即销售额，下同）为 50000 万元，营业成本为 40000 万元。

资料三：公司 2020 年应付账款周转期为 36 天，一年按 360 天计算。

资料四：公司预计 2021 年度的营业收入将达到 70000 万元，净利润预计为 7000 万元，利润留存率为 40%。假定公司 2020 年末的货币资金、应收账款、存货、应付账款项目与营业收入的比例关系在 2021 年度保持不变。此外，因销售额增长，现有生产能力不足，公司需要在 2021 年追加固定资产投资 6000 万元。

资料五：对于外部资金需求，公司选择按面值发行债券，期限为 5 年，票面利率为 9%，每年付息一次，到期一次性还本，筹资费用率为 2%。公司适用的企业所得税税率为 25%。

要求：

（1）根据资料一，计算 2020 年末下列指标：①流动比率；②速动比率；③现金比率。

（2）根据资料一和资料二，计算：① 2020 年总资产周转率；② 2020 年末权益乘数。

（3）根据资料一、资料二和资料三，计算 2020 年下列指标：①应收账款周转期；②存货周转期；③经营周期；④现金周转期。

（4）根据资料一、资料二和资料四，计算 2021 年的外部融资需求量。

（5）根据资料五，计算债券的资本成本率（不考虑货币时间价值）。（2021 年卷Ⅱ）

【真题 5】

甲公司是一家制造业股份有限公司，计划投资建设一条新产品生产线。有关资料如下：

资料一：生产线需要于建设起点一次性投入建设资金 7500000 元，建设期为 0。生产线预计使用年限为 5 年，采用直线法计提折旧，预计净残值为 0。

资料二：生产线投入运营之初需要垫支营运资金 1000000 元，垫支营运资金于运营期满时全额收回。新产品预计年产销量 100000 件，单价为 50 元 / 件，单位变动成本（均为付现成本）为 20 元 / 件，每年付现固定成本为 700000 元，非付现固定成本仅包括折旧费。不考虑相关利息费用及其影响。公司适用的企业所得税税率为 25%。

资料三：生产线项目折现率为 10%。有关货币时间价值系数如下：（P/F，10%，5）=0.6209，（P/A，10%，5）=3.7908。

资料四：对于生产线投资所需资金，如果通过发行新股筹集，公司资产负债率将调整为60%，负债资本成本为5%，股东权益资本成本根据资本资产定价模型确定。公司股票的β系数为1.5，市场平均收益率为10%，无风险收益率为4%。

要求：

（1）根据资料一和资料二，计算生产线投产后每年产生的息税前利润和净利润。

（2）根据资料一和资料二，计算：①投资时点的现金净流量；②第1~4年的营业现金净流量；③第5年的现金净流量。

（3）根据资料一、资料二和资料三，计算生产线项目的净现值，并判断是否具有财务可行性。

（4）根据资料四，计算：①股东权益资本成本率；②加权平均资本成本率。（2021年卷Ⅲ）

【真题6】

甲公司采用杜邦分析法进行绩效评价，并通过因素分析寻求绩效改进思路。有关资料如下：

资料一：公司2020年产品销量为90000件，单价为200元/件，净利润为5400000元。

资料二：2020年公司和行业的财务指标如下表所示。

财务指标	甲公司	行业平均水平
营业净利率	?	25%
总资产周转率	?	0.5
资产负债率	60%	?
净资产收益率	15%	25%

注：假定有关资产负债项目年末余额均代表全年平均水平。

资料三：公司将净资产收益率指标依次分解为营业净利率、总资产周转率和权益乘数三个因素，利用因素分析法对公司净资产收益率与行业平均水平的差异进行分析。

资料四：经测算，公司产品需求价格弹性系数为-3。为缩小净资产收益率与行业平均水平的差距，公司决定在2021年将产品价格降低10%，预计销售量与销售额都将增加。鉴于部分资产、负债与销售额存在稳定的百分比关系，预计2021年资产增加额和负债增加额分别为当年销售额的18%和8%。

资料五：预计公司在2021年的销售净利率（即营业净利率）为22%，利润留存率为30%。

要求：

（1）根据资料一和资料二，计算甲公司2020年的下列指标：①营业净利率；②权益乘数；③总资产周转率。

（2）根据资料二，计算行业平均水平的权益乘数和资产负债率。

（3）根据资料一、资料二和资料三，采用差额分析法分别计算三个因素对甲公司净资产收益率与行业平均水平的差异的影响数，并指出造成该差异的最主要影响因素。

（4）根据资料四及上述有关信息，计算：①2021年的销售额增长百分比；②2021年的总资产周转率，并判断公司资产运营效率是否改善。

（5）根据资料四、资料五及上述有关信息，利用销售百分比法测算公司2021年的外部融资需求量。（2021年卷Ⅲ）

【真题 7】

甲公司是一家上市公司，企业所得税税率为 25%，相关资料如下：

资料一：公司为扩大生产经营而准备购置一条新生产线，计划于 2020 年年初一次性投入资金 6000 万元，全部形成固定资产并立即投入使用，建设期为 0，使用年限为 6 年，新生产线每年增加营业收入 3000 万元，增加付现成本 1000 万元。新生产线开始投产时需垫支营运资金 700 万元，在项目终结时一次性收回。固定资产采用直线法计提折旧，预计净残值为 1200 万元。公司所要求的最低投资收益率为 8%，相关资金时间价值系数为：（P/A，8%，5）=3.9927，（P/F，8%，6）=0.6302。

资料二：为满足购置生产线的资金需求，公司设计了两个筹资方案。方案一为向银行借款 6000 万元，期限为 6 年，年利率为 6%，每年年末付息一次，到期还本。方案二为发行普通股 1000 万股，每股发行价为 6 元。公司将持续执行稳定增长的股利政策，每年股利增长率为 3%，预计公司 2020 年每股股利（D_1）为 0.48 元。

资料三：已知筹资方案实施前，公司发行在外的普通股股数为 3000 万股，年利息费用为 500 万元。经测算，追加筹资后预计年息税前利润可达到 2200 万元。

要求：

（1）根据资料一，计算新生产线项目下列指标：①第 0 年现金净流量；②第 1~5 年每年的现金净流量；③第 6 年的现金净流量；④现值指数。

（2）根据现值指数指标，判断公司是否应该进行新生产线投资，并说明理由。

（3）根据资料二，计算：①银行借款的资本成本率；②发行股票资本成本率。

（4）根据资料二、资料三，计算两个筹资方案的每股收益无差别点，判断公司应该选择哪个筹资方案，并说明理由。（2020 年卷 I ）

【真题 8】

甲公司是一家制造业公司，两年来经营状况稳定，并且产销平衡，相关资料如下：

资料一：公司 2019 年资产负债表和利润表（简表），如下表（单位：万元）所示：

资产负债表项目				利润表项目	
资产	2019 年年末余额	负债和股东权益	2019 年年末余额	项目	2019 年发生额
货币资金	1000	应付账款	2100	营业收入	30000
应收账款	5000	短期借款	3100	营业成本	18000
存货	2000	长期借款	4800	期间费用	6000
固定资产	12000	股东权益	10000	利润总额	6000
资产合计	20000	负债和股东权益合计	20000	净利润	4500

注：假定 2019 年年末各资产负债表项目余额均能代表全年平均水平。

资料二：2019 年公司全年购货成本 9450 万元，一年按 360 天计算。

资料三：2019 年公司全部流动资产中，波动性流动资产占用水平为 5500 万元。

资料四：为加强应收账款管理，公司拟在 2020 年收紧信用政策，销售额预计减少 6000 万元。已知变动成本率为 70%，坏账损失预计减少 500 万元，应收账款占用资金的机会成本预计减少 200 万元。假定改变信用政策对其他方面的影响均可忽略不计。

要求：

（1）根据资料一，计算 2019 年年末营运资金数额。

（2）根据资料一，计算：①营业毛利率；②总资产周转率；③净资产收益率。

（3）根据资料一、二，计算：①存货周转期；②应付账款周转期；③应收账款周转期；④现金周转期（以上计算结果均用天数表示）。

（4）根据资料一、三，依据公司资产与资金来源期限结构的匹配情况，判断该公司流动资产融资策略属于哪种类型，并说明理由。

（5）根据资料四，计算公司收缩信用政策对税前利润的影响额（税前利润增加用正数，减少用负数），并判断公司是否应收紧应收账款信用政策。（2020 年卷Ⅰ）

【真题 9】

甲公司生产销售 A 产品，有关资料如下。

资料一：公司 2019 年 12 月 31 日资产负债表（单位：万元）如下。

资产	年末余额	负债与股东权益	年末余额
货币资金	200	应付账款	600
应收账款	400	长期借款	2400
存货	900	股本	4000
固定资产	6500	留存收益	1000
资产总计	8000	负债与股东权益总计	8000

资料二：公司 2019 年销售收入为 6000 万元，净利润为 600 万元，股利支付率为 70%。

资料三：预计 2020 年销售收入将增长到 9000 万元，公司流动资产和流动负债占销售收入的比例一直保持稳定不变。此外，随销售增长而需要追加设备投资 1500 万元。2020 年销售净利率和股利支付率与 2019 年相同。

资料四：因销售增长而需要添置的设备有 X 和 Y 两种型号可供选择，二者具有同样的功用，报价均为 1500 万元。X 设备可用 5 年，最终报废残值为 300 万元，每年发生付现成本 1000 万元；Y 型设备可用 8 年，经测算年金成本为 1400 万元。公司计算年金成本时不考虑所得税的影响，贴现率为 10%，有关时间价值系数如下：（P/A，10%，5）=3.7908，（P/F，10%，5）=0.6209。

要求：

（1）根据资料一，计算 2019 年年末的流动比率、速动比率与产权比率。

（2）根据资料二，计算 2019 年销售净利率。

（3）根据资料一、资料二和资料三，计算：① 2020 年增加的流动资产；② 2020 年增加的流动负债；③ 2020 年留存收益增加额；④ 2020 年的外部融资需求量。

（4）根据资料四，计算 X 型设备的年金成本，并判断甲公司应选择哪种设备。（2020 年卷Ⅱ）

【真题 10】

甲公司是一家制造业企业集团，生产耗费的原材料为 L 零部件。有关资料如下：
资料一：L 零部件的年正常需要量为 54000 个，2018 年及以前年度，一直从乙公司进货，单位购买价格 100 元 / 个，单位变动储存成本为 6 元 / 个，每次订货变动成本为 2000 元，一年按 360 天计算。
资料二：2018 年，甲公司全年应付账款平均余额为 450000 元，假定应付账款全部为应向乙公司支付的 L 零部件的价款。
资料三：2019 年年初，乙公司为鼓励甲公司尽早还款，向甲公司开出的现金折扣条件为“2/10，N/30”，目前甲公司用于支付账款的资金需要在 30 天时才能周转回来，30 天以内的资金需求要通过银行借款筹集，借款利率为 4.8%，甲公司综合考虑借款成本与折扣收益，决定在第 10 天付款方案和第 30 天付款方案中作出选择。
资料四：受经济环境的影响，甲公司决定自 2020 年将零部件从外购转为自行生产，计划建立一个专门生产 L 零部件的 A 分厂。该分厂投入运行后的有关数据估算如下：零部件的年产量为 54000 个，单位直接材料为 30 元 / 个，单位直接人工为 20 元 / 个，其他成本全部为固定成本，金额为 1900000 元。
资料五：甲公司将 A 分厂作为一个利润中心予以考核，内部结算价格为 100 元 / 个，该分厂全部固定成本 1900000 元中，该分厂负责人可控的部分占 700000 元。

要求：

（1）根据资料一，按照经济订货基本模型计算：①零部件的经济订货量；②全年最佳订货次数；③最佳订货周期（要求用天数表示）；④经济订货量下的变动储存成本总额。
（2）根据资料一和资料二，计算 2018 年度的应付账款周转期（要求用天数表示）。
（3）根据资料一和资料三，分别计算甲公司 2019 年度两个付款方案的净收益，并判断甲公司应选择哪个付款方案。
（4）根据资料四，计算 A 分厂投入运营后预计年产品成本总额。
（5）根据资料四和资料五，计算 A 分厂作为利润中心的如下业绩考核指标：①边际贡献；②可控边际贡献；③部门边际贡献。（2020 年卷 Ⅱ）

【真题 11】

甲公司生产 A 产品，有关产品成本和预算的信息如下：
资料一：A 产品成本由直接材料、直接人工、制造费用三部分构成，其中制造费用属于混合成本。2019 年第一 ~ 四季度 A 产品的产量与制造费用数据如下表所示。

项目	第一季度	第二季度	第三季度	第四季度
产量（件）	5000	4500	5500	4750
制造费用（元）	50500	48000	54000	48900

资料二：根据甲公司 2020 年预算，2020 年第一季度 A 产品预计生产量为 5160 件。
资料三：2020 年第一 ~ 四季度 A 产品的生产预算如下表（单位：件）所示，每季度末 A 产品的产成品存货量按下一季度销售量的 10% 确定。

项目	第一季度	第二季度	第三季度	第四季度	合计
预计销售量	5200	4800	6000	5000	×
预计期末产成品存货	480	a	d	×	×
预计期初产成品存货	520	b	e	×	×
预计生产量	5160	c	f	×	×

注：表内的“×”为省略的数值。

资料四：2020 年 A 产品预算单价为 200 元，各季度销售收入有 70% 在本季度收回现金，30% 在下一季度收回现金。

要求：

（1）根据资料一，按照高低点法对制造费用进行分解，计算制造费用中单位变动制造费用和固定制造费用。

（2）根据要求（1）的计算结果和资料二，计算 2020 年第一季度 A 产品的预计制造费用总额。

（3）根据资料三，分别计算表格中 a、b、c、d、e、f 所代表的数值。

（4）根据资料三和资料四，计算：① 2020 年第二季度的销售收入预算总额；② 2020 年第二季度的相关现金收入预算总额。（2020 年卷Ⅲ）

【真题 12】

甲公司是一家制造企业，企业所得税税率为 25%。公司考虑用效率更高的新生产线来代替现有旧生产线。有关资料如下。

资料一：旧生产线原价为 5000 万元，预计使用年限为 10 年，已经使用 5 年。采用直线法计提折旧，使用期满无残值。每年生产的产品销售收入为 3000 万元，变动成本总额为 1350 万元，固定成本总额为 650 万元。

资料二：旧生产线每年的全部成本中，除折旧外均为付现成本。

资料三：如果采用新生产线取代旧生产线。相关固定资产投资和垫支营运资金均于开始时一次性投入（建设期为 0），垫支营运资金于营业期结束时一次性收回。新生产线使用直线法计提折旧，使用期满无残值。有关资料如下表所示。

项目	固定资产投资	垫支营运资金	使用年限	年营业收入	年营运成本
数额	2400 万元	600 万元	8 年	1800 万元	500 万元

资料四：公司进行生产线更新投资决策时采用的折现率为 15%。有关资金时间价值系数如下：（P/F，15%，8）=0.3269，（P/A，15%，7）=4.1604，（P/A，15%，8）=4.4873。

资料五：经测算，新生产线的净现值大于旧生产线的净现值，而其年金净流量小于旧生产线的年金净流量。

要求：

（1）根据资料一，计算旧生产线的边际贡献总额和边际贡献率。

（2）根据资料一和资料二，计算旧生产线的年营运成本（即付成本）和年营业现金净流量。

（3）根据资料三，计算新生产线的如下指标：
①投资时点（第 0 年）的现金流量；
②第 1 年到第 7 年营业现金净流量；
③第 8 年的现金净流量。
（4）根据资料三和资料四，计算新生产线的净现值和年金净流量。
（5）根据资料五，判断公司是否采用新生产线替换旧生产线，并说明理由。（2020 年卷Ⅲ）

【真题 13】

甲公司是一家上市公司，适用的企业所得税税率为 25%。公司现阶段基于发展需要，拟实施新的投资计划，有关资料如下：
资料一：公司项目投资的必要收益率为 15%，有关货币时间价值系数如下：（P/A，15%，2）=1.6257；（P/A，15%，3）=2.2832；（P/A，15%，6）=3.7845；（P/F，15%，3）=0.6575；（P/F，15%，6）=0.4323。
资料二：公司的资本支出预算为 5000 万元，有 A、B 两种互斥投资方案可供选择，A 方案的建设期为 0 年，需要于建设起点一次性投入资金 5000 万元，运营期为 3 年，无残值，现金净流量每年均为 2800 万元。B 方案的建设期为 0 年，需要于建设起点一次性投入资金 5000 万元，其中：固定资产投资 4200 万元，采用直线法计提折旧，无残值；垫支营运资金 800 万元，第 6 年末收回垫支的营运资金。预计投产后第 1~6 年每年营业收入 2700 万元，每年付现成本 700 万元。
资料三：经测算，A 方案的年金净流量为 610.09 万元。
资料四：针对上述 5000 万元的资本支出预算所产生的融资需求，公司为保持合理的资本结构，决定调整股利分配政策，公司当前的净利润为 4500 万元，过去长期以来一直采用固定股利支付率政策进行股利分配，股利支付率为 20%。如果改用剩余股利政策，所需权益资本应占资本支出预算金额的 70%。

要求：
（1）根据资料一和资料二，计算 A 方案的静态回收期、动态回收期、净现值、现值指数。
（2）根据资料一和资料二，计算 B 方案的净现值、年金净流量。
（3）根据资料二，判断公司在选择 A、B 两种方案时，应采用净现值法还是年金净流量法。
（4）根据要求（1）、要求（2）、要求（3）的结果和资料三，判断公司应选择 A 方案还是 B 方案。
（5）根据资料四，如果继续执行固定股利支付率政策，计算公司的收益留存额。
（6）根据资料四，如果改用剩余股利政策，计算公司的收益留存额与可发放股利额。（2019 年卷Ⅰ）

【真题 14】

甲公司是一家制造企业，近几年公司生产经营比较稳定，并假定产销平衡，公司结合自身发展和资本市场环境，以利润最大化为目标，并以每股收益作为主要评价指标。有关资料如下：
资料一：2016 年度公司产品产销量为 2000 万件，产品销售单价为 50 元，单位变动成本为 30 元，固定成本总额为 20000 万元，假定单价、单位变动成本和固定成本总额在 2017

年保持不变。

资料二：2016 年度公司全部债务资金均为长期借款，借款本金为 200000 万元，年利率为 5%，全部利息都计入当期费用，假定债务资金和利息水平在 2017 年保持不变。

资料三：公司在 2016 年末预计 2017 年的产销量将比 2016 年增长 20%。

资料四：2017 年度的实际产销量与上年末的预计有出入，当年实际归属于普通股股东的净利润为 8400 万元，2017 年初，公司发行在外的普通股股数为 3000 万股，2017 年 9 月 30 日，公司增发普通股 2000 万股。

资料五：2018 年 7 月 1 日，公司发行可转换债券一批，债券面值为 8000 万元，期限为 5 年，2 年后可以转换为本公司的普通股，转换价格为每股 10 元，可转换债券当年发生的利息全部计入当期损益，其对于公司当年净利润的影响数为 200 万元。公司当年归属于普通股股东的净利润为 10600 万元，公司适用的企业所得税税率为 25%。

资料六：2018 年末，公司普通股的每股市价为 31.8 元，同行业类似可比公司的市盈率均在 25 左右（按基本每股收益计算）。

要求：

（1）根据资料一，计算 2016 年边际贡献总额和息税前利润。

（2）根据资料一和资料二，以 2016 年为基期计算经营杠杆系数、财务杠杆系数和总杠杆系数。

（3）根据要求（2）的计算结果和资料三，计算：① 2017 年息税前利润预计增长率；② 2017 年每股收益预计增长率。

（4）根据资料四，计算公司 2017 年的基本每股收益。

（5）根据资料四和资料五，计算公司 2018 年的基本每股收益和稀释每股收益。

（6）根据要求（5）基本每股收益的计算结果和资料六，计算公司 2018 年年末市盈率，并初步判断市场对于该公司股票的评价偏低还是偏高。（2019 年卷 Ⅰ）

【真题 15】

甲企业是某公司下属的一个独立分厂，该企业仅生产并销售 W 产品，2018 年有关预算与考核分析资料如下：

资料一：W 产品的预计产销量相同，2018 年第一 ~ 四季度的预计产销量分别为 100 件、200 件、300 件和 400 件，预计产品销售单价为 1000 元 / 件。预计销售收入中，有 60% 在本季度收到现金，40% 在下一季度收到现金。2017 年年末应收账款余额为 80000 元。不考虑增值税及其他因素的影响。

资料二：2018 年年初材料存货量为 500 千克，每季度末材料存货量按下一季度生产需用量的 10% 确定。单位产品用料标准为 10 千克 / 件，单位材料价格标准为 5 元 / 千克。材料采购款有 50% 在本季度支付现金，另外 50% 在下一季度支付。

资料三：企业在每季度末的理想现金余额是 50000 元，且不得低于 50000 元。如果当季度现金不足，则向银行取得短期借款；如果当季度现金溢余，则偿还银行短期借款。短期借款的年利率为 10%，按季度偿付利息。借款和还款的数额须为 1000 元的整数倍。假设新增借款发生在季度初，归还借款发生在季度末。2018 年第一季度，在未考虑银行借款情况下的现金余额（即现金余缺）为 26700 元。假设 2018 年初，企业没有借款。

资料四：2018 年年末，企业对第四季度预算执行情况进行考核分析。第四季度 W 产品的实际产量为450件，实际材料耗用量为3600千克，实际材料单价为6元/千克。

要求：

（1）根据资料一，计算：①W产品的第一季度现金收入；②资产负债表预算中应收账款的年末数。

（2）根据资料一和资料二，计算：①第一季度预计材料期末存货量；②第二季度预计材料采购量；③第三季度预计材料采购金额。

（3）根据资料三，计算第一季度资金预算中：①取得短期借款金额；②短期借款利息金额；③期末现金余额。

（4）根据资料一、资料二和资料四，计算第四季度材料费用总额实际数与预算数之间的差额。

（5）根据资料一、资料二和资料四，使用连环替代法，依次计算第四季度下列因素变化对材料费用总额实际数与预算数之间差额的影响：①产品产量；②单位产品材料消耗量；③单位材料价格。（2019年卷Ⅱ）

【真题16】

甲公司是一家国内中小板上市的制造企业，基于公司持续发展需要，公司决定优化资本结构，并据以调整相关股利分配政策。有关资料如下：

资料一：公司已有的资本结构如下：债务资金账面价值为600万元，全部为银行借款本金，年利率为8%，假设不存在手续费等其他筹资费用；权益资金账面价值为2400万元，权益资本成本率采用资本资产定价模型计算。已知无风险收益率为6%，市场组合收益率为10%，公司股票的β系数为2。公司适用的企业所得税税率为25%。

资料二：公司当前销售收入为12000万元，变动成本率为60%，固定成本总额800万元。上述变动成本和固定成本均不包含利息费用。随着公司所处资本市场环境变化以及持续稳定发展的需要，公司认为已有的资本结构不够合理，决定采用公司价值分析法进行资本结构优化分析。经研究，公司拿出两种资本结构调整方案，两种方案下的债务资金和权益资本的相关情况如下表所示。

调整方案	全部债务市场价值（万元）	税前债务利息率	公司权益资本成本率
方案1	2000	8%	10%
方案2	3000	8.4%	12%

假定公司债务市场价值等于其账面价值，且税前债务利息率等于税前债务资本成本率，同时假定公司息税前利润水平保持不变，权益资本市场价值按净利润除以权益资本成本率这种简化方式进行测算。

资料三：公司实现净利润2800万元。为了确保最优资本结构，公司拟采用剩余股利政策。假定投资计划需要资金2500万元，其中权益资金占比应达到60%。公司发行在外的普通股数量为2000万股。

资料四：公司自上市以来一直采用基本稳定的固定股利政策，每年发放的现金股利均在每股0.9元左右。不考虑其他因素影响。

要求：

（1）根据资料一，计算公司的债务资本成本率、权益资本成本率，并按账面价值权数计算公司的平均资本成本率。

（2）根据资料二，计算公司当前的边际贡献总额、息税前利润。

（3）根据资料二，计算两种方案下的公司市场价值，并据以判断采用何种资本结构优化方案。

（4）根据资料三，计算投资计划所需要的权益资本数额以及预计可发放的现金股利，并据此计算每股股利。

（5）根据要求（4）的计算结果和资料四，不考虑其他因素，依据信号传递理论，判断公司改变股利政策可能给公司带来什么不利影响。（2019 年卷Ⅱ）

【真题 17】

戊公司是一家设备制造商，公司基于市场发展进行财务规划，有关资料如下：

资料一：戊公司 2017 年 12 月 31 日的资产负债表简表及相关信息如下表所示。

戊公司资产负债表简表及相关信息

2017 年 12 月 31 日　　单位：万元

资产	金额	占销售额百分比（%）	负债与权益	金额	占销售额百分比（%）
现金	1000	2.5	短期借款	5000	N
应收票据	8000	20.0	应付票据	2000	5.0
应收账款	5000	12.5	应付账款	8000	20.0
存货	4000	10.0	应付债券	6000	N
其他流动资产	4500	N	实收资本	20000	N
固定资产	23500	N	留存收益	5000	N
合计	46000	45.0	合计	46000	25.0

注：表中“N”表示该项目不随销售额的变动而变动。

资料二：戊公司 2017 年销售额为 40000 万元，销售净利率为 10%，利润留存率为 40%。预计 2018 年销售增长率为 30%，销售净利率和利润留存率保持不变。

资料三：戊公司计划于 2018 年 1 月 1 日从租赁公司租入一台设备。该设备价值为 1000 万元，租期为 5 年。租赁期满时预计净残值为 100 万元，归租赁公司所有。年利率为 8%，年租赁手续费为 2%，租金每年末支付 1 次。相关货币时间价值系数为：（P/F，8%，5）=0.6806；（P/F，10%，5）=0.6209；（P/A，8%，5）=3.9927；（P/A，10%，5）=3.7908。

资料四：经测算，资料三中新增设备投产后每年能为戊公司增加净利润 132.5 万元，设备年折旧额为 180 万元。

资料五：戊公司采用以下两种筹资方式：①利用商业信用：戊公司供应商提供的付款条件为“1/10，N/30”；②向银行借款：借款年利率为 8%。一年按 360 天算。该公司适用的企业所得税税率为 25%。

不考虑增值税及其他因素的影响。

要求：

（1）根据资料一和资料二，计算戊公司2018年下列各项金额：①因销售增加而增加的资产额；②因销售增加而增加的负债额；③因销售增加而需要增加的资金量；④预计利润的留存增加额；⑤外部融资需要量。

（2）根据资料三，计算下列数值：①计算租金时使用的折现率；②该设备的年租金。

（3）根据资料四，计算下列数值：①新设备投产后每年增加的营业现金净流量；②如果公司按1000万元自行购买而非租赁该设备，计算该设备投资的静态回收期。

（4）根据资料五，计算并回答如下问题：①计算放弃现金折扣的信用成本率；②判断戊公司是否应该放弃现金折扣，并说明理由；③计算银行借款的资本成本。（2018年卷Ⅰ）

【真题18】

己公司和庚公司是同一行业、规模相近的两家上市公司。有关资料如下：

资料一：己公司2017年普通股股数为10000万股，每股收益为2.31元。部分财务信息如下：

己公司部分财务信息

单位：万元

项目	2017年末数据	项目	2017年度数据
负债合计	184800	营业收入	200000
股东权益合计	154000	净利润	23100
资产合计	338800	经营活动现金流量净额	15000

资料二：己公司股票的β系数为1.2，无风险收益率为4%，证券市场平均收益率为9%，己公司按每年每股3元发放固定现金股利。目前该公司的股票市价为46.20元。

资料三：己公司和庚公司2017年的部分财务指标如下表所示。

己公司和庚公司的部分财务指标

项目	己公司	庚公司
产权比率	（A）	1
净资产收益率（按期末数计算）	（B）	20%
总资产周转率（按期末数计算）	（C）	0.85
营业现金比率	（D）	15%
每股营业现金净流量（元）	（E）	*
市盈率（倍）	（F）	*

注：表内“*”表示省略的数据。

资料四：庚公司股票的必要收益率为11%。该公司2017年度股利分配方案是每股现金股利1.5元（即D_0=1.5），预计未来各年的股利年增长率为6%。目前庚公司的股票市价为25元。

要求：

（1）根据资料一和资料二，确定上述表格中字母 A、B、C、D、E、F 所代表的数值（不需要列示计算过程）。

（2）根据要求（1）的计算结果和资料三，回答下列问题：

①判断己公司和庚公司谁的财务结构更加稳健，并说明理由；

②判断己公司和庚公司获取现金的能力哪个更强，并说明理由。

（3）根据资料二，计算并回答下列问题：

①运用资本资产定价模型计算己公司股票的必要收益率；

②计算己公司股票的价值；

③给出“增持”或“减持”该股票的投资建议，并说明理由。

（4）根据资料四，计算并回答如下问题：

①计算庚公司股票的内部收益率；

②给出“增持”或“减持”该股票的投资建议，并说明理由。（2018 年卷 Ⅰ）

【真题 19】

甲公司是一家生产经营比较稳定的制造企业，长期以来仅生产 A 产品。公司 2017 年和 2018 年的有关资料如下：

资料一：公司采用指数平滑法对销售量进行预测，平滑指数为 0.6。2017 年 A 产品的预测销售量为 50 万吨，实际销售量为 45 万吨，A 产品的销售单价为 3300 元 / 吨。

资料二：由于市场环境发生变化，公司对原销售预测结果进行修正，将预计销售额调整为 180000 万元。公司通过资金习性分析，采用高低点法对 2018 年度资金需要量进行预测。有关历史数据如下表所示。

资金与销售额变化情况表

单位：万元

年度	2017 年	2016 年	2015 年	2014 年	2013 年	2012 年
销售额	148500	150000	129000	120000	105000	100000
资金占用	54000	55000	50000	49000	48500	47500

资料三：公司在 2017 年度实现净利润 50000 万元，现根据 2018 年度的预计资金需求量来筹集资金，为了维持目标资本结构，要求所需资金中，负债资金占 40%，权益资金占 60%，按照剩余股利政策分配现金股利。公司发行在外的普通股股数为 2000 万股。

资料四：公司在 2018 年有计划地进行外部融资，其部分资金的融资方案如下：溢价发行 5 年期公司债券，面值总额为 900 万元，票面利率为 9%，发行总价为 1000 万元，发行费用率为 2%；另向银行借款 4200 万元，年利率为 6%。公司适用的企业所得税税率为 25%。

要求：

（1）根据资料一，计算：① 2018 年 A 产品的预计销售量；② 2018 年 A 产品的预计销售额。

（2）根据资料二，计算如下指标：①单位变动资金；②不变资金总额；③ 2018 年度预计资金需求量。

（3）根据要求（2）的计算结果、资料二和资料三，计算：① 2018 年增加的资金需求量中的权益资本数额；②发放的现金股利总额与每股股利。

（4）根据资料四，不考虑货币时间价值，计算下列指标：①债券的资本成本率；②银行借款的资本成本率。（2018 年卷 Ⅱ）

【真题 20】

乙公司是一家制造企业，长期以来只生产 A 产品。2018 年有关资料如下：

资料一：8 月份 A 产品月初存货量预计为 180 件，8 月份和 9 月份的预计销售量分别为 2000 件和 2500 件。A 产品的预计月末存货量为下月销售量的 12%。

资料二：生产 A 产品需要耗用 X、Y、Z 三种材料，其价格标准和用量标准如下表所示。

A 产品直接材料成本标准

项目	标准		
	X 材料	Y 材料	Z 材料
价格标准	10 元 / 千克	15 元 / 千克	20 元 / 千克
用量标准	3 千克 / 件	2 千克 / 件	2 千克 / 件

资料三：公司利用标准成本信息编制直接人工预算。生产 A 产品的工时标准为 3 小时 / 件，标准工资率为 20 元 / 小时。8 月份 A 产品的实际产量为 2200 件，实际工时为 7700 小时，实际发生直接人工成本 146300 元。

资料四：公司利用标准成本信息，并采用弹性预算法编制制造费用预算，A 产品的单位变动制造费用标准成本为 18 元，每月的固定制造费用预算总额为 31800 元。

资料五：A 产品的预计销售单价为 200 元 / 件，每月销售收入中，有 40% 在当月收取现金，另外的 60% 在下月收取现金。

资料六：9 月份月初现金余额预计为 60500 元，本月预计现金支出为 487500 元。公司理想的月末现金余额为 60000 元且不低于该水平，现金余额不足时向银行借款，多余时归还银行借款，借入和归还金额均要求为 1000 元的整数倍。不考虑增值税及其他因素的影响。

要求：

（1）根据资料一，计算 8 月份 A 产品的预计生产量。

（2）根据资料二，计算 A 产品的单位直接材料标准成本。

（3）根据要求（1）的计算结果和资料三，计算 8 月份的直接人工预算金额。

（4）根据资料三，计算下列成本差异：①直接人工成本差异；②直接人工效率差异；③直接人工工资率差异。

（5）根据要求（1）的计算结果和资料四，计算 8 月份制造费用预算总额。

（6）根据要求（1）、（2）的计算结果和资料三、资料四，计算 A 产品的单位标准成本。

（7）根据资料一和资料五，计算公司 9 月份的预计现金收入。

（8）根据要求（7）的计算结果和资料六，计算 9 月份的预计现金余缺，并判断为保持所需现金余额，是否需要向银行借款，如果需要，指出应借入多少款项。（2018 年卷 Ⅱ）

【真题 21】

丁公司是一家处于初创阶段的电子产品生产企业，相关资料如下：
资料一：2016 年开始生产和销售 P 产品，售价为 0.9 万元 / 件，全年生产 20000 件，产销平衡。丁公司适用的所得税税率为 25%。
资料二：2016 年财务报表部分数据如下表所示。

2016 年财务报表部分数据

单位：万元

流动资产合计	27500	负债合计	35000
非流动资产合计	32500	所有者权益合计	25000
资产总计	60000	负债与所有者权益总计	60000

利润表项目（年度数）

单位：万元

营业收入	18000	利润总额	3000
营业成本	11000	所得税	750
期间费用	4000	净利润	2250

资料三：所在行业的相关财务指标平均水平：总资产净利率为 4%，总资产周转次数为 0.5 次，营业净利率为 8%，权益乘数为 2。
资料四：丁公司 2016 年营业成本中固定成本为 4000 万元，变动成本为 7000 万元，期间费用中固定成本为 2000 万元，变动成本为 1000 万元。利息费用为 1000 万元，假设 2017 年成本性态不变。
资料五：丁公司 2017 年目标净利润为 2640 万元，预计利息费用为 1200 万元。

要求：
（1）根据资料二，计算下列指标（计算中需要使用期初与期末平均数的，以期末数替代）：①总资产净利率；②权益乘数；③营业净利率；④总资产周转率。
（2）根据要求（1）的计算结果和资料三，完成下列要求：①依据所在行业平均水平对丁公司偿债能力和营运能力进行评价；②说明丁公司总资产净利率与行业平均水平差异形成的原因。
（3）根据资料一、资料四和资料五，计算 2017 年的下列指标：①单位变动成本；②盈亏平衡点的业务量；③实现目标净利润的销售量；④实现目标净利润时的安全边际量。（2017 年卷 I）

【真题 22】

戊化工公司拟进行一项固定资产投资，以扩充生产能力。现有 X、Y、Z 三个方案备选。相关资料如下：
资料一：戊公司现有长期资本 10000 万元，其中，普通股股本为 5500 万元，长期借款为

4000 万元，留存收益为 500 万元，长期借款利率为 8%。该公司股票的系统风险是整个股票市场风险的 2 倍。目前整个股票市场平均收益率为 8%，无风险收益率为 5%。假设该投资项目的风险与公司整体风险一致。该投资项目的筹资结构与公司资本结构相同。新增债务利率不变。

资料二：X 方案需要投资固定资产 500 万元，不需要安装就可以使用，预计使用寿命为 10 年，期满无残值，采用直线法计提折旧，该项目投产后预计会使公司的存货和应收账款共增加 20 万元，应付账款增加 5 万元，假设不会增加其他流动资产和流动负债。在项目运营的 10 年中，预计每年为公司增加税前利润 80 万元。X 方案的现金流量如表 1 所示。

表 1　X 方案的现金流量计算表

单位：万元

年份（年）	0	1~9	10
一、投资期现金流量			
固定资产投资	（A）		
营运资金垫支	（B）		
投资期现金净流量	*		
二、营业期现金流量			
销售收入		*	*
付现成本		*	*
折旧		（C）	*
税前利润		80	*
所得税		*	*
净利润		（D）	*
营业现金净流量		（E）	（F）
三、终结期现金流量			
固定资产净残值			*
回收营运资金			（G）
终结期现金净流量			*
四、年现金净流量合计	*	*	（H）

注：表内的“*”为省略的数值。

资料三：Y 方案需要投资固定资产 300 万元，不需要安装就可以使用，预计使用寿命为 8 年。期满无残值，预计每年营业现金净流量为 50 万元，经测算，当折现率为 6% 时，该方案的净现值为 10.49 万元，当折现率为 8% 时，该方案的净现值为 –12.67 万元。

资料四：Z 方案与 X 方案、Y 方案的相关指标如表 2 所示。

表 2　备选方案的相关指标

方案	X 方案	Y 方案	Z 方案
原始投资额现值（万元）	*	300	420
期限（年）	10	8	8
净现值（万元）	197.27	*	180.50
现值指数	1.38	0.92	（J）
内含收益率	17.06%	*	*
年金净流量（万元）	（I）	*	32.61

注：表内的“*”为省略的数值。

资料五：公司适用的所得税税率为 25%。相关货币时间价值系数如表 3 所示。

表 3　相关货币时间价值系数表

期数（n）	8	9	10
（P/F，i，n）	0.5019	0.4604	0.4224
（P/A，i，n）	5.5348	5.9952	6.4177

注：i 为项目的必要收益率。

要求：

（1）根据资料一，利用资本资产定价模型计算戊公司普通股资本成本。

（2）根据资料一和资料五，计算戊公司的加权平均资本成本。

（3）根据资料二和资料五，确定表 1 中字母所代表的数值（不需要列示计算过程）。

（4）根据以上计算的结果和资料三，完成下列要求：①计算 Y 方案的静态投资回收期和内含收益率；②判断 Y 方案是否可行，并说明理由。

（5）根据资料四和资料五，确定表 2 中字母所代表的数值（不需要列示计算过程）。

（6）判断戊公司应当选择哪个投资方案，并说明理由。（2017 年卷 Ⅰ）

【真题 23】

己公司长期以来只生产 X 产品，有关资料如下：

资料一：2016 年度 X 产品实际销售量为 600 万件，销售单价为 30 元，单位变动成本为 16 元，固定成本总额为 2800 万元，假设 2017 年 X 产品单价和成本性态保持不变。

资料二：公司按照指数平滑法对各年销售量进行预测，平滑指数为 0.7。2015 年公司预测的 2016 年销售量为 640 万件。

资料三：为了提升产品市场占有率，公司决定 2017 年放宽 X 产品销售的信用条件，延长信用期，预计销售量将增加 120 万件，收账费用和坏账损失将增加 350 万元，应收账款年平均占用资金将增加 1700 万元，资本成本率为 6%。

资料四：2017 年度公司发现新的商机，决定利用现有剩余生产能力，并添置少量辅助生产设备，生产一种新产品 Y。预计 Y 产品的年销售量为 300 万件，销售单价为 36 元，单位变动成本为20元，固定成本每年增加600万元，与此同时，X产品的销售会受到一定冲击，其年销售量将在原来基础上减少200万件。

要求：

（1）根据资料一，计算2016年度下列指标：①边际贡献总额；②盈亏平衡点的业务量；③安全边际额；④安全边际率。

（2）根据资料一和资料二，完成下列要求：①采用指数平滑法预测2017年度X产品的销售量；②以2016年为基期计算经营杠杆系数；③预测2017年息税前利润增长率。

（3）根据资料一和资料三，计算公司因调整信用政策而预计增加的相关收益（边际贡献）、相关成本和相关利润，并据此判断改变信用条件是否对公司有利。

（4）根据资料一和资料四，计算投产新产品Y为公司增加的息税前利润，并据此作出是否投产新产品Y的经营决策。（2017年卷Ⅱ）

【真题24】

戊公司是一家啤酒生产企业，相关资料如下。

资料一：由于戊公司产品生产和销售存在季节性，应收账款余额在各季度的波动幅度很大，其全年应收账款平均余额的计算公式确定为：应收账款平均余额＝年初余额/8＋第一季度末余额/4＋第二季度末余额/4＋第三季度末余额/4＋年末余额/8，公司2016年各季度应收账款余额如下表所示。

2016年各季度应收账款余额表

单位：万元

时间	年初	第一季度末	第二季度末	第三季度末	年末
金额	1380	2480	4200	6000	1260

资料二：戊公司2016年年末资产负债表有关项目余额及其与营业收入的关系如下表所示。

2016年资产负债表有关项目期末余额及其与营业收入的关系

资产项目	期末数（万元）	与营业收入的关系	负债与股东权益项目	期末数（万元）	与营业收入的关系
现金	2310	11%	短期借款	2000	N
应收账款	1260	6%	应付账款	1050	5%
存货	1680	8%	长期借款	2950	N
固定资产	8750	N	股本	7000	N
			留存收益	1000	N
资产总计	14000	25%	负债与股东权益总计	14000	5%

注：表中“N”表示该项目不随销售额的变动而变动。

资料三：2016 年度公司营业收入为 21000 万元，营业成本为 8400 万元，存货周转期为 70 天，应付账款周转期为 66 天，假设一年按 360 天计算。

资料四：公司为了扩大生产能力，拟购置一条啤酒生产线，预计需增加固定资产投资 4000 万元，假设现金、应收账款、存货、应付账款项目与营业收入的比例关系保持不变，增加生产线后预计 2017 年营业收入将达到 28000 万元，税后利润将增加到 2400 万元，预计 2017 年度利润留存率为 45%。

资料五：为解决资金缺口，公司打算通过以下两种方式筹集资金。

①按面值发行 4000 万元的债券，期限为 5 年，票面利率为 8%，每年付息一次，到期一次还本，筹资费用率为 2%，公司适用的所得税税率为 25%。

②向银行借款解决其余资金缺口，期限为 1 年，年名义利率为 6.3%，银行要求公司保留 10% 的补偿性余额。

要求：

（1）根据资料一和资料三，计算 2016 年度下列指标：①应收账款平均余额；②应收账款周转期；③经营周期；④现金周转期。

（2）根据资料二和资料三，计算下列指标：① 2016 年年末的权益乘数；② 2016 年度的营业毛利率。

（3）根据资料二、资料三和资料四，计算 2017 年度下列指标：①利润的留存额；②外部融资需求量。

（4）根据资料五，计算下列指标：①发行债券的资本成本率（不考虑货币的时间价值）；②短期借款的年实际利率。（2017 年卷Ⅱ）

【真题 25】

戊公司是一家以软件研发为主要业务的上市公司，其股票于 2013 年在我国深圳证券交易所创业板上市交易。戊公司有关资料如下：

资料一：X 是戊公司下设的一个利润中心，2015 年 X 利润中心的营业收入为 600 万元，变动成本为 400 万元，该利润中心负责人可控的固定成本为 50 万元，由该利润中心承担的但其负责人无法控制的固定成本为 30 万元。

资料二：Y 是戊公司下设的一个投资中心，年初已占用的投资额为 2000 万元，预计每年可实现利润 300 万元，投资收益率为 15%，2016 年年初有一个投资额为 1000 万元的投资机会，预计每年增加利润 90 万元，假设戊公司投资的必要收益率为 10%。

资料三：2015 年戊公司实现的净利润为 500 万元，2015 年 12 月 31 日戊公司股票每股市价为 10 元。戊公司 2015 年年末资产负债表相关数据如下表所示。

戊公司资产负债表相关数据

单位：万元

项目	金额
资产总计	10000
负债总计	6000
股本（面值 1 元，发行在外 1000 万股）	1000

续表

项目	金额
资本公积	500
盈余公积	1000
未分配利润	1500
所有者权益合计	4000

资料四：戊公司2016年拟筹资1000万元以满足投资的需要，戊公司2015年年末的资本结构即目标资本结构。

资料五：2016年3月，戊公司制定的2015年度利润分配方案如下：（1）鉴于法定盈余公积的累计额已达注册资本的50%，不再计提盈余公积；（2）每10股发放现金股利1元；（3）每10股发放股票股利1股。发放股利时戊公司的股价为10元/股。

要求：

（1）根据资料一，计算X利润中心的边际贡献、可控边际贡献和部门边际贡献，并指出以上哪个指标可以更好地评价X利润中心负责人的管理业绩。

（2）根据资料二，①计算接受投资机会前Y投资中心的剩余收益；②计算接受投资机会后Y投资中心的剩余收益；③判断Y投资中心是否应接受新投资机会，为什么？

（3）根据资料三，计算市盈率和市净率。

（4）根据资料三、资料四，在剩余股利政策下，计算下列数据：

①权益筹资数额；②每股现金股利。

（5）根据资料三、资料五，计算发放股利后下列指标：

①发放股利后的未分配利润；②股本；③资本公积。（2016年）

【真题26】

己公司是一家饮料生产商，公司相关资料如下。

资料一：己公司2015年相关财务数据如下表所示，假设己公司成本性态不变，现有债务利息水平不变。

己公司2015年相关财务数据

单位：万元

资产负债类项目（2015年12月31日）	金额
流动资产	40000
非流动资产	60000
流动负债	30000
长期负债	30000
所有者权益	40000

续表

收入成本类项目（2015 年度）	金额
营业收入	80000
固定成本	25000
变动成本	30000
财务费用（利息费用）	2000

资料二：己公司计划 2016 年推出一款新型饮料，年初需要购置一条新生产线，并立即投入使用，该生产线购置价格为 50000 万元，可使用 8 年，预计净残值为 2000 万元，采用直线法计提折旧。该生产线投入使用时需要垫支营运资金 5500 万元，在项目终结时收回。该生产线投产后己公司每年可增加营业收入 22000 万元，增加付现成本 10000 万元，会计上对于新生产线折旧年限、折旧方法以及净残值等的处理与税法保持一致，假设己公司要求的最低收益率为 10%。

资料三：为了满足购置新生产线的资金需求，己公司设计了两个筹资方案，第一个方案是以借贷方式筹集资金 50000 万元，年利率为 8%；第二个方案是发行普通股 10000 万股，每股发行价 5 元，己公司 2016 年年初普通股股数为 30000 万股。

资料四：假设己公司不存在其他事项，己公司适用的所得税税率为 25%，相关货币时间价值系数如下表所示。

货币时间价值系数表

期数（n）	1	2	7	8
（P/F，10%，n）	0.9091	0.8264	0.5132	0.4665
（P/A，10%，n）	0.9091	1.7355	4.8684	5.3349

要求：

（1）根据资料一，计算己公司的下列指标：①营运资金；②产权比率；③边际贡献率；④盈亏平衡点销售额。

（2）根据资料一，计算经营杠杆系数。

（3）根据资料二和资料四，计算新生产线项目的下列指标：①原始投资额；② $NCF_{1\sim7}$；③ NCF_8；④ NPV。

（4）根据要求（3）的计算结果，判断是否应该购置该生产线，并说明理由。

（5）根据资料一和资料三，计算两个筹资方案的每股收益无差别点息税前利润。

（6）假设己公司采用第一个方案进行筹资，根据资料一、资料二和资料三，计算生产线投产后己公司的息税前利润和财务杠杆系数。（2016 年）

近六年综合真题参考答案及解析

使用“会计云课堂”App 或“微信”扫码对答案、看解析、掌握解题思路，开启轻松过关之旅。

【真题 1 答案】

（1）①息税前利润 =45000×（240−200）−1200000=600000（元）

②盈亏平衡点销售量 =1200000/（240−200）=30000（件）

盈亏平衡点销售额 =30000×240=7200000（元）

（2）①经营杠杆系数 =45000×（240−200）/600000=3

②财务杠杆系数 =600000/（600000−4000000×5%）=1.5

③总杠杆系数 =3×1.5=4.5

（3）2020 年每股收益 =（600000−4000000×5%）×（1−25%）/800000=0.375（元 / 股）

（4）①盈亏平衡点销售量 =1800000/（240−150）=20000（件）

②安全边际率 =1−20000/45000=55.56%

③息税前利润 =45000×（240−150）−1800000=2250000（元）

（5）（EBIT−4000000×5%−6000000×6%）×（1−25%）/800000=（EBIT−4000000×5%）×（1−25%）/（800000+200000）

解得：每股收益无差别点 EBIT=2000000（元）

生产线更新后息税前利润 2250000 元大于每股收益无差别点息税前利润 2000000 元，甲公司应选择向银行借款的融资方案。

【真题 2 答案】

（1）①年折旧额 =30000000/3=10000000（元）

第 1 年的营业现金净流量 = 税后营业利润 + 年折旧额 =10000000+10000000=20000000（元）

②第 2 年的营业现金净流量 =10000000×（1+20%）+10000000=22000000（元）

第 3 年的营业现金净流量 =10000000×（1+20%）^{2}+10000000=24400000（元）

净现值 =20000000×（P/F，8%，1）+22000000×（P/F，8%，2）+24400000×（P/F，8%，3）−30000000=20000000×0.9259+22000000×0.8573+24400000×0.7938−30000000=26747320（元）

③现值指数 =（20000000×0.9259+22000000×0.8573+24400000×0.7938）/30000000=1.89

（2）①投资时点的现金净流量 =−50000000−5000000=−55000000（元）

②年折旧额 =50000000/5=10000000（元）

第 1~4 年的营业现金净流量 =35000000×（1−25%）−8000000×（1−25%）+10000000×25%=22750000（元）

③第 5 年的现金净流量 =22750000+5000000=27750000（元）

④净现值 =22750000×（P/A，8%，4）+27750000×（P/F，8%，5）−55000000=22750000×3.3121+27750000×0.6806−55000000=39236925（元）

（3）A 方案年金净流量 =26747320/（P/A，8%，3）=26747320/2.5771=10378844.44（元）

B 方案年金净流量 =39236925/（P/A，8%，5）=39236925/3.9927=9827165.83（元）

A 方案年金净流量大于 B 方案年金净流量，所以选择 A 方案。

（4）①可转换债券在发行当年比一般债券节约的利息支出 =30000000×（5%−1%）=1200000（元）

②可转换债券的转换比率 =100/20=5。

【真题 3 答案】

（1）筹资组合的平均资本成本率 =40%×7%+60%×12%=10%

（2）①边际贡献率 =（1000−600）/1000=40%

②年折旧额 =（30000000−1500000）/5=5700000（元）

盈亏平衡点的产销量 =5700000/（1000−600）=14250（件）

③安全边际额 =（40000−14250）×1000=25750000（元）

④盈亏平衡作业率 =14250/40000=35.63%

（3）①年营业现金净流量 =（1000−600）×40000×（1−25%）+5700000×25%=13425000（元）

②净现值 =13425000×（P/A，10%，5）+（1500000+5000000）×（P/F，10%，5）−（30000000+5000000）=19927340（元）

③年金净流量 =19927340/（P/A，10%，5）=5256763.74（元）

④静态回收期 =（30000000+5000000）/13425000=2.61（年）。

【真题 4 答案】

（1）①流动比率 =（4000+6000+5500）/（5500+4500）=1.55

②速动比率 =（4000+6000）/（5500+4500）=1

③现金比率 =4000/（5500+4500）=0.4

（2）①总资产周转率 =50000/［（38800+40900）/2］=1.25（次）

②权益乘数 =40900/（20000+3500）=1.74

（3）①应收账款周转率 =50000/［（4000+6000）/2］=10（次）

应收账款周转期 =360/10=36（天）

②存货周转率 =40000/［（4500+5500）/2］=8（次）

存货周转期 =360/8=45（天）

③经营周期 =36+45=81（天）

④现金周转期 =81−36=45（天）

（4）2021 年的外部融资需求量 =（4000+6000+5500−4500）/50000×（70000−50000）+6000−7000×40%=7600（万元）

（5）债券资本成本率 =9%×（1−25%）/（1−2%）=6.89%。

【真题5答案】

（1）年折旧额=7500000/5=1500000（元）

息税前利润=100000×（50-20）-700000-1500000=800000（元）

净利润=800000×（1-25%）=600000（元）

（2）①投资时点的现金净流量=-7500000-1000000=-8500000（元）

②第1~4年的营业现金净流量=600000+1500000=2100000（元）

③第5年的现金净流量=2100000+1000000=3100000（元）

（3）净现值=-8500000+2100000×（P/A，10%，5）+1000000×（P/F，10%，5）=81580（元）

因为净现值大于0，所以项目具有财务可行性。

（4）①股东权益资本成本率=4%+1.5×（10%-4%）=13%

②加权平均资本成本率=5%×60%+13%×40%=8.2%。

【真题6答案】

（1）①营业净利率=5400000/（90000×200）=30%

②权益乘数=1/（1-60%）=2.5

③总资产周转率=15%/（2.5×30%）=0.2（次）

（2）权益乘数=25%/（25%×0.5）=2

资产负债率=1-1/2=50%

（3）营业净利率变动对净资产收益率的影响=（30%-25%）×0.5×2=5%

总资产周转率变动对净资产收益率的影响=30%×（0.2-0.5）×2=-18%

权益乘数变动对净资产收益率的影响=30%×0.2×（2.5-2）=3%

造成该差异的最主要影响因素是总资产周转率

（4）①销售量增长率=（-3）×（-10%）=30%

2021年销售额=200×（1-10%）×90000×（1+30%）=21060000（元）

2021年销售额增长百分比=（21060000-200×90000）/（200×90000）=17%

② 2021年总资产周转率=21060000/（21060000×18%+200×90000/0.2）=0.22（次）

2021年总资产周转率比2020年总资产周转率提高，所以公司资产运营效率得到改善。

（5）2021年外部融资需求量=（18%-8%）×21060000-21060000×22%×30%=716040（元）。

【真题7答案】

（1）①第0年现金净流量=-6000-700=-6700（万元）

②年折旧额=（6000-1200）/6=800（万元）

第1~5年每年的现金净流量=（3000-1000）×（1-25%）+800×25%=1700（万元）

③第6年现金净流量=1700+700+1200=3600（万元）

④现值指数=［3600×（P/F，8%，6）+1700×（P/A，8%，5）］/6700=1.35

（2）因为现值指数大于1，所以甲公司应该购置该生产线。

（3）①银行借款资本成本率=6%×（1-25%）=4.5%

②普通股资本成本率=0.48/6+3%=11%

（4）（EBIT-500-6000×6%）×（1-25%）/3000=（EBIT-500）×（1-25%）/（3000+1000）

解得：每股收益无差别点 EBIT=1940（万元）

因为预计年息税前利润 2200 万元大于每股收益无差别点息税前利润 1940 万元，所以甲公司应该选择方案一即银行借款筹资。

【真题 8 答案】

（1）2019 年年末营运资金数额 =1000+5000+2000−2100−3100=2800（万元）

（2）①营业毛利率 =（30000−18000）/30000=40%

②总资产周转率 =30000/20000=1.5（次）

③净资产收益率 =4500/10000=45%

（3）①存货周转期 =2000/（18000/360）=40（天）

②应付账款周转期 =2100/（9450/360）=80（天）

③应收账款周转期 =5000/（30000/360）=60（天）

④现金周转期 =40+60−80=20（天）

（4）公司采用的是保守融资策略。因为波动性流动资产为 5500 万元，短期资金来源为 3100 万元，即波动性流动资产大于短期资金来源。

（5）收缩信用政策对税前利润的影响额 =−6000×（1−70%）+500+200=−1100（万元）

因为收缩信用政策后，会导致税前利润减少，所以不应该收缩信用政策。

【真题 9 答案】

（1）2019 年年末的流动比率 =（200+400+900）/600=2.5

2019 年年末的速动比率 =（200+400）/600=1

2019 年年末的产权比率 =（600+2400）/（4000+1000）=0.6

（2）2019 年销售净利率 =600/6000=10%

（3）销售收入增长率 =（9000−6000）/6000=50%

① 2020 年增加的流动资产 =（200+400+900）×50%=750（万元）

② 2020 年增加的流动负债 =600×50%=300（万元）

③ 2020 年留存收益增加额 =9000×10%×（1−70%）=270（万元）

④ 2020 年的外部融资需求量 =750−300−270+1500=1680（万元）

（4）X 型设备的年金成本 =［1500−300×（P/F，10%，5）+1000×（P/A，10%，5）］/（P/A，10%，5）=1346.56（万元）

X 型设备的年金成本 1346.56 万元小于 Y 型设备的年金成本 1400 万元，甲公司应该选择 X 型设备。

【提示】折旧对现金净流量的影响是通过折旧抵税体现的，折旧本身是非付现成本，不属于现金流量，而本题不考虑所得税，所以无需考虑折旧。

【真题 10 答案】

（1）①零部件的经济订货量 =$\sqrt{2\times 54000\times 2000/6}$=6000（个）

②全年最佳订货次数 =54000/6000=9（次）

③最佳订货周期 =360/9=40（天）

④经济订货量下的变动储存成本总额 =6000/2×6=18000（元）

（2）2018 年度的应付账款周转期 =450000/（54000×100/360）=30（天）

（3）在第10天付款的净收益=54000×100×2%-54000×100×（1-2%）×4.8%/360×（30-10）=93888（元）

在第30天付款的净收益=0

在第10天付款的净收益大，所以甲公司应选择在第10天付款。

（4）A分厂投入运营后预计年产品成本总额=54000×（30+20）+1900000=4600000（元）

（5）①边际贡献=54000×（100-30-20）=2700000（元）

②可控边际贡献=2700000-700000=2000000（元）

③部门边际贡献=2700000-1900000=800000（元）。

【真题11答案】

（1）单位变动制造费用=（54000-48000）/（5500-4500）=6（元）

固定制造费用=54000-5500×6=21000（元）

（2）2020年第一季度A产品的预计制造费用总额=21000+6×5160=51960（元）

（3）a=6000×10%=600（件）；b=480件；c=4800+a-b=4800+600-480=4920（件）；d=5000×10%=500（件）；e=a=600件；f=6000+d-e=6000+500-600=5900（件）

（4）①2020年第二季度的销售收入预算总额=4800×200=960000（元）

②2020年第二季度的相关现金收入预算总额=960000×70%+5200×200×30%=984000（元）。

【真题12答案】

（1）旧生产线的边际贡献总额=3000-1350=1650（万元）

边际贡献率=1650/3000=55%

（2）年折旧额=5000/10=500（万元）

旧生产线的年营运成本（即付成本）=1350+650-500=1500（万元）

年营业现金净流量=（3000-1500）×（1-25%）+500×25%=1250（万元）

（3）①投资时点（第0年）的现金流量=-2400-600=-3000（万元）

②年折旧额=2400/8=300（万元）

第1年到第7年营业现金净流量=（1800-500）×（1-25%）+300×25%=1050（万元）

③第8年的现金净流量=1050+600=1650（万元）

（4）净现值=-3000+1050×（P/A，15%，7）+1650×（P/F，15%，8）=1907.81（万元）

年金净流量=1907.81/（P/A，15%，8）=425.16（万元）

（5）不应该采用新生产线替换旧生产线。因为新、旧生产线的期限不同，所以应采用年金净流量法进行决策，因为新生产线的年金净流量小于旧生产线的年金净流量，所以不应该采用新生产线替换旧生产线。

【真题13答案】

（1）A方案的静态回收期=5000/2800=1.79（年）

设A方案动态回收期为N年

2800×（P/A，15%，N）=5000

（P/A，15%，N）=1.7857

由于（P/A，15%，2）=1.6257，（P/A，15%，3）=2.2832

根据插值法，得：

（N−2）/（3−2）=（1.7857−1.6257）/（2.2832−1.6257）

解得：N=2.24（年）

即A方案动态回收期=2.24年

A方案净现值=2800×（P/A，15%，3）−5000=1392.96（万元）

A方案现值指数=2800×（P/A，15%，3）/5000=1.28

（2）B方案的年折旧额=4200/6=700（万元）

B方案净现值=−5000+［2700×（1−25%）−700×（1−25%）+700×25%］×（P/A,15%，6）+800×（P/F，15%，6）=1684.88（万元）

B方案年金净流量=1684.88/（P/A，15%，6）=445.21（万元）

（3）净现值法不能直接用于对寿命期不同的互斥投资方案进行决策，故应选择年金净流量法。

（4）A方案的年金净流量610.09万元＞B方案的年金净流量445.21万元，故应选择A方案。

（5）继续执行固定股利支付率政策，该公司的收益留存额=4500−4500×20%=3600（万元）。

（6）改用剩余股利政策，公司的收益留存额=5000×70%=3500（万元），可发放股利额=4500−3500=1000（万元）。

【真题14答案】

（1）2016年边际贡献总额=2000×（50−30）=40000（万元）

2016年息税前利润=40000−20000=20000（万元）

（2）经营杠杆系数=40000/20000=2

财务杠杆系数=20000/（20000−200000×5%）=2

总杠杆系数=2×2=4

或：总杠杆系数=40000/（20000−200000×5%）=4

（3）① 2017年息税前利润预计增长率=2×20%=40%

② 2017年每股收益预计增长率=4×20%=80%

（4）2017年的基本每股收益=8400/（3000+2000×3/12）=2.4（元/股）

（5）2018年的基本每股收益=10600/（3000+2000）=2.12（元/股）

2018年的稀释每股收益=（10600+200）/（3000+2000+8000/10×6/12）=2（元/股）

（6）2018年年末市盈率=31.8/2.12=15（倍）

该公司的市盈率15低于同行业类似可比公司的市盈率25，市场对于该公司股票的评价偏低。

【真题15答案】

（1）① W产品的第一季度现金收入=80000+100×1000×60%=140000（元）

②资产负债表预算中应收账款的年末数=400×1000×40%=160000（元）

（2）①第一季度预计材料期末存货量=200×10%×10=200（千克）

②第二季度预计材料采购量=（200+300×10%）×10−200=2100（千克）

③第三季度预计材料采购金额=（300+400×10%−300×10%）×10×5=15500（元）

（3）①设取得短期借款金额为 X 元

26700+X−X × 10%/12 × 3 ≥ 50000

X ≥ 23897.44（元）

因为借款和还款数额须为 1000 元的整数倍，所以，取得短期借款金额 =24000 元。

②短期借款利息金额 =24000 × 10%/12 × 3=600（元）

③期末现金余额 =26700+24000−600=50100（元）

（4）第四季度材料费用总额实际数 =3600 × 6=21600（元）

第四季度材料费用总额预算数 =400 × 10 × 5=20000（元）

第四季度材料费用总额实际数与预算数之间的差额 =21600−20000=1600（元）

（5）第四季度材料费用总额预算数 =400 × 10 × 5=20000（元）

第四季度材料费用总额实际数 =450 ×（3600/450）× 6=21600（元）

替换产品产量：450 × 10 × 5=22500（元）

替换单位产品材料消耗量：450 × 3600/450 × 5=18000（元）

替换单位材料价格：450 × 3600/450 × 6=21600（元）

①产品产量对材料费用总额实际数与预算数之间差额的影响：22500−20000=2500（元）

②单位产品材料消耗量对材料费用总额实际数与预算数之间差额的影响：18000−22500=−4500（元）

③单位材料价格对材料费用总额实际数与预算数之间差额的影响：21600−18000=3600（元）。

【真题 16 答案】

（1）债务资本成本率 =8% ×（1−25%）=6%

权益资本成本率 =6%+2 ×（10%−6%）=14%

平均资本成本率 =6% × 600/（600+2400）+14% × 2400/（600+2400）=12.4%

（2）边际贡献总额 =12000 ×（1−60%）=4800（万元）

息税前利润 =4800−800=4000（万元）

（3）方案 1 公司权益市场价值 =（4000−2000 × 8%）×（1−25%）/10%=28800（万元）

公司市场价值 =28800+2000=30800（万元）

方案 2 公司权益市场价值 =（4000−3000 × 8.4%）×（1−25%）/12%=23425（万元）

公司市场价值 =23425+3000=26425（万元）

方案 1 的公司市场价值 30800 万元高于方案 2 的公司市场价值 26425 万元，故公司应当选择方案 1。

（4）投资计划所需要的权益资本数额 =2500 × 60%=1500（万元）

预计可发放的现金股利 =2800−1500=1300（万元）

每股股利 =1300/2000=0.65（元 / 股）

（5）信号传递理论认为，在信息不对称的情况下，公司可以通过股利政策向市场传递有关公司未来获利能力的信息，从而会影响公司的股价。公司的股利支付水平在过去一个较长的时期内相对稳定，一直是 0.9 元 / 股，而现在却下降到 0.65 元 / 股，投资者将会把这种现象看作公司管理当局将改变公司未来收益率的信号，股票市价将有可能会因股利的下降而下降。

【真题 17 答案】

（1）①因销售增加而增加的资产额 =40000×30%×45%=5400（万元）

②因销售增加而增加的负债额 =40000×30%×25%=3000（万元）

③因销售增加而需要增加的资金量 =5400−3000=2400（万元）

④预计利润的留存增加额 =40000×（1+30%）×10%×40%=2080（万元）

⑤外部融资需要量 =2400−2080=320（万元）

（2）①计算租金时使用的折现率 =8%+2%=10%

②该设备的年租金 =［1000−100×（P/F，10%，5）］/（P/A，10%，5）=247.42（万元）

（3）①新设备投产后每年增加的营业现金净流量 =132.5+180=312.5（万元）

②静态回收期 =1000/312.5=3.2（年）

（4）①放弃现金折扣的信用成本率 =1%/（1−1%）×360/（30−10）=18.18%

②戊公司不应该放弃现金折扣。理由：因为放弃现金折扣的信用成本率 18.18% >银行借款利息率 8%，所以不应该放弃现金折扣。

③银行借款的资本成本 =8%×（1−25%）=6%。

【真题 18 答案】

（1）A=184800/154000=1.2；B=23100/154000=15%；C=200000/338800=0.59；D=15000/200000=7.5%；E=15000/10000=1.5；F=46.2/2.31=20。

（2）①庚公司财务结构更加稳健。产权比率是企业财务结构稳健与否的重要标志。产权比率反映了由债权人提供的资本与所有者提供的资本的相对关系，即企业财务结构是否稳定。由于庚公司的产权比率小于己公司的产权比率，因此庚公司的财务结构更加稳健。

②庚公司获取现金的能力更强。获取现金的能力可通过经营活动现金流量净额与投入资源之比来反映。投入资源可以是营业收入、资产总额、营运资金、净资产或普通股股数等。由于庚公司的营业现金比率大于己公司的营业现金比率，因此庚公司获取现金的能力更强。

（3）①必要收益率 =4%+1.2×（9%−4%）=10%

②己公司股票价值 =3/10%=30（元）

③减持己公司股票。由于己公司股票价值 30 元低于该公司的股票市价 46.20 元，故应该减持己公司股票。

（4）①内部收益率 =1.5×（1+6%）/25+6%=12.36%

②增持庚公司股票。由于庚公司股票的内部收益率 12.36% 大于庚公司股票的必要收益率 11%，因此应该增持庚公司股票。

【真题 19 答案】

（1）① 2018 年 A 产品的预计销售量 =0.6×45+（1−0.6）×50=47（万吨）

② 2018 年 A 产品的预计销售额 =47×3300=155100（万元）

（2）①单位变动资金 =（55000−47500）/（150000−100000）=0.15

②不变资金总额 =55000−0.15×150000=32500（万元）

或：不变资金总额 =47500−0.15×100000=32500（万元）

③ 2018 年度预计资金需求量 =32500+0.15×180000=59500（万元）

（3）① 2018 年增加的资金需求量 =59500−54000=5500（万元）

2018年增加的资金需求量中的权益资本数额=5500×60%=3300（万元）

②发放的现金股利总额=50000-3300=46700（万元）

每股股利=46700/2000=23.35（元）

（4）①债券的资本成本率=900×9%×（1-25%）/［1000×（1-2%）］=6.20%

②银行借款的资本成本率=6%×（1-25%）=4.5%。

【真题20答案】

（1）8月份A产品的预计生产量=2000+2500×12%-180=2120（件）

（2）A产品的单位直接材料标准成本=10×3+15×2+20×2=100（元/件）

（3）8月份的直接人工预算金额=2120×3×20=127200（元）

（4）①直接人工成本差异=146300-2200×3×20=14300（元）（超支）

②直接人工效率差异=（7700-2200×3）×20=22000（元）（超支）

③直接人工工资率差异=（146300/7700-20）×7700=-7700（元）（节约）

（5）制造费用预算总额=31800+18×2120=69960（元）

（6）A产品的单位标准成本=100+3×20+69960/2120=193（元/件）

（7）9月份的预计现金收入=2500×200×40%+2000×200×60%=440000（元）

（8）9月份的预计现金余缺=60500+440000-487500=13000（元）

预计现金余缺13000元小于理想的月末现金余额60000元，所以需要向银行借款。

即13000+借款≥60000，借款≥47000（元），借入和归还金额均要求为1000元的整数倍，因此应该借款47000元。

【真题21答案】

（1）①总资产净利率=2250/60000×100%=3.75%

②权益乘数=60000/25000=2.4

③营业净利率=2250/18000×100%=12.5%

④总资产周转率=18000/60000=0.3（次）

（2）①丁公司的权益乘数大于行业平均水平，说明丁公司运用负债较多，偿债风险大，偿债能力相对较弱；丁公司的总资产周转率小于行业平均水平，说明丁公司与行业平均水平相比，营运能力较差。

②总资产净利率=营业净利率×总资产周转率

所在行业的总资产净利率=8%×0.5=4%

丁公司的总资产净利率=12.5%×0.3=3.75%，因此丁公司总资产净利率与行业平均总资产净利率的差异=3.75%-4%=-0.25%

营业净利率变动对总资产净利率的影响为：（12.5%-8%）×0.5=2.25%

总资产周转率变动对总资产净利率的影响为：12.5%×（0.3-0.5）=-2.5%

丁公司总资产净利率与行业平均水平差异形成的主要原因是总资产周转率较低，低于行业平均水平。

（3）①单位变动成本=（7000+1000）/20000=0.4（万元/件）

②盈亏平衡点的业务量=（4000+2000）/（0.9-0.4）=12000（件）

③实现目标净利润的销售量=［2640/（1-25%）+1200+4000+2000］/（0.9-0.4）=21440（件）

④实现目标净利润时的安全边际量=21440-12000=9440（件）。

【真题 22 答案】

（1）戊公司普通股资本成本 =5%+2×（8%−5%）=11%

（2）戊公司的加权平均资本成本 =11%×（500+5500）/10000+8%×（1−25%）×4000/10000=9%

（3）A=−500；B=−15；C=50；D=60；E=110；F=110；G=15；H=125

解析：A=−500 万元；B=−（20−5）=−15（万元）；C=500/10=50（万元）；D=80×（1−25%）=60（万元）；E=60+50=110（万元）；F=E=110 万元；G=15 万元；H=110+15=125（万元）

（4）①静态投资回收期 =300/50=6（年）

因为内含收益率是净现值为 0 时的折现率。

经测算，当折现率为 6% 时，该方案的净现值为 10.49 万元，当折现率为 8% 时，该方案的净现值为 −12.67 万元。

故根据内插法：(内含收益率 −6%）/（8%−6%）=（0−10.49）/（−12.67−10.49）

解得：内含收益率 =6.91%

② Y 方案的内含收益率小于戊公司的加权平均资本成本，故 Y 方案不可行。

（5）I=30.74；J=1.43

解析：I=197.27/6.4177=30.74（万元）；J=（180.50+420）/420=1.43。

（6）戊公司应当选择 Z 投资方案，因为 Y 方案不可行，而 Z 方案的年金净流量大于 X 方案的年金净流量，所以选择 Z 方案。

【真题 23 答案】

（1）①边际贡献总额 =600×（30−16）=8400（万元）

②盈亏平衡点的业务量 =2800/（30−16）=200（万件）

③安全边际额 =（600−200）×30=12000（万元）

④安全边际率 =（600−200）/600=66.67%

（2）① 2017 年度 X 产品的预计销售量 =0.7×600+（1−0.7）×640=612（万件）

②以 2016 年为基期计算的经营杠杆系数 =8400/（8400−2800）=1.5

③预计 2017 年销售量增长率 =（612−600）/600×100%=2%

预测 2017 年息税前利润增长率 =1.5×2%=3%

（3）增加的相关收益 =120×（30−16）=1680（万元）

增加的相关成本 =350+1700×6%=452（万元）

增加的相关利润 =1680−452=1228（万元）

改变信用条件后公司利润增加，因此改变信用条件对公司有利。

【提示】1700 万元是增加的应收账款年平均占用资金，是已经考虑了变动成本率之后的金额，因此不需要再乘以变动成本率，如果给的是增加的应收账款平均余额，需要乘以变动成本率，并据此计算机会成本。

（4）增加的息税前利润 =300×（36−20）−600−200×（30−16）=1400（万元）

投资新产品 Y 后公司的息税前利润会增加，因此应投产新产品 Y。

【真题 24 答案】

（1）①应收账款平均余额 =1380/8+2480/4+4200/4+6000/4+1260/8=3500（万元）

②应收账款周转期 = 应收账款平均余额 / 日营业收入 =3500/（21000/360）=60（天）

③经营周期 =60+70=130（天）

④现金周转期 =130-66=64（天）

（2）① 2016 年年末的权益乘数 =14000/（7000+1000）=1.75

② 2016 年度的营业毛利率 =（21000-8400）/21000 × 100%=60%

（3）①利润的留存额 =2400 × 45%=1080（万元）

②外部融资需求量 =（28000-21000）×（25%-5%）+4000-1080=4320（万元）

（4）①发行债券的资本成本率 =8% ×（1-25%）/（1-2%）=6.12%

②短期借款的年实际利率 =6.3%/（1-10%）=7%。

【真题 25 答案】

（1）边际贡献 =600-400=200（万元）

可控边际贡献 =200-50=150（万元）

部门边际贡献 =150-30=120（万元）

可控边际贡献可以更好地评价 X 利润中心负责人的管理业绩。

（2）①接受前剩余收益 =300-2000 × 10%=100（万元）

②接受后剩余收益 =（300+90）-（2000+1000）× 10%=90（万元）

③ Y 投资中心不应该接受该投资机会，因为接受后会导致剩余收益下降。

（3）每股收益 =500/1000=0.5（元）

市盈率 =10/0.5=20（倍）

每股净资产 =4000/1000=4（元）

市净率 =10/4=2.5（倍）

（4）①所需权益资本数额 =1000 ×（4000/10000）=400（万元）

②应发放的现金股利总额 =500-400=100（万元）

每股现金股利 =100/1000=0.1（元）

（5）因为该公司是在我国上市交易的公司，所以按照我国的股票股利发放规定计算，即按照股票面值来计算股票股利。

①未分配利润减少数 =1000/10 × 1+1000/10 × 1=200（万元）

发放股利后未分配利润 =1500-200=1300（万元）

②股本增加额 =1000/10 × 1=100（万元）

发放股利后股本 =1000+100=1100（万元）

③股票股利按面值发行，故不影响资本公积科目，因此发放股票股利后资本公积科目仍为 500 万元。

【真题 26 答案】

（1）①营运资金 =40000-30000=10000（万元）

②产权比率 =（30000+30000）/40000=1.5

③边际贡献率 =（80000-30000）/80000=62.5%

④盈亏平衡点销售额 =25000/62.5%=40000（万元）

（2）DOL=（80000−30000）/（80000−30000−25000）=2

（3）①原始投资额 =50000+5500=55500（万元）

②年折旧额 =（50000−2000）/8=6000（万元）

$NCF_{1\sim7}$=22000×（1−25%）−10000×（1−25%）+6000×25%=10500（万元）

③ NCF_8=10500+5500+2000=18000（万元）

④净现值 =−55500+10500×（P/A，10%，7）+18000×（P/F，10%，8）=4015.2（万元）

（4）己公司应该购置该生产线，因为该项目的净现值大于零，方案可行。

（5）（$\overline{EBIT}$−2000−50000×8%）×（1−25%）/30000=（$\overline{EBIT}$−2000）×（1−25%）/（30000+10000）

解得：$\overline{EBIT}$=18000（万元）

（6）息税前利润 = 投产后的营业收入 − 投产前的固定成本 − 投产前的变动成本 − 增加的付现成本 − 增加的折旧额 =（80000+22000）−25000−30000−10000−6000=31000（万元）

财务杠杆系数 =31000/（31000−2000−50000×8%）=1.24。

跨章节综合题

使用“会计云课堂”App 或“微信”扫码快速做题、对答案、看解析、掌握解题思路，开启轻松过关之旅。

专题一　风险管理

风险管理主要包括风险衡量指标的计算和资本资产定价模型，可以和其他章节的考点综合出题。

【综合题 1】第 2 章资产的风险及其衡量、证券资产组合的收益与风险、资本资产定价模型与第 6 章项目现金流量确定、投资决策评价指标以及第 10 章杜邦分析体系的综合

甲公司是一家制造企业，适用的所得税税率为 25%，相关资料如下：

资料一：甲公司现有一笔闲置资金，拟投资于某证券组合，该组合由 A、B 两种股票构成，β 系数分别为 1 和 1.5，其中 A 股票投资收益率的概率分布如下表所示。

状况	概率	投资收益率
行情较好	30%	15%
行情一般	40%	10%
行情较差	30%	5%

B股票的预期收益率为15%，当前无风险利率为4%，市场组合的必要收益率为10%。

资料二：公司计划购置一台设备，该设备初始购置和安装成本总计60万元，另需额外投入营运资本8万元。假设设备安装调试后可迅速投产，该设备预期使用5年。税法规定该类设备折旧年限为5年，采用直线法计提折旧，残值为0。预计该设备的投产可以为公司带来的年营业收入为50万元，付现经营成本为26万元，垫支营运资本在项目终结时收回，预计项目终结回收的残值为2万元。已知（P/A，10%，5）=3.7908；（P/F，10%，5）=0.6209。

资料三：该公司会计报表的有关资料如下。

单位：万元

项目	2020年	2021年
资产	8000	10000
负债	4500	6000
所有者权益	3500	4000
营业收入	（略）	20000
净利润	（略）	500

要求：

（1）根据资料一计算：

①A股票的预期收益率和标准差。

②若期望证券组合的预期收益率达到13%，计算A股票的投资比重。

③根据②的计算结果确定该证券组合的β系数。

④根据②，利用资本资产定价模型计算该证券组合的必要收益率，并据以判断该证券组合是否值得投资。

（2）根据资料二计算：

①该项目初始现金净流量；

②该项目经营期每年营业现金净流量；

③该项目终结回收的现金净流量；

④若项目的资本成本为10%，计算该项目的净现值和静态回收期。

（3）根据资料三，计算2021年杜邦财务分析体系中的下列指标：（凡指标涉及资产负债表项目数据的，均使用年初、年末平均数计算）

①净资产收益率（百分数保留两位小数）；

②总资产净利率（百分数保留三位小数）；

③营业净利率；

④总资产周转率（保留三位小数）；

⑤权益乘数；

⑥用文字列出净资产收益率与上述其他各项指标之间的关系式，并用本题数据加以验证。

【综合题2】第2章收益与风险与第6章证券投资的综合

甲公司持有A、B、C三种股票，在由上述股票组成的证券投资组合中，各股票所占的比重分别为 50%、30% 和 20%，其 β 系数分别为 2.0、1.0 和 0.5。股票市场平均收益率为 15%，无风险收益率为 10%。
A 股票当前每股市价为 12 元，刚收到上一年度派发的每股 1.2 元的现金股利，预计股利以后每年将增长 8%。

要求：
（1）计算以下指标：
①甲公司证券组合的 β 系数。
②甲公司证券组合的风险收益率（R_P）。
③甲公司证券组合的必要投资收益率（R）。
④投资 A 股票的必要投资收益率。
（2）利用股票估价模型分析当前出售 A 股票是否对甲公司有利。

专题二 预算管理

预算管理在综合题中主要是经营预算编制、资金预算编制与其他相关章节的考点综合出题。

【综合题 3】第 3 章滚动预算法、零基预算法、资金预算与第 2 章成本性态分析的综合

甲公司的相关资料如下：
资料一：甲公司 2021 年末的长期借款余额为 24000 万元，短期借款余额为零。该公司的最佳现金持有量为 1000 万元，如果资金不足，可向银行借款。假设：银行要求借款的金额是 100 万元的整数倍，而偿还本金的金额是 10 万元的整数倍；新增借款发生在季度期初，偿还借款本金发生在季度期末，先偿还短期借款；借款利息按季度平均计提，并在季度期末偿还。公司编制了 2022 年分季度的资金预算，部分信息如下表所示：

甲公司 2022 年资金预算的部分信息

单位：万元

项目	第一季度	第二季度	第三季度	第四季度
期初现金余额	×	（A）	×	×
现金收入	×	×	×	×
现金支出	×	×	×	×
现金余缺	-15000	（C）	×	-900
长期借款	12000	0	10000	0
短期借款	5200	0	0	（E）
偿还短期借款	0	2900	2300	0
偿还短期借款利息（年利率 8%）	104	（B）	（D）	（F）
偿还长期借款利息（年利率 12%）	1080	1080	×	1380
期末现金余额	×	1006	×	×

注：表中“×”表示省略的数据。

资料二：甲公司采用逐季滚动预算和零基预算相结合的方法编制制造费用预算，2022年分季度的制造费用预算如下表所示。

2022年制造费用预算

单位：元

项目	第一季度	第二季度	第三季度	第四季度	合计
直接人工预算总工时（小时）	11400	12060	12360	12600	48420
变动制造费用	91200	×	×	×	387360
其中：间接人工费用	50160	53064	54384	55440	213048
固定制造费用	56000	56000	56000	56000	224000
其中：设备租金	48500	48500	48500	48500	194000
生产准备与车间管理费	×	×	×	×	×

注：表中“×”表示省略的数据。

资料三：公司2022年第二季度~2023年第一季度滚动预算期间，将发生如下变动：
（1）直接人工预算总工时为50000小时；
（2）间接人工费用预算工时分配率将提高10%；
（3）2022年第一季度末重新签订设备租赁合同，新租赁合同中设备年租金将降低20%。
资料四：2022年第二季度~2023年第一季度，公司管理层决定将固定制造费用总额控制在185200元以内，固定制造费用由设备租金、生产准备费用和车间管理费组成，其中设备租金属于约束性固定成本，生产准备费和车间管理费属于酌量性固定成本，根据历史资料分析，生产准备费的成本效益远高于车间管理费。为满足生产经营需要，车间管理费总预算额的控制区间为12000~15000元。

要求：

（1）根据资料一确定表中英文字母代表的数值（不需要列示计算过程）。
（2）根据资料二和资料三，计算2022年第二季度~2023年第一季度滚动期间的下列指标：①间接人工费用预算工时分配率；②间接人工费用总预算额；③设备租金总预算额。
（3）根据资料三和资料四，在综合平衡基础上根据成本效益分析原则，完成2022年第二季度~2023年第一季度滚动期间的下列事项：①确定车间管理费用总预算额；②计算生产准备费总预算额。

专题三　筹资管理

筹资管理在教材中跨越两个章节，主观题的出题点很多，包括资本成本的确定、资金需要量的确定、最优资本结构的确定、杠杆系数的确定，因此综合题章节组合的灵活性很强，容易与其他章节的考点综合出题。

【综合题4】第5章资金需要量预测的资金习性预测法、资本成本的计算、每股收益分析法的综合已知：甲、乙、丙三个企业的相关资料如下。
资料一：甲企业历史上现金占用与营业收入之间的关系如下表所示。

现金占用与营业收入变化情况表

单位：万元

年度	营业收入	现金占用
2016	10200	680
2017	10000	700
2018	10800	690
2019	11100	710
2020	11500	730
2021	12000	750

资料二：乙企业 2021 年 12 月 31 日资产负债表（简表）如下表所示。

乙企业资产负债表（简表）

2021 年 12 月 31 日　　单位：万元

资产	期末余额	负债和所有者权益	期末余额
现金	750	短期借款	2750
应收账款	2250	应付费用	1500
存货	4500	应付账款	750
固定资产净值	4500	应付债券	2500
		实收资本	3000
		留存收益	1500
资产合计	12000	负债和所有者权益合计	12000

该企业 2022 年的相关预测数据为：营业收入 20000 万元，新增留存收益 100 万元；不变现金总额 1000 万元，每元营业收入占用变动现金 0.05，其他项目与营业收入变化有关的资产负债表项目预测数据如下表所示。

其他项目与营业收入变化情况表

项目	年度不变资金（a）（万元）	每元营业收入所需变动资金（b）
应收账款	570	0.14
存货	1500	0.25
固定资产净值	4500	0
应付费用	300	0.1
应付账款	390	0.03

资料三：丙企业2021年年末总股数为300万股（股票面值1元），该年利息费用为500万元，假定该部分利息费用在2022年保持不变，预计2022年营业收入为15000万元，预计息税前利润与营业收入的比率为12%。该企业决定于2022年年初从外部筹集资金850万元。具体筹资方案有三个：

方案1：发行普通股股票100万股，发行价每股8.5元。2021年每股股利（D_0）为0.5元，预计股利增长率为5%。

方案2：平价发行债券850万元，债券利率10%。

方案3：平价发行优先股850万元，优先股股息率12%。

假定上述三个方案的筹资费用均忽略不计，该公司适用的企业所得税税率为25%。

要求：

（1）根据资料一，运用高低点法测算甲企业的下列指标：

①每元营业收入占用变动现金（保留3位小数）。

②营业收入占用不变现金总额。

（2）根据资料二为乙企业完成下列任务：

①按步骤建立总资金需求模型。

②测算2022年资金需求总量。

③测算2022年外部筹资量。

（3）根据资料三为丙企业完成下列任务：

①计算2022年预计息税前利润。

②计算方案1和方案2的每股收益无差别点息税前利润。

③计算方案1和方案3的每股收益无差别点息税前利润。

④运用每股收益分析法作出最优筹资方案决策，并说明理由。

⑤计算三个筹资方案的资本成本。

【综合题5】第4章可转换债券、第5章资金需要量预测的销售百分比法、资本成本的计算与第10章财务分析的综合

F公司和E公司为两家上市公司，有关资料如下。

资料一：F公司的相关资料如下。

（1）2021年度的营业收入为10000万元，营业成本为7000万元。2022年的目标营业收入增长率为100%，且营业净利率和股利支付率保持不变。适用的企业所得税税率为25%。

（2）2021年度相关财务指标数据如下表所示。

财务指标	应收账款周转率	存货周转率	固定资产周转率	营业净利率	资产负债率	股利支付率
实际数据	8	3.5	2.5	15%	50%	1/3

（3）2021年12月31日的资产负债表（简表）如下表所示。

F 公司资产负债表（简表）

单位：万元

资产	年初数	年末数	负债和股东权益	年初数	年末数
现金	500	1000	短期借款	1100	1500
应收账款	1000	（A）	应付账款	1400	（D）
存货	2000	（B）	长期借款	2500	1500
长期股权投资	1000	1000	股本	250	250
固定资产	4000	（C）	资本公积	2750	2750
无形资产	500	500	留存收益	1000	（E）
合计	9000	10000	合计	9000	10000

（4）根据销售百分比法计算的 2021 年年末资产、负债各项目占营业收入的比重数据如下表所示。（假定增加销售无须追加固定资产投资）

资产	占营业收入比重	负债和股东权益	占营业收入比重
现金	10%	短期借款	—
应收账款	15%	应付账款	20%
存货	（F）	长期借款	—
长期股权投资	—	股本	—
固定资产	—	资本公积	—
无形资产	—	留存收益	—
合计	（G）	合计	20%

说明：表中“—”表示该项目不随营业收入的变动而变动。

（5）2022 年年初 F 公司以 970 元 / 张的价格新发行每张面值 1000 元、3 年期、票面利息率为 5%、每年年末付息的公司债券。假定发行时的市场利息率为 6%，发行费用忽略不计。

资料二：E 公司 2021 年年末总股份为 10 亿股，当年实现净利润 4 亿元，公司计划投资一条新生产线，总投资额为 8 亿元，经过论证，该项目具有可行性。为了筹集新生产线的投资资金，财务部制定了两个筹资方案供董事会选择：

方案一：发行可转换公司债券 8 亿元，每张面值 100 元，规定的转换价格为每股 10 元，债券期限为 5 年，年利率为 2.5%，可转换日为自该可转换公司债券发行结束之日（2022 年 1 月 25 日）起满 1 年后的第一个交易日（2023 年 1 月 25 日）。

方案二：发行一般公司债券 8 亿元，每张面值 100 元，债券期限为 5 年，年利率为 5.5%。

要求：

（1）根据资料一计算以下指标：

①计算 2021 年的净利润；

②计算资产负债表中字母 A~E 表示的数值（不需要列示计算过程）；
③计算字母 F、G 表示的数值（不需要列示计算过程）；
④计算 2022 年预计利润留存；
⑤按销售百分比法预测该公司 2022 年需要增加的资金数额（不考虑折旧的影响）；
⑥计算 F 公司 2022 年需要增加的外部筹资额。
⑦计算新发行公司债券的资本成本（一般模式）。
（2）根据资料二计算以下指标：
①计算自该可转换公司债券发行结束之日起至可转换日止，与方案二相比，E 公司发行可转换公司债券节约的年利息。
②预计在转换期公司市盈率将维持在 20 倍的水平（以 2022 年的每股收益计算）。如果 E 公司希望可转换公司债券进入转换期后能够实现转股，那么 E 公司 2022 年的净利润及其增长率至少应达到多少？
③如果转换期内公司股价在 8~9 元之间波动，说明 E 公司将面临何种风险？

【综合题 6】第 5 章杠杆效应、资本结构优化与第 2 章资本资产定价模型以及第 6 章股票投资的综合

乙公司是一家上市公司，该公司 2021 年年末资产总计为 10000 万元，其中负债合计为 2000 万元。该公司适用的所得税税率为 25%。相关资料如下：
资料一：相关资料如表 1 所示。

表 1　乙公司相关资料

2021 年年末股票每股市价	8.75 元
2021 年股票的 β 系数	1.25
2021 年无风险收益率	4%
2021 年市场组合的收益率	10%
预计股利年增长率	6.5%
预计 2022 年每股现金股利（D_1）	0.5 元

资料二：乙公司认为 2021 年的资本结构不合理，准备发行债券募集资金用于投资，并利用自有资金回购相应价值的股票，优化资本结构，降低资本成本。假设发行债券不考虑筹资费用，且债券的市场价值等于其面值，股票回购后该公司总资产账面价值不变。经测算，不同资本结构下的债务利率和运用资本资产定价模型确定的权益资本成本如表 2 所示。

表 2　不同资本结构下的债务利率与权益资本成本

方案	负债（万元）	债务利率	税后债务资本成本	按资本资产定价模型确定的权益资本成本	以账面价值为权重确定的平均资本成本
原资本结构	2000	（A）	4.5%	×	（C）
新资本结构	4000	7%	（B）	13%	（D）

注：表中“×”表示省略的数据。

要求：

（1）根据资料一，利用资本资产定价模型计算乙公司股东要求的必要收益率。

（2）根据资料一，利用股票估价模型，计算乙公司2021年年末每股股票的内在价值。

（3）根据上述计算结果，判断投资者2021年年末是否应该以当时的市场价格买入乙公司股票，并说明理由。

（4）根据（1）的计算结果和资料二，确定表2中英文字母代表的数值（不需要列示计算过程）。

（5）根据（4）的计算结果，判断这两种资本结构中哪种资本结构较优，并说明理由。

（6）预计2022年乙公司的息税前利润为1400万元，假设2022年该公司选择债务为4000万元的资本结构，2023年的经营杠杆系数（DOL）为2，计算该公司2023年的财务杠杆系数（DFL）和总杠杆系数（DTL）。

专题四　投资管理

投资管理决策需要计算投资决策指标，对于动态评价指标的计算必然要和第2章货币时间价值的考点综合，此外投资管理也可以与其他章节的考点综合出题。

【综合题7】第6章新建项目决策与第5章资本成本的综合

E公司是一家传统制造企业，采用直线法计提折旧，适用的企业所得税税率为25%。在公司最近一次经营战略分析会上，多数管理人员认为，现有经营效率不高，影响了企业市场竞争力。公司准备投产新产品，推动结构转型，相关资料如下：

资料一：公司生产新产品需要配置新设备，市场上该设备的购买价（即非含税价格，按现行增值税法规定，增值税进项税额不计入固定资产原值，可以全部抵扣）为4000万元，税法规定折旧年限为5年，税法残值率为10%。新设备投产后预计会使公司的存货和应收账款共增加3500万元，应付账款增加1500万元，假设不会增加其他流动资产和流动负债。预计每年营业收入为5100万元，预计每年的相关费用如下：外购原材料、燃料和动力费为1800万元，工资及福利费为1600万元，其他付现费用为200万元。项目终结回收垫支营运资金，预计回收设备净残值为零。

资料二：E公司因为之前从未做过类似项目，初步测算项目资本成本。拟采用甲公司作为可比企业，甲公司的$\beta_{权益}$为1.55，产权比率为2。E公司投资新产品项目的产权比率为1.4，无风险报酬率为3%，股票市场平均收益率为11%，E公司债务税前资本成本为8%，两家公司所得税税率均为25%。

资料三：部分货币时间价值系数如下表所示。

货币时间价值系数表

n	1	2	3	4	5
（P/F，8%，n）	0.9259	0.8573	0.7938	0.7350	0.6806
（P/A，8%，n）	0.9259	1.7833	2.5771	3.3121	3.9927
（P/F，9%，n）	0.9174	0.8417	0.7722	0.7084	0.6499

续表

n	1	2	3	4	5
(P/A，9%，n)	0.9174	1.7591	2.5313	3.2397	3.8897
(P/F，10%，n)	0.9091	0.8264	0.7513	0.6830	0.6209
(P/A，10%，n)	0.9091	1.7355	2.4869	3.1699	3.7908

要求：

（1）根据资料一，计算下列指标：

①设备投产需要垫支的营运资金；

②使用新设备每年折旧额和1~5年每年的付现成本；

③项目终结回收的现金流量；

④建设期现金净流量（NCF_0），1~5年所得税后现金净流量（$NCF_{1\sim4}$和NCF_5）。

（2）根据资料二，计算新项目的资本成本。（计算结果保留百分号前整数）

（3）根据第（1）和（2）问的结果计算项目净现值，运用净现值法进行项目投资决策并说明理由。

【综合题8】第6章投资决策指标与第5章资本成本计算、资本结构优化的综合

乙公司现有生产线已满负荷运转，鉴于其产品在市场上供不应求，公司准备购置一条生产线，公司及生产线的相关资料如下：

资料一：乙公司生产线的购置有两个方案可供选择。

A方案生产线的购买成本为7200万元，预计使用6年，采用直线法计提折旧，预计净残值率为10%。生产线投产时需要投入营运资金1200万元，以满足日常经营活动需要，生产线运营期满时垫支的营运资金全部收回。生产线投入使用后，预计每年新增销售收入11880万元，每年新增付现成本8800万元，假定生产线购入后可立即投入使用。

B方案生产线的购买成本为7200万元，预计使用8年，当设定贴现率为12%时净现值为3228.94万元。

资料二：乙公司适用的企业所得税税率为25%，不考虑其他相关税金，乙公司对新生产线项目要求的最低投资收益率为12%，部分时间价值系数如下表所示。

货币时间价值系数表

期限（n）	1	2	3	4	5	6	7	8
(P/F，12%，n)	0.8929	0.7972	0.7118	0.6355	0.5674	0.5066	0.4523	0.4039
(P/A，12%，n)	0.8929	1.6901	2.4018	3.0373	3.6048	4.1114	4.5638	4.9676

资料三：乙公司目前资本结构（按市场价值计算）为总资本40000万元，其中债务资本16000万元（市场价值等于其账面价值，平均年利率为8%），普通股资本24000万元（市价6元/股，4000万股），公司今年的每股股利（D_0）为0.3元，预计股利年增长率为10%，且未来股利政策保持不变。

资料四：乙公司投资所需资金 7200 万元需要从外部筹措，有两种方案可供选择。方案一为全部增发普通股，增发价格为 6 元 / 股。方案二为全部发行债券，债券年利率为 10%，按年支付利息，到期一次性归还本金。假设不考虑筹资过程中发生的筹资费用。乙公司预期的年息税前利润为 4500 万元。

要求：

（1）根据资料一和资料二，计算 A 方案的下列指标：①投资期现金净流量；②年折旧额；③生产线投入使用后 1~5 年每年的营业现金净流量；④生产线投入使用后第 6 年的现金净流量；⑤净现值。

（2）分别计算 A、B 方案的年金净流量，据以判断乙公司应选择哪个方案，并说明理由。

（3）根据资料二、资料三和资料四：①计算方案一和方案二的每股收益无差别点（以息税前利润表示）；②计算每股收益无差别点的每股收益；③运用每股收益分析法判断乙公司应选择哪一种筹资方案，并说明理由。

（4）假定乙公司按方案二进行筹资，根据资料二、资料三和资料四计算：①乙公司普通股的资本成本；②筹资后乙公司的加权平均资本成本。

【综合题 9】第 2 章货币时间价值与第 6 章固定资产更新决策的综合

乙公司是一家机械制造企业，适用的所得税税率为 25%，公司现有一套设备（以下简称旧设备），已经使用 6 年。为降低成本，公司管理层拟将该设备提前报废，另行购置一套新设备。新设备的投资于更新起点一次性投入并能立即投入运营，设备更新后不改变原有的生产能力，但营运成本有所降低，要求考虑所得税费用的影响。折现率为 10%，新、旧设备相关资料如下表所示：

新、旧设备相关资料

单位：万元

项目	旧设备	新设备
原价	5200	6000
预计使用年限	10 年	10 年
已使用年限	6 年	0 年
尚可使用年限	5 年	10 年
税法规定净残值	200	400
预计最终残值	200	400
当前变现价值	2000	6000
年折旧费（直线法）	500	560
年营运成本（付现成本）	1500	800

相关货币时间价值系数如下表所示：

t	4	5	10
(P/F，10%，t)	0.6830	0.6209	0.3855
(P/A，10%，t)	3.1699	3.7908	6.1446

要求：

（1）计算继续使用旧设备的下列指标：

①旧设备目前的账面净值；

②旧设备当前变现的净损益；

③旧设备当前变现的净现金流量；

④继续使用旧设备在其可使用年限内形成的现金净流出量的现值；

⑤计算旧设备的年金成本。

（2）新设备在其可使用年限内形成的现金净流出量的现值为 8672.32 万元（不考虑设备运营所带来的营业收入，也不把旧设备的变现价值作为新设备投资的减项），请作出是否购买新设备的选择。

专题五　营运资金管理

营运资金部分的主观题考点很多：应收账款信用决策、存货控制决策、现金周转期、现金最佳持有量、商业信用决策、短期借款利息率，都可以综合其他章节的考点出题。

【综合题 10】第 7 章应收账款信用决策和应收账款保理、第 3 章经营预算的编制与第 8 章成本差异的计算及分析的综合

A 公司是一家制造类企业，相关资料如下：

资料一：产品的变动成本率为 60%，一直采用赊销方式销售产品，信用条件为 N/60。如果继续采用 N/60 的信用条件，预计 2022 年赊销收入净额为 1200 万元，坏账损失为 15 万元，收账费用为 10 万元，所有客户均于信用期满付款。为扩大产品的销售量，公司拟将信用条件变更为 2/30，N/90。在其他条件不变的情况下，预计 2022 年赊销收入净额为 1500 万元，估计有 40% 的客户在折扣期内付款，其余在信用期付款，坏账损失为 25 万元，收账费用为 15 万元。假定等风险投资最低收益率为 10%，一年按 360 天计算。

资料二：2021 年 11 月份销售额为 80 万元，12 月份销售额为 90 万元。根据公司市场部的销售预测，预计 2022 年第一季度 1~3 月份的销售额分别为 100 万元、150 万元和 180 万元。根据公司财务部一贯执行的收款政策，销售额的收款进度为销售当月收款 60%，次月收款 30%，第三个月收款 10%。公司预计 2022 年 3 月份有 60 万元的资金缺口，为了筹措所需资金，公司决定将 3 月份全部应收账款进行保理，保理资金回收比率为 80%。

资料三：该公司产品单位标准工时为 2 小时 / 件，标准变动制造费用分配率为 5 元 / 小时，标准固定制造费用分配率为 8 元 / 小时。本月预算产量为 10000 件，实际产量为 12000 件，实际工时为 21600 小时，实际变动制造费用与固定制造费用分别为 110160 元和 250000 元。

要求：

（1）根据资料一，计算下列指标：

①信用条件改变后A公司收益的增加额；

②信用条件改变后A公司应收账款成本增加额；

③为A公司作出是否应改变信用条件的决策并说明理由。

（2）根据资料二，计算下列指标：

① 2022年2月份的现金收入合计。

② 2022年3月份应收账款保理资金回收额。

③判断2022年3月份应收账款保理收到的资金能否满足当月资金需求。

（3）根据资料三，计算下列指标：

①单位产品的变动制造费用标准成本。

②单位产品的固定制造费用标准成本。

③变动制造费用效率差异。

④变动制造费用耗费差异。

⑤两差异分析法下的固定制造费用耗费差异和能量差异。

专题六　成本管理

成本管理主观题考点主要是本量利分析、标准成本制定、成本差异的计算与分析和责任成本，均可以和其他章节的考点综合出题。

【综合题11】第8章本量利分析与第3章经营预算的综合

戊公司只生产销售甲产品，该产品全年产销量一致。2021年固定成本总额为4800万元，该产品生产资料如下表所示。

2021年甲产品生产和销售资料

项目	产销量（万台）	单价（元）	单位变动成本（元）
甲产品	17	500	200

经过公司管理层讨论，公司2022年目标利润总额为600万元（不考虑所得税）。假设甲产品单价和成本性态不变。为了实现目标利润，根据销售预测，对甲产品2022年四个季度的销售量作出如下预计，见下表。

2022年度分季度销售量预测表

单位：万台

季度	一	二	三	四	全年
预计销售量	3	4	5	6	18

若每季末预计的产成品存货占下个季度销量的10%，2022年年末预计的产成品存货数为0.2万台。各季预计的期初存货为上季末期末存货。2021年第四季度的期末存货为0.2万台。

根据以上资料，戊公司生产预算如下表所示。

2022年生产预算表

单位：万台

季度	一	二	三	四	全年
预计销售量	*	4	5	6	*
加：预计期末产成品存货	（A）	0.5	*	0.2	0.2
合计	*	4.5	*	6.2	*
减：预计期初产成品存货	0.2	*	（C）	*	*
预计生产量	*	（B）	*	*	*

注：表中“*”表示省略的数据。

要求：

（1）计算甲产品2021年的边际贡献总额和边际贡献率。

（2）计算甲产品2021年盈亏平衡点的业务量和盈亏平衡点的销售额。

（3）计算甲产品2021年的安全边际量和安全边际率，并根据投资企业经营安全程度的一般标准，判断公司经营安全与否。

（4）计算2022年实现目标利润总额600万元的销售量。

（5）确定“2022年生产预算表”中英文字母代表的数值（不需要列示计算过程）。

【综合题12】第8章成本差异的计算及分析、盈亏平衡分析、目标利润分析和第9章产品定价方法的综合

戊公司生产和销售E、F两种产品，每年产销平衡。为了加强产品成本管理，合理确定下年度经营计划和产品销售价格，该公司专门召开总经理办公会进行讨论。相关资料如下：

资料一：2021年E产品实际产销量为3680件，生产实际用工为7000小时，实际人工成本为16元/小时。标准成本资料如下表所示。

E产品单位标准成本

项目	直接材料	直接人工	制造费用
价格标准	35元/千克	15元/小时	10元/小时
用量标准	2千克/件	2小时/件	2小时/件

资料二：F产品年设计生产能力为15000件，2022年计划生产12000件，预计单位变动成本为200元，计划期的固定成本总额为720000元。该产品适用的消费税税率为5%，成本利润率为20%。

资料三：戊公司接到F产品的一个额外订单，意向订购量为2800件，订单价格为290元/件，要求2022年内完工。

要求：

（1）根据资料一，计算2021年E产品的下列指标：①单位标准成本；②直接人工成本差

异；③直接人工效率差异；④直接人工工资率差异。

（2）根据资料二，运用保本点定价法测算 F 产品保本单价和运用全部成本费用加成定价法测算 F 产品保利单价。

（3）根据资料二，运用变动成本定价法测算 F 产品的单价。

（4）根据资料二、资料三和上述测算结果，作出是否接受 F 产品额外订单的决策，并说明理由。

（5）根据资料二，如果 2022 年 F 产品的目标利润为 150000 元，销售单价为 350 元，消费税税率 5%。计算 F 产品盈亏平衡点的业务量和实现目标利润的销售量(四舍五入取整)。

【综合题 13】第 8 章责任成本、第 5 章加权平均资本成本计算与第 10 章经济增加值的综合

已知甲集团公司下设多个责任中心，有关资料如下：

资料一：

指标	A 投资中心	B 投资中心	C 投资中心
息税前利润（万元）	10400	15800	8450
经营资产平均占用额（万元）	94500	145000	75500
规定的最低投资收益率	10%		

资料二：D 利润中心营业收入为 52000 元，变动成本总额为 25000 元，利润中心负责人可控的固定成本为 15000 元，利润中心负责人不可控但应由该中心负担的固定成本为 6000 元。

资料三：E 利润中心的边际贡献为 80000 元，负责人可控边际贡献为 60000 元，利润中心部门边际贡献总额为 45000 元。

资料四：H 中心下设了两个成本中心，其中 F 成本中心，生产一种产品，预算产量 5000 件，预算单位成本 200 元，实际产量 6000 件，实际成本为 1170000 元。

资料五：甲集团公司目前处于成熟发展阶段，公司目前的资产总额为 10 亿元，所有者权益总额为 6 亿元，负债总额为 4 亿元，税后净营业利润为 1.2 亿元，负债的平均利息率为 9%，股票的当前市价为 10 元，预计第一年每股股利 1.2 元，股利增长率为 8%。公司适用的所得税税率为 25%。

要求：

（1）根据资料一计算各个投资中心的下列指标：

①投资收益率，并据此评价各投资中心的业绩。

②剩余收益，并据此评价各投资中心的业绩。

（2）根据资料二计算 D 利润中心边际贡献总额、可控边际贡献和部门边际贡献总额。

（3）根据资料三计算 E 利润中心负责人的可控固定成本以及不可控但应由该利润中心负担的固定成本。

（4）根据资料四计算 F 成本中心的预算成本节约额和预算成本节约率。

（5）根据资料五计算甲集团公司的加权平均资本成本和经济增加值，判断公司是否创造价值。

专题七　收入与分配管理

收入与分配管理主观题考点主要是销售预测分析和销售定价管理，股利分配政策、股票股利与股票分割的影响，均可以和其他章节的考点综合出题。

【综合题 14】第 9 章股利分配、第 5 章杠杆效应与第 10 章财务比率的综合

E 公司为一家上市公司，为了适应外部环境变化，拟对当前的财务政策进行评估和调整，董事会召开了专门会议，要求财务部对财务状况和经营成果进行分析，相关资料如下。
资料一：公司有关的财务资料如下表所示。

财务状况有关资料

单位：万元

项目	2020 年 12 月 31 日	2021 年 12 月 31 日
股本（每股面值 1 元）	6000	11800
资本公积	6000	6960
留存收益	38000	41240
股东权益合计	50000	60000
负债合计	90000	90000
负债和股东权益总计	140000	150000

经营成果有关资料

单位：万元

项目	2019 年	2020 年	2021 年
营业收入	120000	94000	112000
息税前利润	*	7200	9000
利息费用	*	3600	3600
税前利润	*	3600	5400
所得税	*	900	1350
净利润	6000	2700	4050
现金股利	1200	540	810

说明：“*”表示省略的数据。

资料二：该公司所在行业相关指标平均值：资产负债率为 40%，利息保障倍数（已获利息倍数）为 3 倍。
资料三：为增加公司流动性，董事陈某建议发行公司债券筹资 10000 万元，董事王某建议，改变之前的现金股利政策，公司以后不再发放现金股利。

要求：

（1）计算 E 公司 2021 年的资产负债率、权益乘数、利息保障倍数和总资产周转率。

（2）计算 E 公司在 2020 年年末息税前利润为 7200 万元时的财务杠杆系数。

（3）结合 E 公司目前偿债能力状况，分析董事陈某提出的建议是否合理并说明理由。

（4）E 公司 2019、2020、2021 年执行的是哪一种现金股利政策？分析该股利政策的优缺点。如果采纳董事王某的建议停发现金股利，对公司股价可能会产生什么影响？

【综合题 15】第 9 章销售预测分析、销售定价管理、第 7 章现金最佳持有量确定与第 8 章成本差异的计算及分析的综合

甲公司是一家制造类企业，只生产一种产品，相关资料如下：

资料一：公司生产 A 产品，采用标准成本法进行成本管理。2021 年 12 月，月标准总工时为 2925 小时，月标准变动制造费用总额为 21060 元。工时标准为 2.75 小时 / 件。假定该公司本月实际生产 A 产品 300 件，实际耗用总工时 1875 小时，实际发生变动制造费用 14250 元。

资料二：A 产品销售量预测相关资料如下表所示：

销售量预测相关资料

单位：件

	2015 年	2016 年	2017 年	2018 年	2019 年	2020 年	2021 年
预计销售量	2900	2970	3000	3060	3170	3090	3020
实际销售量	2800	2835	3015	3105	3150	3060	3000

若样本期为 3 期，平滑指数为 0.4，公司拟使用修正的移动平均法和指数平滑法预测 2022 年 A 产品的销售量，并以二者的平均值为基础确定产品销售价格。2022 年公司目标利润总额（不考虑所得税）为 1106800 元，完全成本总额为 2450000 元。A 产品适用的消费税税率为 5%。

资料三：公司使用存货模型确定最佳现金持有量，根据有关资料分析，2022 年该公司预计全年现金需求量为 25000 万元，每次现金转换的成本为 2 万元，持有现金的机会成本率为 10%。

要求：

（1）根据资料一，计算下列指标：

① A 产品的变动制造费用标准分配率。

② A 产品的变动制造费用实际分配率。

③ A 产品的变动制造费用成本差异。

④ A 产品的变动制造费用效率差异。

⑤ A 产品的变动制造费用耗费差异。

（2）根据资料二，回答下列问题：

①使用移动平均法预测 2022 年 A 产品的销售量。

②使用修正的移动平均法预测 2022 年 A 产品的销售量。

③使用指数平滑法预测2022年A产品的销售量。
④使用目标利润法确定2022年A产品的销售价格。
（3）根据资料三，计算下列指标：
①最佳现金持有量。
②最佳现金持有量下的现金转换次数。
③最佳现金持有量下的现金交易成本。
④最佳现金持有量下持有现金的机会成本。
⑤最佳现金持有量下的相关总成本。

专题八 财务分析

财务分析在综合题中主要是财务指标的计算、杜邦分析体系与其他相关章节考点的综合，指标计算要按照规律把握，杜邦分析体系要注意与因素分析法的结合使用，此外上市公司财务比率计算也是容易和其他章节考点综合出题的地方，应该把握相关指标计算。

【综合题16】第10章财务指标的计算、杜邦分析体系与第5章销售百分比法的综合

A公司资料如下。
资料一：

A公司资产负债表

2021年12月31日　　单位：万元

资产	年初	年末	负债及所有者权益	年初	年末
货币资金	100	90	流动负债合计	450	300
应收账款	120	180	长期负债合计	250	400
存货	230	360	负债合计	700	700
流动资产合计	450	630	所有者权益合计	700	700
固定资产合计	950	770			
资产总计	1400	1400	负债及所有者权益总计	1400	1400

资料二：A公司2020年度营业净利率为16%，总资产周转率为0.5次，权益乘数为2.2，净资产收益率为17.6%。A公司2021年度营业收入为840万元，净利润为117.6万元。

要求：
（1）计算2021年年末速动比率、资产负债率。
（2）计算杜邦分析体系下2021年总资产周转率、营业净利率、权益乘数和净资产收益率。
（3）利用因素分析法分析营业净利率、总资产周转率和权益乘数变动对净资产收益率的影响。
（4）若公司的流动资产和流动负债占销售收入的比不变，预计2022年销售增长20%，为了维持收入增长需增加一台价值200万元的设备，预计2022年需要增加的资金为多少？

跨章节综合题参考答案及解析

使用"会计云课堂"App或"微信"扫码对答案、看解析、
掌握解题思路，开启轻松过关之旅。

【综合题1答案】

（1）①A股票的预期收益率 $=15\%\times30\%+10\%\times40\%+5\%\times30\%=10\%$

A股票的标准差 $=\sqrt{(15\%-10\%)^2\times30\%+(5\%-10\%)^2\times30\%+(10\%-10\%)^2\times40\%}=3.87\%$

②设A股票的投资比重为W，$13\%=W\times10\%+(1-W)\times15\%$

解得：W=40%

所以A股票的投资比重为40%

③该证券组合β系数 $=40\%\times1+60\%\times1.5=1.3$

④该证券组合的必要收益率 $=4\%+1.3\times(10\%-4\%)=11.8\%$

由于该证券组合的预期收益率13%大于该证券组合的必要收益率11.8%，所以该证券组合值得投资。

（2）①初始现金净流量 $=-(60+8)=-68$（万元）

②年折旧额 $=60/5=12$（万元）

每年营业现金净流量 $=(50-26)\times(1-25\%)+12\times25\%=21$（万元）

③终结回收的现金净流量 $=8+2-2\times25\%=9.5$（万元）

④净现值 $=21\times(P/A,10\%,5)+9.5\times(P/F,10\%,5)-68$

$=21\times3.7908+9.5\times0.6209-68=17.51$（万元）

静态回收期 $=68/21=3.24$（年）

（3）①净资产收益率 $=\dfrac{500}{(3500+4000)/2}\times100\%=13.33\%$

②总资产净利率 $=\dfrac{500}{(8000+10000)/2}\times100\%=5.556\%$

③营业净利率 $=\dfrac{500}{20000}\times100\%=2.5\%$

④总资产周转率 $=\dfrac{20000}{(8000+10000)/2}=2.222$（次）

⑤权益乘数 $=\dfrac{(10000+8000)/2}{(4000+3500)/2}=2.4$

⑥净资产收益率＝营业净利率×总资产周转率×权益乘数 $=2.5\%\times2.222\times2.4=13.33\%$

或：净资产收益率＝总资产净利率×权益乘数 $=5.556\%\times2.4=13.33\%$。

【综合题2答案】

（1）①甲公司证券组合的 β 系数 =50%×2+30%×1+20%×0.5=1.4

②甲公司证券组合的风险收益率（R_P）=1.4×（15%−10%）=7%

③甲公司证券组合的必要投资收益率（R）=10%+7%=17%

④投资A股票的必要投资收益率 =10%+2×（15%−10%）=20%

（2）A股票的内在价值 = $\frac{1.2\times(1+8\%)}{20\%-8\%}$ =10.8（元）＜A股票的当前市价12元，因此，甲公司当前出售A股票比较有利。

【综合题3答案】

（1）第二季度期初现金余额 = 第一季度期末现金余额，A=−15000+12000+5200−104−1080=1016（万元）

B=5200×8%/4=104（万元）

C−2900−104−1080=1006，得出 C=1006+1080+104+2900=5090（万元）

D=（5200−2900）×8%/4=46（万元）

−900+E−1380−E×8%/4 ≥ 1000

得出 E ≥ 3346.94（万元）

银行要求借款的金额是100万元的整数倍，所以 E=3400（万元）。

F=3400×8%/4=68（万元）

（2）①间接人工费用预算工时分配率 =（213048/48420）×（1+10%）=4.84（元/小时）

②间接人工费用总预算额 =50000×4.84=242000（元）

③设备租金总预算额 =194000×（1−20%）=155200（元）

（3）设备租金是约束性固定成本，是必须支付的。生产准备费和车间管理费属于酌量性固定成本，发生额的大小取决于管理当局的决策行动，由于生产准备费的成本效益远高于车间管理费，根据成本效益分析原则，应该尽量减少车间管理费。

①车间管理费用总预算额 =12000元

②生产准备费总预算额 =185200−155200−12000=18000（元）。

【综合题4答案】

（1）首先判断高低点，因为本题中2021年的营业收入最高，2017年的营业收入最低，所以高点是2021年，低点是2017年。

①每元营业收入占用变动现金 =（750−700）/（12000−10000）=0.025

②营业收入占用不变现金总额 =750−0.025×12000=450（万元）

或：=700−0.025×10000=450（万元）

（2）①营业收入占用不变资金总额 a=1000+570+1500+4500−300−390=6880（万元）

每元营业收入占用变动资金 b=0.05+0.14+0.25−0.1−0.03=0.31

因此总资金需求模型为：Y=6880+0.31X

② 2022年资金需求总量 =6880+0.31×20000=13080（万元）

③ 2021年资金需求总量 = 资产 − 敏感负债 =12000−1500−750=9750（万元）

或：2021年资金需求总量 = 股东权益 + 非敏感负债 =2750+2500+3000+1500=9750（万元）

2022 年需要增加的资金数额 =13080−9750=3330（万元）

2022 年外部筹资量 = 需要增加的资金数额 − 预计留存收益的增加 =3330−100=3230(万元)

【提示】资产是资金占用，但是敏感负债是随着销售收入的增长而自发性增长的，所以这部分是不需要额外筹集资金的，因此资金需求总量 = 资产 − 敏感负债 = 股东权益 + 非敏感负债。而且 2021 年资金需求总量在 2021 年时已经筹资满足了，所以 2022 年只需要筹集增加的资金数额，因此 2022 年需要增加的资金数额 =2022 年资金需求总量 −2021 年资金需求总量。

（3）① 2022 年预计息税前利润 =15000 × 12%=1800（万元）

②增发普通股方式下的股数 =300+100=400（万股）

增发普通股方式下的利息 =500 万元

增发债券方式下的股数 =300 万股

增发债券方式下的利息 =500+850 × 10%=585（万元）

$$\frac{(\overline{EBIT}-500)\times(1-25\%)}{400}=\frac{(\overline{EBIT}-585)\times(1-25\%)}{300}$$

方案 1 和方案 2 的每股收益无差别点的 $\overline{EBIT}$=（400 × 585−300 × 500）/（400−300）=840（万元）

③ $$\frac{(\overline{EBIT}-500)\times(1-25\%)}{400}=\frac{(\overline{EBIT}-500)\times(1-25\%)-850\times12\%}{300}$$

方案 1 和方案 3 的每股收益无差别点的 $\overline{EBIT}$=｛400 × [500+850 × 12%/(1−25%)]−300 × 500｝/（400−300）=1044（万元）

④决策结论：应选择方案 2（或应选择负债筹资或发行债券）。

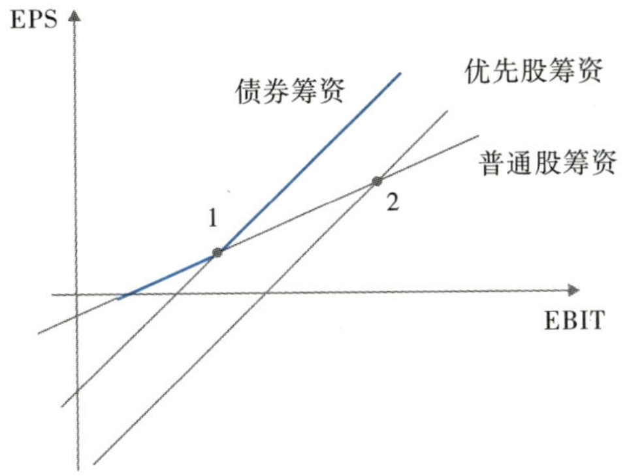

理由：由于优先股新增的股息为 102（850 × 12%）万元，债券筹资新增税后利息 63.75 [850 × 10% ×（1−25%）] 万元，从每股收益来看利用债券筹资的每股收益高于利用优先股筹资的每股收益，又由于 2022 年息税前利润 1800 万元大于每股收益无差别点的息税前利润 840 万元，因此债券筹资比普通股筹资的每股收益高。

⑤增发新股的资本成本 =0.5 ×（1+5%）/8.5+5%=11.18%

增发债券的资本成本 =10% ×（1−25%）=7.5%

优先股的资本成本 =12%。

【综合题 5 答案】

（1）① 2021 年的净利润 =10000×15%=1500（万元）

② A=1500 万元，B=2000 万元，C=4000 万元，D=2000 万元，E=2000 万元

解析：应收账款周转率 = 营业收入 /［（年初应收账款 + 年末应收账款）/2］

8=10000/［（1000+A）/2］，因此 A=1500（万元）

存货周转率 = 营业成本 /［（年初存货 + 年末存货）/2］

3.5=7000/［（2000+B）/2］，因此 B=2000（万元）

C=10000-500-1000-2000-1500-1000=4000（万元）

因为资产负债率为 50%，所以：负债总额 = 所有者权益总额 =5000 万元

所以：D=5000-1500-1500=2000（万元）

E=5000-2750-250=2000（万元）

③ F=20%，G=45%

④ 2022 年预计利润留存 =10000×（1+100%）×15%×（1-1/3）=2000（万元）

⑤ 2022 年需要增加的资金数额 =10000×100%×（45%-20%）=2500（万元）

⑥ 2022 年需要增加的外部筹资额 =2500-2000=500（万元）

⑦新发行公司债券的资本成本 =1000×5%×（1-25%）/970×100%=3.87%

（2）①发行可转换公司债券年利息 =8×2.5%=0.2（亿元）

发行一般债券年利息 =8×5.5%=0.44（亿元）

节约的年利息 =0.44-0.2=0.24（亿元）

②进行转股的最低要求是股价等于转换价格 10 元，按照市盈率确定每股收益最低应达到多少水平：

所以 2022 年基本每股收益 =10/20=0.5（元 / 股）

2022 年至少应达到的净利润 =0.5×10=5（亿元）

2022 年至少应达到的净利润增长率 =（5-4）/4×100%=25%

③ E 公司将面临可转换公司债券无法转股的财务压力，加大财务风险和大额资金流出的压力。

【综合题 6 答案】

（1）必要收益率 =4%+1.25×（10%-4%）=11.5%

（2）每股股票内在价值 =0.5/（11.5%-6.5%）=10（元）

（3）因为内在价值 10 元高于市价 8.75 元，所以投资者应该购入该股票。

（4）A=4.5%/（1-25%）=6%

B=7%×（1-25%）=5.25%

C=4.5%×（2000/10000）+11.5%×（8000/10000）=10.1%

D=5.25%×（4000/10000）+13%×（6000/10000）=9.9%

（5）新资本结构更优，因为新资本结构下的加权平均资本成本更低，企业价值更大。

（6）2022 年的税前利润 =1400-4000×7%=1120（万元）

2023 年财务杠杆系数（DFL）=2022 年息税前利润 /2022 年税前利润 =1400/1120=1.25

2023 年总杠杆系数（DTL）= 经营杠杆系数 × 财务杠杆系数 =2×1.25=2.5。

【综合题 7 答案】

（1）①垫支营运资金 =3500-1500=2000（万元）

②使用新设备每年折旧额 =4000×（1-10%）/5=720（万元）

1~5 年每年的付现成本 =1800+1600+200=3600（万元）

③最终残值 =0 万元

残值变现损失抵税 =4000×10%×25%=100（万元）

项目终结回收的现金流量 =2000+100=2100（万元）

④ NCF_0=-4000-2000=-6000（万元）

$NCF_{1\sim4}$=（5100-3600）×（1-25%）+720×25%=1305（万元）

NCF_5=1305+2100=3405（万元）

（2）$\beta_{资产}$=1.55/［1+（1-25%）×2］=0.62

该项目的 $\beta_{权益}$=0.62×［1+（1-25%）×1.4］=1.27

权益成本 = 无风险报酬率 + $\beta_{权益}$ × 市场风险溢价 =3%+1.27×（11%-3%）=13.16%

项目的资本成本 =8%×（1-25%）×1.4/2.4+13.16%×1/2.4=9%

（3）该项目净现值 NPV=-6000+1305×（P/A，9%，4）+3405×（P/F，9%，5）=-6000+1305×3.2397+3405×0.6499=440.72（万元）

或：NPV=-6000+1305×（P/A，9%，5）+2100×（P/F，9%，5）=-6000+1305×3.8897+2100×0.6499=440.85（万元）

该项目净现值大于 0，因此应当购置新设备（项目可行）。

【提示】新设备当年投产时需要追加营运资金 2000 万元，这部分垫支的营运资金是需要在终结期收回的。

【综合题 8 答案】

（1）①投资期现金净流量 NCF_0=-（7200+1200）=-8400（万元）

②年折旧额 =7200×（1-10%）/6=1080（万元）

③生产线投入使用后 1~5 年每年的营业现金净流量 $NCF_{1\sim5}$= 销售收入 ×（1- 所得税税率）- 付现成本 ×（1- 所得税税率）+ 非付现成本 × 所得税税率 =（11880-8800）×（1-25%）+1080×25%=2580（万元）

④生产线投入使用后第 6 年的现金净流量 NCF_6=2580+1200+7200×10%=4500（万元）

⑤净现值 =-8400+2580×（P/A，12%，5）+4500×（P/F，12%，6）=-8400+2580×3.6048+4500×0.5066=3180.08（万元）

（2）A 方案的年金净流量 =3180.08/（P/A，12%，6）=3180.08/4.1114=773.48（万元）

B 方案的年金净流量 =3228.94/（P/A，12%，8）=3228.94/4.9676=650（万元）

由于 A 方案的年金净流量大于 B 方案的年金净流量，乙公司应选择 A 方案。

（3）①（$\overline{EBIT}$-16000×8%）×（1-25%）/（4000+7200/6）=（$\overline{EBIT}$-16000×8%-7200×10%）×（1-25%）/4000

$\overline{EBIT}$=（5200×2000-4000×1280）/（5200-4000）=4400（万元）

②每股收益无差别点的每股收益 =（4400-16000×8%）×（1-25%）/（4000+7200/6）=0.45（元）

③该公司预期息税前利润4500万元大于每股收益无差别点的息税前利润4400万元，因此应该选择财务杠杆较大的方案二债券筹资。

（4）①乙公司普通股的资本成本=0.3×（1+10%）/6+10%=15.5%

②筹资后乙公司的加权平均资本成本=15.5%×24000/（40000+7200）+8%×（1-25%）×16000/（40000+7200）+10%×（1-25%）×7200/（40000+7200）=11.06%。

【综合题9答案】

（1）①旧设备目前的账面净值=5200-6×500=2200（万元）

②旧设备当前变现的净损益=2000-2200=-200（万元）

③旧设备当前变现净现金流量=2000+200×25%=2050（万元）

④每年折旧抵税额=500×25%=125（万元）

现金净流出量现值=2050-125×（P/A，10%，4）+1500×（1-25%）×（P/A，10%，5）-200×（P/F，10%，5）=2050-125×3.1699+1500×（1-25%）×3.7908-200×0.6209=5794.23（万元）

⑤旧设备年金成本=5794.23/（P/A，10%，5）=5794.23/3.7908=1528.50（万元）

（2）新设备的年金成本=8672.32/（P/A，10%，10）=8672.32/6.1446=1411.37（万元）

新设备年金成本1411.37万元＜继续使用旧设备的年金成本1528.50万元，所以应选择购买新设备。

【综合题10答案】

（1）①增加的收益=（1500-1200）×（1-60%）=120（万元）

②信用条件改变后平均收现期=30×40%+90×60%=66（天）

增加的应收账款占用资金的应计利息=1500/360×66×60%×10%-1200/360×60×60%×10%=4.5（万元）

增加的坏账损失=25-15=10（万元）

增加的收账费用=15-10=5（万元）

增加的折扣成本=1500×2%×40%=12（万元）

信用条件改变后A公司应收账款成本增加额=4.5+10+5+12=31.5（万元）

③增加的税前损益=120-31.5=88.5（万元）＞0，应改变信用条件。

（2）①2月份现金收入合计=90×10%+100×30%+150×60%=129（万元）

②3月份应收账款=150×10%+180×40%=87（万元）

3月份应收账款保理资金回收额=87×80%=69.6（万元）

③3月份应收账款保理资金回收额为69.6万元，大于3月份公司的资金缺口60万元，因此，3月份应收账款保理收到的资金能够满足当月资金需求。

（3）①单位产品的变动制造费用标准成本=2×5=10（元/件）

②单位产品的固定制造费用标准成本=2×8=16（元/件）

③变动制造费用效率差异=（21600-12000×2）×5=-12000（元）（节约）

④变动制造费用耗费差异=（110160/21600-5）×21600=2160（元）（超支）

⑤固定制造费用耗费差异=250000-10000×2×8=90000（元）（超支）

固定制造费用能量差异=（10000×2-12000×2）×8=-32000（元）（节约）。

【综合题 11 答案】

（1）甲产品 2021 年边际贡献总额 =17×（500−200）=5100（万元）

2021 年边际贡献率 =（500−200）/500×100%=60%

（2）甲产品 2021 年盈亏平衡点的业务量 =4800/（500−200）=16（万台）

2021 年盈亏平衡点的销售额 =4800/60%=8000（万元）

（3）甲产品 2021 年安全边际量 =17−16=1（万台）

2021 年安全边际率 =1/17×100%=5.88%

安全边际率小于 10%，经营安全程度为危险。

（4）销售量 =（600+4800）/（500−200）=18（万台）

（5）A=4×10%=0.4（万台）

B=4+0.5−0.4=4.1（万台）

C=0.5 万台。

【提示】成本性态不变指的是固定成本不变，单位变动成本不变。

【综合题 12 答案】

（1）①单位标准成本 =35×2+15×2+10×2=120（元）

②直接人工成本差异 = 实际工时 × 实际工资率 − 实际产量下标准工时 × 标准工资率 = 7000×16−3680×2×15=1600（元）（超支）

③直接人工效率差异 =（实际工时 − 实际产量下标准工时）× 标准工资率 =（7000−3680×2）×15=−5400（元）（节约）

④直接人工工资率差异 =（实际工资率 − 标准工资率）× 实际工时 =（16−15）×7000= 7000（元）（超支）

（2）单位产品价格 − 单位税金 − 单位成本 = 单位利润

①保本单价 − 保本单价 ×5%−（200+720000/12000）=0

保本单价 =（200+720000/12000）/（1−5%）=273.68（元）

②保利单价 − 保利单价 ×5%−（200+720000/12000）=（200+720000/12000）×20%

保利单价 =（200+720000/12000）×（1+20%）/（1−5%）=328.42（元）

（3）单位产品价格 = 单位变动成本 ×（1+ 成本利润率）/（1− 适用税率）=200×（1+20%）/（1−5%）=252.63（元）

（4）由于额外订单数量在剩余生产能力范围内，且订单价格 290 元高于 252.63 元，故应接受这一额外订单。

（5）消费税为价内税，视同变动成本处理：P=350 元，V=350×5%+200=217.5（元）

盈亏平衡点的业务量 =720000/（350−217.5）=5434（件）

实现目标利润的销售量 =（150000+720000）/（350−217.5）=6566（件）。

【提示】生产能力范围内企业增加额外订单时，因为固定成本均由正常订单负担了，所以增加的产品可以不负担企业的固定成本，故额外订单只负担企业的变动成本，即在确定价格时成本仅以变动成本计算即可。因此本题中额外订单价格只需要与变动成本定价法下的单价比较即可。

【综合题 13 答案】

（1）①投资收益率：

A 投资中心的投资收益率 = $\frac{10400}{94500}$ × 100%=11.01%

B 投资中心的投资收益率 = $\frac{15800}{145000}$ × 100%=10.90%

C 投资中心的投资收益率 = $\frac{8450}{75500}$ × 100%=11.19%

评价：C 投资中心业绩最优，A 投资中心次之，B 投资中心业绩最差。

②剩余收益：

A 投资中心的剩余收益 =10400-94500 × 10%=950（万元）

B 投资中心的剩余收益 =15800-145000 × 10%=1300（万元）

C 投资中心的剩余收益 =8450-75500 × 10%=900（万元）

评价：B 投资中心业绩最优，A 投资中心次之，C 投资中心业绩最差。

（2）① D 利润中心边际贡献总额 =52000-25000=27000（元）

② D 利润中心可控边际贡献 =27000-15000=12000（元）

③ D 利润中心部门边际贡献总额 =12000-6000=6000（元）

（3）E 利润中心负责人可控固定成本 =80000-60000=20000（元）

E 利润中心负责人不可控但应由该利润中心负担的固定成本 =60000-45000=15000（元）

（4）① F 成本中心预算成本节约额 = 实际产量预算责任成本 - 实际责任成本 =200 × 6000-1170000=30000（元）

② F 成本中心预算成本节约率 = 预算成本节约额 / 实际产量预算责任成本 × 100%=30000/（200 × 6000）× 100%=2.5%

（5）负债的税后资本成本 =9% ×（1-25%）=6.75%

股权资本成本 =1.2/10+8%=20%

加权平均资本成本 =6.75% × 40%+20% × 60%=14.7%

经济增加值 =1.2-10 × 14.7%=-0.27（亿元）

由于经济增加值为负数，公司没有创造价值。

【综合题 14 答案】

（1）2021 年资产负债率 =90000/150000=60%

2021 年权益乘数 =150000/60000=2.5

2021 年利息保障倍数 =9000/3600=2.5

2021 年总资产周转率 =112000/［（140000+150000）/2］=0.77（次）

（2）财务杠杆系数 =7200/（7200-3600）=2

（3）不合理。资料二显示，行业平均资产负债率为 40%，而 E 公司已达到 60%，行业平均利息保障倍数为 3 倍，而 E 公司只有 2.5 倍，这反映了 E 公司的偿债能力较差，如果再发行公司债券，会进一步提高资产负债率，这会加大 E 公司的财务风险。

（4）2019 年股利支付率 =1200/6000=20%

2020 年股利支付率 =540/2700=20%

2021 年股利支付率 =810/4050=20%

E 公司 2019、2020、2021 年执行的是固定股利支付率政策。

优点：使股利与公司盈余紧密地配合，以体现“多盈多分、少盈少分、无盈不分”的原则。

缺点：各年的股利变动较大，极易造成公司不稳定的感觉，对于稳定股票价格不利。

停发现金股利可能导致股价下跌（或：可能对股价不利，或：公司价值下降）。

【提示】本题的第（2）问计算的是 2020 年年末息税前利润为 7200 万元时的财务杠杆系数，而非计算 2020 年的财务杠杆系数。只有按照后面的说法计算时，才是利用 2019 年的数据。切勿混淆。

【综合题 15 答案】

（1）①变动制造费用标准分配率 =21060/2925=7.2（元 / 小时）

②变动制造费用实际分配率 =14250/1875=7.6（元 / 小时）

③变动制造费用成本差异 =14250−300 × 2.75 × 7.2=8310（元）（超支）

④变动制造费用效率差异 =（1875−300 × 2.75）× 7.2=7560（元）（超支）

⑤变动制造费用耗费差异 =1875 ×（7.6−7.2）=750（元）（超支）

（2）① 2022 年 A 产品的预测销售量 =（3150+3060+3000）/3=3070（件）

② 2022 年修正后的 A 产品预测销售量 =3070+（3070−3020）=3120（件）

③ 2022 年 A 产品的预测销售量 =0.4 × 3000+（1−0.4）× 3020=3012（件）

④平均预测销量 =（3120+3012）/2=3066（件）

单位产品价格 =（1106800+2450000）/［3066 ×（1−5%）］=1221.14（元）

（3）①最佳现金持有量 = $\sqrt{2 \times 25000 \times 2/10\%}$ =1000（万元）

②最佳现金持有量下的现金转换次数 =25000/1000=25（次）

③最佳现金持有量下的现金交易成本 =25 × 2=50（万元）

④最佳现金持有量下持有现金的机会成本 =1000/2 × 10%=50（万元）

⑤最佳现金持有量下的相关总成本 =50+50=100（万元）

或：按照公式计算，最佳现金持有量下的相关总成本 = $\sqrt{2 \times 25000 \times 2 \times 10\%}$ =100（万元）。

【综合题 16 答案】

（1）速动比率 =（630−360）/300=0.9

资产负债率 =700/1400=50%

（2）总资产周转率 =840/［（1400+1400）/2］=0.6（次）

营业净利率 =117.6/840=14%

权益乘数 = $\frac{(1400+1400)/2}{(700+700)/2}$ =2

净资产收益率 =117.6/［（700+700）/2］=16.8%

（3）分析对象：本期净资产收益率 − 上期净资产收益率 =16.8%−17.6%=−0.8%

①上期数：16% × 0.5 × 2.2=17.6%

②替代营业净利率：14% × 0.5 × 2.2=15.4%

③替代总资产周转率：14% × 0.6 × 2.2=18.48%

④替代权益乘数：14% × 0.6 × 2=16.8%

营业净利率降低对净资产收益率的影响 = ② − ① =15.4%−17.6%=−2.2%

总资产周转率加快对净资产收益率的影响 = ③ – ② =18.48%–15.4%=3.08%

权益乘数降低对净资产收益率的影响 = ④ – ③ =16.8%–18.48%=–1.68%

各因素影响合计数 =–2.2%+3.08%–1.68%=–0.8%

或者：采用差额分析法计算各因素变动的影响

营业净利率变动对净资产收益率的影响 =（14%–16%）×0.5×2.2=–2.2%

总资产周转率变动对净资产收益率的影响 =14%×（0.6–0.5）×2.2=3.08%

权益乘数变动对净资产收益率的影响 =14%×0.6×（2–2.2）=–1.68%

各因素影响合计数 =–2.2%+3.08%–1.68%=–0.8%。

（4）需要增加的资金 = 增加的资产 – 增加的敏感负债 =200+630×20%–300×20%=266（万元）。

04

第四部分

常用财务管理公式汇总

常用财务管理公式汇总

专题一　财务管理基础

【考点一】货币时间价值

一、终值、现值的计算

类别	终值	现值
一次性款项	复利终值 = 现值 × $(1+i)^{n}$ F=P×（F/P，i，n）	复利现值 = 终值 × $(1+i)^{-n}$ P=F×（P/F，i，n）
普通年金	终值 = 年金额 × 普通年金终值系数 $F=A\times\frac{(1+i)^{n}-1}{i}$ F=A×（F/A，i，n）	现值 = 年金额 × 普通年金现值系数 $P=A\times\frac{1-(1+i)^{-n}}{i}$ P=A×（P/A，i，n）
预付年金	终值 = 年金额 × 预付年金终值系数 F=A×［（F/A，i，n+1）−1］ 或：=A×（F/A，i，n）×（1+i）	现值 = 年金额 × 预付年金现值系数 P=A×［（P/A，i，n−1）+1］ 或：=A×（P/A，i，n）×（1+i）
递延年金	F=A×（F/A，i，n） “n”表示 A 的个数,终值与递延期“m”无关	（1）先将递延年金视为 n 期普通年金，求出在第 m 期期末普通年金的现值，然后再折现到 0 时点： P=A×（P/A，i，n）×（P/F，i，m） （2）先计算（m+n）期年金现值，再减去 m 期年金现值： P=A×（P/A，i，m+n）−A×（P/A，i，m）
永续年金	没有终值	现值 = 年金额 / 折现率 =A/i

二、实际利率与名义利率之间的换算

（一）一年计息多次时的实际利率

（1）名义利率（r）；

（2）计息期利率 = 名义利率 / 年内计息次数 =r/m；

（3）实际利率 = $(1+r/m)^{m}-1$。

（二）通货膨胀情况下的名义利率与实际利率的关系

1+ 名义利率 =（1+ 实际利率）×（1+ 通货膨胀率）

【考点二】收益与风险

一、资产的收益率

1. 预期收益率（期望收益率）= $\sum_{i=1}^{n}(R_i \times P_i)$

其中，R_i 表示情况 i 出现时的收益率，P_i 表示情况 i 可能出现的概率。

2. 必要收益率 = 无风险收益率 + 风险收益率

无风险收益率 = 纯粹利率（资金时间价值）+ 通货膨胀补偿率

二、单项资产的风险及其衡量

指标	计算公式	结论
期望值 $\bar{E}$	$\bar{E}=\sum_{i=1}^{n}(X_i \times P_i)$	反映预计收益的平均化，不能直接用来衡量风险
方差 σ^2	$\sigma^2=\sum_{i=1}^{n}(X_i-\bar{E})^2 \times P_i$	期望值相同的情况下，方差越大，风险越大
标准差 σ	$\sigma=\sqrt{\sum_{i=1}^{n}(X_i-\bar{E})^2 \times P_i}$	期望值相同的情况下，标准差越大，风险越大
标准差率 V	$V=\sigma/\bar{E} \times 100\%$	标准差率越大，风险越大

三、证券资产组合的收益与风险

（一）证券资产组合的预期收益率：组合中各种证券期望收益率的加权平均数

（二）两项证券资产组合的风险（整体风险）计量

指标	公式
组合收益率的方差	组合收益率的方差 $=a^2+b^2+2ab\rho$
组合收益率的标准差	组合收益率的标准差 = $\sqrt{a^2+b^2+2ab\rho}$ 其中：a 和 b 均表示个别资产的比重与标准差的乘积 $a=W_1 \times \sigma_1$；$b=W_2 \times \sigma_2$ ρ 表示两项资产收益率之间的相关程度，即相关系数

（三）证券资产组合系统风险的衡量

证券资产组合的 β 系数：所有单项资产 β 系数的加权平均数。

$\beta_P=\sum_{i=1}^{n}(W_i \times \beta_i)$

（四）资本资产定价模型的基本表达式

必要收益率 = 无风险收益率 + 风险收益率

$R=R_f+\beta \times (R_m-R_f)$

【考点三】成本性态

一、总成本的直线方程

总成本 = 固定成本总额 + 单位变动成本 × 业务量

$Y=a+bX$

二、混合成本分解的高低点法

1. 单位变动成本 =（最高点业务量成本 – 最低点业务量成本）/（最高点业务量 – 最低点业务量）

$b=\Delta Y/\Delta X$

2. 固定成本总额 = 最高点业务量成本 – 单位变动成本 × 最高点业务量

或：固定成本总额 = 最低点业务量成本 – 单位变动成本 × 最低点业务量

$a=Y_{高}-bX_{高}$

或：$a=Y_{低}-bX_{低}$

【提示】公式中高低点选择的标准不是业务量所对应的成本，而是业务量。

专题二　预算管理

【考点一】弹性预算的编制

公式法：运用总成本性态模型 $Y=a+bX$ 确定

列表法：按成本性态分别列示

固定成本总额不变

变动成本总额 $=bX$

混合成本利用内插法来确定

【考点二】经营预算的编制

种类	基本公式
销售预算	（1）销售收入 = 预计销量 × 预计单价 （2）预计现金收入 = 当期销售收入 × 当期销售当期收现百分比 + 前期销售收入 × 前期销售收入在本期收现百分比
生产预算	（1）预计期末产成品存货 = 下期销售量 × 期末存货占销售量的百分比 （2）预计期初产成品存货 = 上期期末产成品存货 （3）预计生产量 = 预计销售量 + 预计期末产成品存货 – 预计期初产成品存货

种类	基本公式
直接材料预算	（1）预计材料采购量＝生产需用量＋期末存量－期初存量 （2）生产需用量＝预计生产量×单位产品材料耗用量 （3）期末存量＝下期生产需用量×留存百分比 （4）期初存量＝上期期末存量 （5）预计采购金额＝预计采购量×材料单价 （6）预计材料采购现金支出＝当期采购当期付现支出＋前期采购本期付现支出

【考点三】资金预算的编制

资金预算的两个公式	（1）期初现金余额＋现金收入－现金支出＝现金余缺额 （2）现金余缺额＋现金筹措－现金运用＝期末现金余额
短期借款利息的确定	（1）若规定还款时支付利息：利息＝还款额×期利息率×借款期限 （2）若规定每期定期支付利息：利息＝（上期期末借款余额＋本期期初新增借款额）×期利息率

专题三　筹资管理

【考点一】租赁的租金计算

租金的计算大多采用等额年金法。考试通常考查租赁期满残值归出租人的情况，计算公式：

租金在每期期末支付时	$\text{每期租金}=\dfrac{\text{租赁设备价值}-\text{残值现值}}{\text{普通年金现值系数}}=\dfrac{\text{租赁设备价值}-\text{残值}\times(P/F,i,n)}{(P/A,i,n)}$
租金在每期期初支付时	$\text{每期租金}=\dfrac{\text{租赁设备价值}-\text{残值现值}}{\text{预付年金现值系数}}=\dfrac{\text{租赁设备价值}-\text{残值}\times(P/F,i,n)}{(P/A,i,n)\times(1+i)}$

其中：折现率i=利息率＋租赁手续费率。

【考点二】衍生工具筹资

（一）可转换债券的转换比率

转换比率＝债券面值/转换价格

（二）可转换债券和认股权证行权的条件

1. 可转换债券转换的条件：股票市价高于转换价格

2. 认股权证行权的条件：股票市价高于认购价格

【考点三】资金需要量预测方法的运用

（一）因素分析法

资金需要量 =（基期资金平均占用额 – 不合理资金占用额）×（1+ 预测期销售增长率）/（1+ 预测期资金周转速度增长率）

（二）销售百分比法

1. 需要增加的资金量 = 增加的资产 – 增加的敏感性负债

其中：

（1）增加的资产 = 增加的敏感性资产 + 非敏感性资产的调整数 = 增量销售收入 × 基期敏感性资产占基期销售额的百分比 + 非敏感性资产的调整数

或：= 基期敏感性资产 × 预计销售收入增长率 + 非敏感性资产的调整数。

（2）增加的敏感性负债 = 增量销售收入 × 基期敏感性负债占基期销售额的百分比

或：= 基期敏感性负债 × 预计销售收入增长率。

2. 外部融资需求量 = 需要增加的资金量 – 增加的留存收益

其中：增加的留存收益 = 预计营业收入 × 预计营业净利率 × 预计利润留存率

外部融资需求量 = 增加的资产 – 增加的敏感性负债 – 预计营业收入 × 预计营业净利率 × 预计利润留存率

（三）资金习性预测法

1. 总资金直线方程

$Y=a+bX$

【提示】总资金 Y 的含义：总资产 – 经营性负债。

2. 估计参数 a 和 b 的方法

（1）回归直线分析法。

$$a=\frac{\sum X^2\times\sum Y-\sum X\times\sum XY}{n\sum X^2-(\sum X)^2}$$

$$b=\frac{n\sum XY-\sum X\times\sum Y}{n\sum X^2-(\sum X)^2}$$

（2）高低点法。

选择业务量最高和最低的两点资料：

$$b=\frac{\text{最高业务量期的资金占用量}-\text{最低业务量期的资金占用量}}{\text{最高业务量}-\text{最低业务量}}$$

a= 最高业务量期的资金占用量 –b × 最高业务量

或：a= 最低业务量期的资金占用量 –b × 最低业务量

【总结】

（1）业务量是广义的，可以是产量、销量等，考试时多用营业收入作为业务量。

（2）我们选择高点和低点的依据是业务量，而非资金占用量。

（3）采用逐项分析法预测时，

$a=(a_{资1}+a_{资2}+\cdots+a_{资m})-(a_{经债m+1}+\cdots+a_{经债n})$

$b=(b_{资1}+b_{资2}+\cdots+b_{资m})-(b_{经债m+1}+\cdots+b_{经债n})$

【考点四】资本成本的计算

（一）债务资本成本率的计算

模式	资本成本计算
一般模式	$资本成本率=\frac{年利息\times(1-所得税税率)}{债务筹资总额\times(1-债务筹资费率)}$ 若债券溢价或折价发行，为更精确地计算资本成本，应以实际发行价格作为债券筹资总额 【提示】在一般模式下，借款没有溢价折价之说，一般可简化为： $K_b=年利率\times\frac{1-所得税税率}{1-借款手续费率}=i\times\frac{1-T}{1-f}$
贴现模式	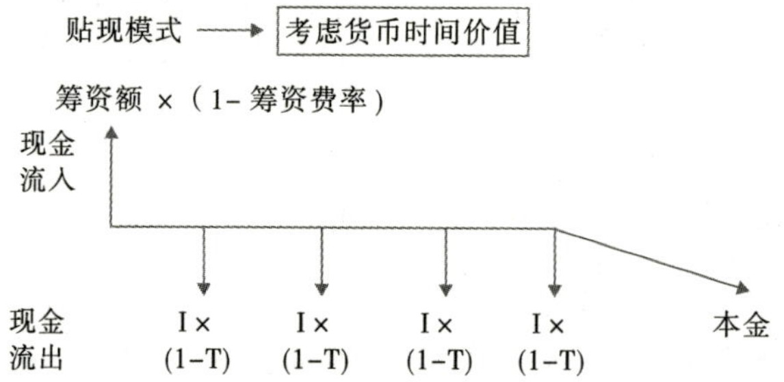 $P_0\times(1-f)=\sum_{t=1}^{n}\frac{I_t(1-T)}{(1+K_b)^t}+\frac{M}{(1+K_b)^n}$ 逐步测试结合插值法求贴现率，即找到使得未来现金流出的现值等于现金流入现值的那一个折现率

（二）股权资本成本的计算

方式		资本成本确定
普通股	股利增长模型	$K_s=\frac{D_0(1+g)}{P_0(1-f)}+g=\frac{D_1}{P_0(1-f)}+g$
	资本资产定价模型	$K_s=R_f+\beta(R_m-R_f)$
留存收益		计算方法与普通股资本成本相同，也分为股利增长模型法和资本资产定价模型法，不同点在于留存收益不考虑筹资费用
优先股		$K_s=\frac{D}{P_n(1-f)}$

（三）平均资本成本的计算

$$K_w=\sum_{j=1}^{n} K_jW_j$$

式中，K_w 为平均资本成本；K_j 为第 j 种个别资本成本率；W_j 为第 j 种个别资本在全部资本中的比重。

（四）项目资本成本

（1）使用企业当前综合资本成本作为投资项目资本成本应同时具备两个条件：

①项目的风险与企业当前资产的平均风险相同；

②公司继续采用相同的资本结构为项目筹资。

【提示】满足等风险假设（经营风险和财务风险都没有变化）。

（2）运用可比公司法估计投资项目资本成本。

如果新项目的经营风险与现有资产的平均经营风险显著不同（不满足等经营风险假设）。

调整方法	是寻找一个经营业务与待估计的投资项目类似的上市公司，以该上市公司的 β 值替代待评估项目的系统风险，这种方法也称为“替代公司法”	
计算步骤	①卸载可比公司财务杠杆	$\beta_{资产}=\dfrac{可比公司的\ \beta_{权益}}{1+(1-T_{可比})\times 可比公司负债权益比}$
	②加载待估计的投资项目财务杠杆	投资项目的 $\beta_{权益}=\beta_{资产}\times[1+(1-T_{目标})\times$ 投资项目的负债权益比]
	③根据得出的投资项目 $\beta_{权益}$计算股东权益成本	股东权益成本 = 无风险报酬率 + $\beta_{权益}$ × 市场风险溢价
	④计算投资项目的资本成本	综合资本成本 = 税前债务成本 ×（1- 所得税税率）× 负债比重 + 股东权益成本 × 权益比重

【扩展】如果新项目的经营风险与公司原有经营风险一致，但资本结构与公司原有资本结构不一致（满足等经营风险假设，但不满足等资本结构假设）。

调整方法	以本公司的原有 β 值替代待估计项目的 β 值	
计算步骤	①卸载公司原有财务杠杆	$\beta_{资产}=\dfrac{公司原有的\ \beta_{权益}}{1+(1-T_{原})\times 公司原有的负债权益比}$
	②加载待估计的投资项目财务杠杆	公司新的 $\beta_{权益}=\beta_{资产}\times[1+(1-T_{新})\times$ 公司新的负债权益比]
	③根据得出的投资项目 $\beta_{权益}$计算股东权益成本	股东权益成本 = 无风险报酬率 + $\beta_{权益}$ × 市场风险溢价
	④计算投资项目的资本成本	综合资本成本 = 税前债务成本 ×（1- 所得税税率）× 新负债比重 + 股东权益成本 × 新权益比重

【考点五】杠杆系数的确定

（1）定义公式——用于预测。

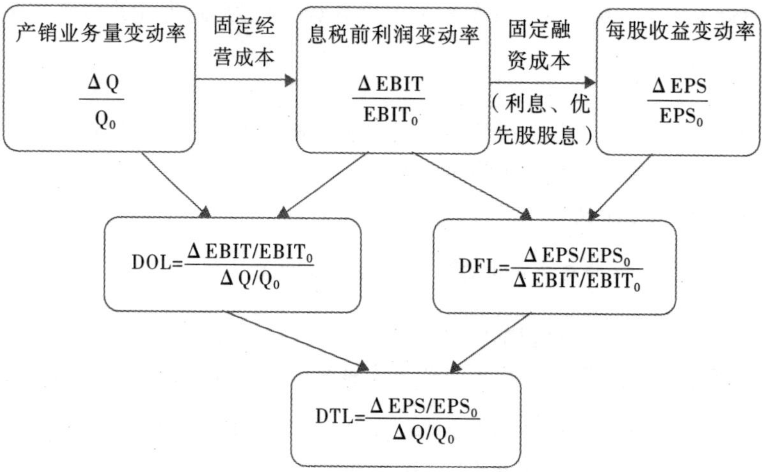

（2）简化计算公式——用于计算。

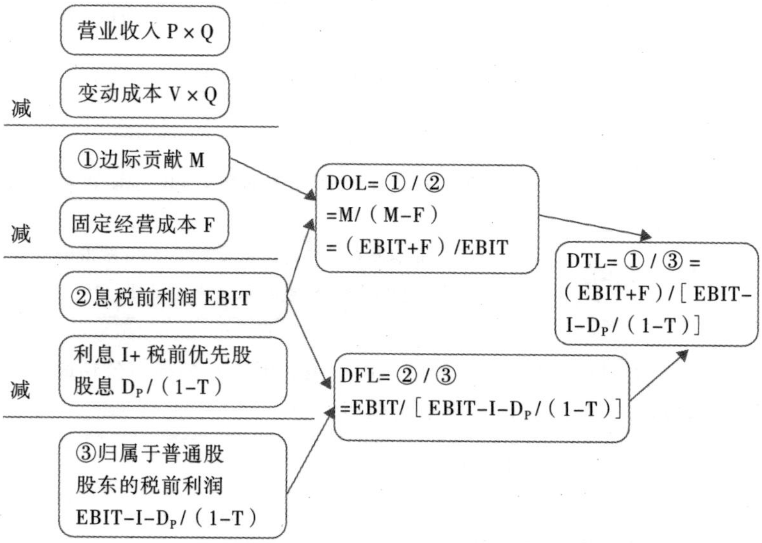

（3）与本量利分析（第 8 章）的链接公式：DOL= 息税前利润对销量的敏感系数。

【考点六】最优资本结构的确定

（一）每股收益分析法

计算公式	$\frac{(\overline{EBIT}-I_1)\times(1-T)-DP_1}{N_1}=\frac{(\overline{EBIT}-I_2)\times(1-T)-DP_2}{N_2}$
快速解答公式	每股收益无差别点息税前利润 =（大股数 × 大税前财务负担 - 小股数 × 小税前财务负担）/（大股数 - 小股数） 其中：税前财务负担包括利息及税前优先股股利

特指求无差别点的营业收入时	先求无差别点的息税前利润，然后根据息税前利润 = 营业收入 × 边际贡献率 – 固定成本，倒求营业收入即可

（二）平均资本成本比较法

基本观点	能够降低平均资本成本的资本结构，则是合理的资本结构
关键指标	平均资本成本

（三）公司价值分析法

基本观点	能够提升公司价值的资本结构，则是合理的资本结构
确定方法	（1）公司市场总价值（V）= 权益资本的市场价值 + 债务资本的市场价值 =S+B （2）假设公司各期的 EBIT 保持不变，债务资本的市场价值等于其面值 权益资本的市场价值（S）可表示为：$S=\frac{(EBIT-I)\times(1-T)}{K_s}$ 其中：$K_s=R_f+\beta\times(R_m-R_f)$ （3）平均资本成本 $K_w=K_b\times\frac{B}{V}\times(1-T)+K_s\times\frac{S}{V}$ 其中：K_b 为税前债务资本成本，K_s 为股权资本成本 （4）找出公司价值最大的资本结构，该资本结构为最佳资本结构

专题四　投资管理

【考点一】新建项目投资决策

一、新建项目现金流量的确定

（1）投资期现金净流量（=– 投资额）
- 长期资产投资（包括固定资产、无形资产、递延资产等）
- 垫支的营运资金 = 增加的经营性流动资产 – 增加的经营性流动负债

（2）营业期现金净流量
- = 营业收入 – 付现成本 – 所得税
- = 税后营业利润 + 非付现成本
- = 营业收入 ×（1– 所得税税率）– 付现成本 ×（1– 所得税税率）+ 非付现成本 × 所得税税率

（3）终结期现金净流量
- 回收固定资产变价净收入
- 回收垫支营运资金
- 固定资产变现净损益对现金净流量的影响

【提示】固定资产变现净损益对现金净流量的影响 = 变现净损失 × 所得税税率

或：=– 变现净收益 × 所得税税率

这里变现净损失或净收益是根据变现价值与账面净值对比所确定的。

二、投资决策评价指标的计算及应用

1. 净现值（NPV）= 未来现金净流量现值 – 原始投资额现值 = Σ各年现金净流量现值

2. 年金净流量（ANCF）= 现金净流量总现值 / 年金现值系数 = 现金净流量总终值 / 年金终值系数

【提示】年金净流量 = 净现值 / 年金现值系数

3. 现值指数（PVI）= 未来现金净流量现值 / 原始投资额现值 =1+ 净现值 / 原始投资额现值

4. 内含收益率（IRR）是指能够使未来现金净流量现值等于原始投资额现值的折现率，或者说是使投资项目净现值为零的贴现率

5. 静态回收期（非折现回收期）

（1）未来每年现金净流量相等时：$静态回收期 = \frac{原始投资额}{每年现金净流量}$

（2）未来每年现金净流量不相等时（设 M 是收回原始投资额的前一年）：

$$静态回收期 = M + \frac{第 M 年的尚未收回额}{第（M+1）年的现金净流量}$$

6. 动态回收期（折现回收期）

（1）未来每年现金净流量相等时：

假定动态回收期为 n 年，则：（P/A，i，n）= 原始投资额现值 / 每年现金净流量

计算出年金现值系数后，通过查年金现值系数表，利用插值法，即可推算出动态回收期 n。

（2）未来每年现金净流量不相等时（设 M 是收回原始投资额现值的前一年）：

$$动态回收期 = M + \frac{第 M 年的尚未收回额的现值}{第（M+1）年的现金净流量的现值}$$

三、独立投资方案的决策方法：内含收益率法

四、互斥项目的优选方法

1. 项目寿命期相同时

决策方法	决策原则
净现值法、年金净流量法	选择净现值或年金净流量最大的方案为优

2. 项目寿命期不相同时

决策方法	计算原理	决策原则
共同年限法	假设投资项目可以重置，通过重置使两个项目达到相同的年限，然后比较其净现值 【提示】通常选最小公倍数为共同年限	选择重置净现值最大的方案

决策方法	计算原理	决策原则
年金净流量法	（1）计算两项目的净现值 （2）计算净现值的年金净流量 年金净流量 = 该方案净现值 /（P/A，i，n） （3）计算永续净现值 永续净现值 = 年金净流量 / 资本成本 i	若资本成本相同，选择年金净流量最大的方案 若资本成本不同，选择永续净现值最大的方案

【考点二】固定资产更新决策

一、更新决策现金流量确定

（1）初始丧失的固定资产变现流量 =-［变现价值 + 变现净损失抵税（或 - 变现净收益纳税）］

【提示】变现净损失（净收益）是指变现价值与账面净值对比。

（2）营业期的现金净流量 = 税后营业收入 - 税后付现成本 + 折旧抵税（直接法）

【提示】折旧年限应按税法规定年限考虑。

（3）回收残值的相关流量 = 最终残值 + 残值净损失抵税

或：= 最终残值 - 残值净收益纳税

【提示】将最终残值和税法规定的账面净残值对比确定残值的净损益。

二、决策指标

1. 新旧设备尚可使用年限相同时

决策方法	决策原则
现金流出总现值法	选择现金流出总现值最小的方案为优

2. 新旧设备尚可使用年限不相同时

决策方法	计算原理	决策原则
年金成本法	现金流出总现值 / 年金现值系数	选择年金成本最小的方案为优

【考点三】债券投资

一、债券的价值

基本公式：债券价值 = 未来各期利息收入的现值合计 + 未来到期本金的现值

模型	含义	基本公式
典型债券	指固定利率、每年计算并支付利息、到期归还本金的债券	V= 利息 ×（P/A，i，n）+ 本金 ×（P/F，i，n）
纯贴现债券	指到期按面值兑付的债券	V= 本金 ×（P/F，i，n）
永续债券	又称无期债券，没有到期日	V= 利息 /i

二、债券投资的收益率

（1）“试误法”：

①求解含有折现率 R 的方程：

$$购买价格=\sum_{t=1}^{n}\frac{I_t}{(1+R)^t}+\frac{M}{(1+R)^n}$$

其中：I 为利息，M 为本金。

②查现值系数表，然后利用插值法即可求得。

（2）简便算法（不考虑时间价值，近似估算）：

$$内部收益率\ R=\frac{I+(B-P)/N}{(B+P)/2}\times 100\%$$

式中，P 表示债券的当前购买价格，B 表示预计出售时售价或到期时债券还本金额（面值），N 表示债券持有期限，分母是平均资金占用，分子是平均收益。

【考点四】股票投资

模式	股票价值	股票内部收益率
零增长股票	$V_s=\frac{D}{R_s}$	$R=\frac{D}{P_0}$
固定增长模式	$V_s=\frac{D_0\times(1+g)}{R_s-g}=\frac{D_1}{R_s-g}$ 式中，D_0 为最近刚支付的股利（当前股利）；D_1 为预计第一年的股利	$R=\frac{D_1}{P_0}+g$
非固定增长股票	分段计算	利用逐步测试法结合内插法来求解

【考点五】优先股价值评估

$$V_p=\frac{D_p}{R}$$

式中：V_p 为优先股的价值，D_p 为每年的股息，R 一般采用该股票的资本成本率或投资该股票的必要报酬率。

【考点六】基金投资

1. 持有期间收益率 =（期末资产价格 - 期初资产价格 + 持有期间红利收入）/ 期初资产价格 ×100%

2. 现金流和时间加权收益率

假设把一年分为 n 个小区间，各个子区间的收益率为 R_i（i=1~n）

该基金当年的现金流和时间加权收益率 =（$1+R_1$）×（$1+R_2$）×⋯×（$1+R_n$）-1

3. 平均收益率

分类	计算公式
算术平均收益率（R_A）	$R_A=\frac{\sum_{t=1}^{n}R_t}{n}\times100\%$ 式中：R_t 表示 t 期收益率；n 表示期数
几何平均收益率（R_G）	$R_G=\left[\sqrt[n]{\prod_{i=1}^{n}(1+R_i)}-1\right]\times100\%$ 式中：R_i 表示 i 期收益率；n 表示期数

【考点七】期权到期日价值与净损益的计算

类型	项目	计算公式（设 A_m 为到期日股价，X 为执行价格）
看涨期权	到期日价值	买入（多头）看涨期权到期日价值 =max（A_m-X，0）
		卖出（空头）看涨期权到期日价值 =-max（A_m-X，0）
	净损益	买入（多头）看涨期权净损益 = 多头看涨期权到期日价值 - 期权价格 卖出（空头）看涨期权净损益 = 空头看涨期权到期日价值 + 期权价格
看跌期权	到期日价值	买入（多头）看跌期权到期日价值 =max（X-A_m，0）
		卖出（空头）看跌期权到期日价值 =-max（X-A_m，0）
	净损益	买入（多头）看跌期权净损益 = 多头看跌期权到期日价值 - 期权价格
		卖出（空头）看跌期权净损益 = 空头看跌期权到期日价值 + 期权价格

【提示】期权出售者的期权到期日价值 =- 期权购买者的期权到期日价值

期权出售者的期权净损益 =- 期权购买者的期权净损益

专题五 营运资金管理

【考点一】现金管理

一、最佳现金持有量分析

存货模型	（1）最佳现金持有量：$C^*=\sqrt{\frac{2\times T\times F}{K}}$ （2）最小相关总成本：TC（C^*）$=\sqrt{2\times T\times F\times K}$
随机模型	（1）现金存量的上限（H）的计算公式：H=3R−2L （2）回归线（R）的计算公式：$R=\sqrt[3]{\frac{3b\times \delta^2}{4i}}+L$ 控制特点： （1）现金持有量≤ L，出售有价证券（补充现金），使现金持有量升至返回线 （2）L＜现金持有量＜ H，不需要控制 （3）现金持有量≥ H，购买有价证券（减少现金），使现金持有量降至返回线

二、现金周转期

现金周转期 = 存货周转期 + 应收账款周转期 − 应付账款周转期

经营周期 = 存货周转期 + 应收账款周转期

其中：

存货周转期 = 存货平均余额 / 每天的销货成本

应收账款周转期 = 应收账款平均余额 / 每天的销货收入

应付账款周转期 = 应付账款平均余额 / 每天的购货成本

【提示】利用第十章通用公式掌握

$$\times\times\text{周转率}=\frac{\text{周转额}}{\times\times\text{平均数}}$$

周转额 →
- 存货：销售成本
- 其他资产：销售收入
- 应付账款：购货成本

$$\times\times\text{周转期}=\frac{360}{\times\times\text{周转率}}$$

【考点二】应收账款管理

一、信用政策决策

增加的收益	增加的边际贡献	= 增加的销售数量 × 单位边际贡献 = 增加的销售收入 × 边际贡献率 【提示】若突破相关范围，增加的固定成本也要扣除

增加的成本	增加的应计利息	应收账款	应收账款占用资金的应计利息（机会成本） = 应收账款占用资金 × 资本成本 = 应收账款平均余额 × 变动成本率 × 资本成本 = 赊销额 /360 × 平均收现期 × 变动成本率 × 资本成本
		存货	存货占用资金的应计利息 = 存货平均库存量 × 单位购置成本 × 资本成本 或：=（销售成本 / 存货周转率）× 资本成本
		应付账款	应付账款占用资金抵减的应计利息 = 应付账款平均余额 × 资本成本
	折扣成本		= ∑（赊销额 × 现金折扣率 × 享受现金折扣的顾客比例）
	收账费用		= 赊销额 × 收账费率
增加的税前损益	增加的税前损益 = 增加的收益 – 增加的成本		
决策原则	如果改变信用政策增加的税前损益大于 0，则可以改变信用政策		

二、应收账款的监控

1. $应收账款周转天数 = \frac{应收账款平均余额}{平均日销售额}$

【提示】利用第十章通用公式确定应收账款周转天数

应收账款周转率 = 计算期营业收入 / 应收账款的平均余额

应收账款周转天数 = 计算期天数 / 应收账款周转率

2. 平均逾期天数 = 应收账款周转天数 – 平均信用期天数

【考点三】存货管理

一、经济订货基本模型与陆续供应和使用模型

指标	基本模型	陆续供应和使用模型
最高库存量	Q	Q ×（1-d/p）
平均库存量	$\frac{Q}{2}$	Q/2 ×（1-d/p）
经济订货量	$EOQ = \sqrt{\frac{2KD}{K_C}}$	$EOQ = \sqrt{\frac{2KD}{K_C \times (1-\frac{d}{p})}}$
相关成本（订货变动成本和储存变动成本）	$TC(EOQ) = \sqrt{2KDK_C}$	$TC(EOQ) = \sqrt{2KDK_C \times (1-\frac{d}{p})}$
每年最佳订货次数	$N^* = \frac{D}{EOQ}$	$N^* = \frac{D}{EOQ}$

指标	基本模型	陆续供应和使用模型
最佳订货周期（天）	$t^*=\frac{360}{N^*}$	$t^*=\frac{360}{N^*}$
经济订货量平均占用资金	$\frac{EOQ}{2}\times U$	$\frac{EOQ}{2}\times(1-\frac{d}{p})\times U$

二、保险储备

考虑保险储备量的再订货点	再订货点（R）= 平均交货时间 × 平均日需用量 + 保险储备 $=L\times d+B$
与保险储备量相关的总成本	与保险储备量相关的总成本 = 缺货成本 + 保险储备的储存成本 $=N\times S\times K_u+B\times K_C$ 式中：N——年订货次数；S——每次订货的平均缺货量 = Σ（缺货量 × 缺货概率）；K_u——单位缺货损失；B——保险储备量；K_C——存货的单位变动储存成本
合理保险储备的确定原则	最佳的保险储备应该是使缺货损失和保险储备的储存成本之和达到最低

【考点四】流动负债管理

一、短期借款

（一）周转信贷协定的承诺费

承诺费 = 贷款限额的未使用部分 × 承诺费率

（二）短期借款的实际年利率

通用公式	$实际年利率=\frac{实际支付的年利息}{实际可用贷款额}$
补偿性余额	$实际利率=\frac{贷款额\times名义利率}{贷款额\times(1-补偿性余额比例)}\times100\%=\frac{名义利率}{1-补偿性余额比例}\times100\%$
收款法（利随本清法）	$实际利率=\frac{贷款额\times名义利率}{贷款额}\times100\%=名义利率$
贴现法(预扣利息)	$实际利率=\frac{贷款额\times名义利率}{贷款额\times(1-名义利率)}\times100\%=\frac{名义利率}{1-名义利率}\times100\%$
加息法付息（分期等额偿还本息）	$实际利率\approx\frac{贷款额\times名义利率}{贷款额/2}=2\times名义利率$

二、商业信用决策

决策指标	（1）$放弃现金折扣的信用成本率=\frac{折扣\%}{1-折扣\%}\times\frac{360天}{信用期-折扣期}$ （2）销售折扣净收益 = 享受的折扣额 − 相比信用期提前付款的应计利息 = 享受的折扣额 − 付款额 ×（年利率 /360）×（信用期 − 折扣期）

决策原则	（1）单一折扣时： 放弃现金折扣的信用成本率大于短期借款利率（短期投资收益率），应选择享受折扣 放弃现金折扣的信用成本率小于短期借款利率（短期投资收益率），应选择放弃折扣 （2）对于多重折扣：应选择享受折扣净收益最大且为正值的方案

专题六　成本管理

【考点一】本量利分析

一、基本公式

基本损益方程式	息税前利润 = 单价 × 销量 − 单位变动成本 × 销量 − 固定成本 $=P\times Q-V\times Q-F=(P-V)\times Q-F$
边际贡献方程式	息税前利润 = 边际贡献 − 固定成本 = 单位边际贡献 × 销量 − 固定成本 = 边际贡献率 × 销售收入 − 固定成本
相关指标公式	边际贡献 = 销售收入 − 变动成本 =（单价 − 单位变动成本）× 销量
	单位边际贡献 = 单价 − 单位变动成本
	边际贡献率 = 边际贡献 / 销售收入
	变动成本率 = 变动成本 / 销售收入
关系公式	变动成本率 + 边际贡献率 =1

二、单一产品盈亏平衡分析与安全边际分析

表示方法		盈亏平衡点（保本点）	安全边际
实物量	指标	盈亏平衡点的业务量（Q_0）	安全边际量（$Q-Q_0$）
	计算公式	$Q_0=\dfrac{\text{固定成本}}{\text{单价}-\text{单位变动成本}}=\dfrac{F}{P-V}$	安全边际量 = 实际或预计销售量 − 盈亏平衡点的业务量 $=Q-Q_0$
金额	指标	盈亏平衡点的销售额（S_0）	安全边际额（$S-S_0$）
	计算公式	$S_0=\dfrac{\text{固定成本}}{\text{边际贡献率}}=\dfrac{F}{(P-V)/P}$	安全边际额 = 实际或预计销售额 − 盈亏平衡点的销售额 = 安全边际量 × 单价 $=S-S_0=(Q-Q_0)\times P$
相对数（率）	指标	盈亏平衡作业率	安全边际率
	计算公式	盈亏平衡作业率 = $\dfrac{Q_0}{Q}$或$\dfrac{S_0}{S}$	安全边际率 = 安全边际量 / 实际或预计销售量 ×100%= 安全边际额 / 实际或预计销售额 ×100%= $\dfrac{Q-Q_0}{Q}$ 或，= $\dfrac{S-S_0}{S}$

表示方法	盈亏平衡点（保本点）	安全边际
关系公式	盈亏平衡点的业务量（销售额）+安全边际量（额）=正常销售量（额） 盈亏平衡作业率+安全边际率=1	
安全边际与利润的关系	安全边际率×边际贡献率=销售利润率 安全边际额×边际贡献率=息税前利润 安全边际率×边际贡献额=息税前利润	

三、产品组合盈亏平衡分析

加权平均法	（1）综合边际贡献率=Σ（某种产品的销售额权重×该种产品的边际贡献率） 或：=总边际贡献/总销售收入 （2）综合盈亏平衡点的销售额=固定成本/综合边际贡献率 （3）某产品盈亏平衡点销售额=综合盈亏平衡点销售额×该产品销售比重 （4）某产品盈亏平衡点销售量=该产品盈亏平衡点销售额/该产品的单价
联合单位法	（1）各种产品销量的最小比例作为联合单位 （2）联合盈亏平衡点的业务量=$\frac{\text{固定成本总额}}{\text{联合单价}-\text{联合单位变动成本}}$ 其中：联合单价=一个联合单位的全部收入 联合单位变动成本=一个联合单位的全部变动成本 （3）某产品盈亏平衡点的业务量=联合盈亏平衡点的业务量×一个联合单位中包含的该产品的数量
分算法	（1）固定成本分配率=$\frac{\text{固定成本总额}}{\text{各产品的分配标准合计}}$ （2）某产品应分配的固定成本数额=固定成本分配率×某产品的分配标准 （3）某产品的盈亏平衡点的业务量=$\frac{\text{该产品应分配的固定成本数额}}{\text{单价}-\text{单位变动成本}}$
主要产品法	主要产品法计算方法与单一品种的本量利分析相同 盈亏平衡点销量=$F/(P_{主}-V_{主})$ 【提示】确定主要品种应以边际贡献为标志，并只能选择一种主要产品

四、目标利润分析

目标利润销售量=（固定成本+目标利润）/单位边际贡献

目标利润销售额=（固定成本+目标利润）/边际贡献率

或：目标利润销售额=目标利润销售量×单价

【提示1】目标利润一般是指息税前利润，若已知税后目标利润：

目标利润销售量=[固定成本+税后目标利润/（1-所得税税率）+利息]/单位边际贡献

目标利润销售额=[固定成本+税后目标利润/（1-所得税税率）+利息]/边际贡献率

【提示2】产品组合的目标利润分析：

实现目标利润的销售额=（综合目标利润+固定成本）/综合边际贡献率

五、利润敏感分析

敏感系数的计算	敏感系数＝利润变动百分比 / 因素变动百分比 【提示】销量的敏感系数＝经营杠杆系数
敏感与不敏感因素的区分	按绝对值大小判断敏感性。敏感系数的绝对值大于 1 为敏感因素，绝对值小于 1 为不敏感因素

【考点二】标准成本差异分析

一、标准成本差异的确定

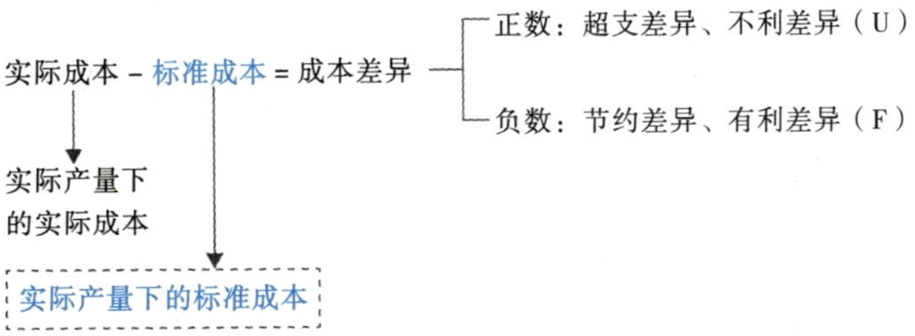

二、变动成本差异的分析

通用公式	价差＝（实际价格－标准价格）× 实际用量＝（$P_{实}-P_{标}$）×$Q_{实}$	量差＝（实际用量－标准用量）× 标准价格＝（$Q_{实}-Q_{标}$）×$P_{标}$
直接材料成本差异	直接材料价格差异＝（实际单价－标准单价）× 实际用量	直接材料数量差异＝（实际用量－标准用量）× 标准单价
直接人工成本差异	直接人工工资率差异＝（实际工资率－标准工资率）× 实际工时	直接人工效率差异＝（实际工时－标准工时）× 标准工资率
变动制造费用成本差异	变动制造费用耗费差异＝（变动制造费用实际分配率－变动制造费用标准分配率）× 实际工时	变动制造费用效率差异＝（实际工时－标准工时）× 变动制造费用标准分配率

三、固定制造费用差异分析

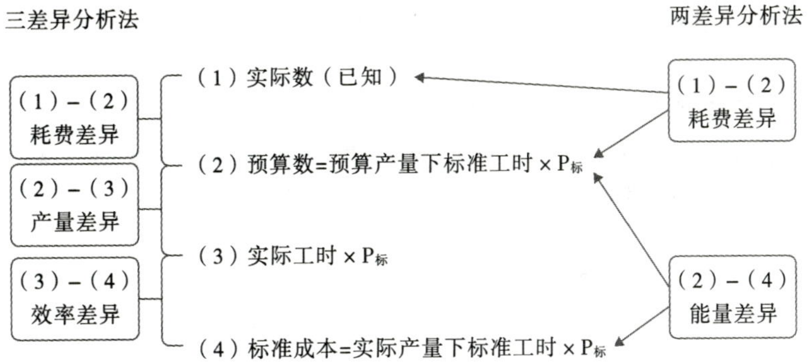

【考点三】作业成本法

1. 作业成本分配率 $= \frac{\text{当期实际发生的作业成本}}{\text{当期实际作业动因量}}$

2. 某产品耗用的作业成本 =Σ（该产品耗用的作业动因量 × 作业成本分配率）

3. 某产品当期发生总成本 = 当期投入该产品的直接成本 + 该产品当期耗用的各项作业成本

【考点四】责任中心的考核指标

成本中心	（1）预算成本节约额 = 实际产量预算责任成本 − 实际责任成本 （2）预算成本节约率 = 预算成本节约额 / 实际产量预算责任成本 ×100%
利润中心	（1）考核部门经理业绩的指标： 可控边际贡献（部门经理边际贡献）= 边际贡献 − 该中心负责人可控固定成本 （2）考核部门对公司利润和弥补与生产能力有关的成本所做的贡献的指标： 部门边际贡献（部门毛利）= 可控边际贡献 − 该中心负责人不可控固定成本
投资中心	（1）投资收益率 = 息税前利润 / 平均经营资产 （2）剩余收益 = 息税前利润 −（平均经营资产 × 最低投资收益率）

专题七 收入与分配管理

【考点一】收入管理

一、销售预测的定量分析法

1. 趋势预测分析法

算术平均法	$Y = \frac{\Sigma X_i}{n}$ 式中：Y——预测值；X_i——第 i 期的实际销售量；n——期数
加权平均法	$Y = \sum_{i=1}^{n} W_i X_i$ 式中：Y——预测值；W_i——第 i 期的权数（$0 < W_i \leq W_{i+1} < 1$，且 $\Sigma W_i=1$）；X_i——第 i 期的实际销售量；n——期数

移动平均法	（1）移动平均法的计算公式： $Y_{n+1}=\dfrac{X_{n-(m-1)}+X_{n-(m-2)}+\cdots+X_{n-1}+X_n}{m}$ 【提示】预测值等于最近 m 期实际数据的简单算术平均值，m 数值固定，且 m < n/2
	（2）修正移动平均法的计算公式为： $\overline{Y}_{n+1}=Y_{n+1}+(Y_{n+1}-Y_n)$ = 本期移动预测值 +（本期移动预测值 - 上期移动预测值）
指数平滑法	$Y_{n+1}=aX_n+(1-a)Y_n$ 式中：Y_{n+1}——未来第 n+1 期的预测值；Y_n——第 n 期预测值，即预测前期的预测值；X_n——第 n 期的实际销售量，即预测前期的实际销售量；a——平滑指数；n——期数

2. 因果预测分析法

因果预测分析法最常用的是回归分析法。

预测公式：y=a+bx

其常数项 a 和系数 b 的计算公式为：$b=\dfrac{n\sum xy-\sum x\sum y}{n\sum x^2-(\sum x)^2}$，$a=\dfrac{\sum y-b\sum x}{n}$。

二、定价方法

1. 以成本为基础的定价方法

种类		基本公式	记忆：利用通用公式倒挤
全部成本费用加成定价法	成本利润率定价	单位产品价格 $=\dfrac{单位成本\times(1+成本利润率)}{1-适用税率}$	因为：单位利润 = 单位成本 × 成本利润率 所以利用通用公式： 单位产品价格 ×（1- 适用税率）= 单位成本 + 单位成本 × 成本利润率
	销售利润率定价	单位产品价格 $=\dfrac{单位成本}{1-销售利润率-适用税率}$	因为：单位利润 = 单位产品价格 × 销售利润率 所以利用通用公式： 单位产品价格 ×（1- 适用税率）= 单位成本 + 单位产品价格 × 销售利润率
保本点定价法		单位产品价格 $=\dfrac{单位固定成本+单位变动成本}{1-适用税率}=\dfrac{单位完全成本}{1-适用税率}$	因为：利润为 0 所以利用通用公式： 单位产品价格 ×（1- 适用税率）= 单位成本 + 0 单位产品价格 ×（1- 适用税率）= 单位固定成本 + 单位变动成本

种类	基本公式	记忆：利用通用公式倒挤
目标利润定价法	单位产品价格 $=\dfrac{\text{单位目标利润}+\text{单位完全成本}}{1-\text{适用税率}}$	因为：利润为已知的目标利润 所以利用通用公式： 单位产品价格 ×（1－适用税率）＝单位成本＋单位目标利润
变动成本定价法	单位产品价格 $=\dfrac{\text{单位变动成本}\times(1+\text{成本利润率})}{1-\text{适用税率}}$	利用通用公式： 单位产品价格 ×（1－适用税率）＝单位变动成本＋单位利润＝单位变动成本＋单位变动成本 × 成本利润率＝单位变动成本 ×（1＋成本利润率）

2. 以市场需求为基础的定价方法

种类	说明	
需求价格弹性系数定价法	需求价格弹性系数	$E=\dfrac{\Delta Q/Q_0}{\Delta P/P_0}$ 式中：E——某种产品的需求价格弹性系数；ΔP——价格变动量；ΔQ——需求变动量；P_0——基期单位产品价格；Q_0——基期需求量
	价格确定的基本计算公式	$P=\dfrac{P_0Q_0^{(1/\lvert E\rvert)}}{Q^{(1/\lvert E\rvert)}}$ 式中：P_0——基期单位产品价格；Q_0——基期销售数量；E——需求价格弹性系数；P——单位产品价格；Q——预计销售数量 【记忆】预测期 $PQ^{(1/\lvert E\rvert)}$ = 基期 $P_0Q_0^{(1/\lvert E\rvert)}$
边际分析定价法	边际收入等于边际成本，即边际利润等于零时，利润将达到最大值。此时的价格就是最优销售价格	

【考点二】分配管理

一、不同股利政策下的股利确定

剩余股利政策	预计股利＝净利润－投资需要的资金 × 目标权益比重
固定股利政策	预计股利＝基期股利
稳定增长股利政策	预计股利＝基期股利 ×（1＋股利增长率）
固定股利支付率政策	预计股利＝净利润 × 固定股利支付率
低正常股利加额外股利政策	预计股利＝每年支付固定数额的低股利＋高盈余年份增发股利

二、发放股票股利对所有者权益的内部结构的影响

1. 若股票股利按市价确定：

未分配利润按市价减少（增加的股数 × 每股市价），股本按面值增加（增加的股数 × 每股面值），差额计入资本公积。

2. 若股票股利按面值确定：

未分配利润按面值减少（增加的股数 × 每股面值），股本按面值增加（增加的股数 × 每股面值），不产生股本溢价，资本公积不变。

专题八　财务分析与评价

【考点一】财务分析的方法

一、重要财务指标的比较

定基动态比率 =（分析期数额 / 固定基期数额）× 100%

环比动态比率 =（分析期数额 / 前期数额）× 100%

二、因素分析法

1. 连环替代法

设 $F=A\times B\times C$

基数（计划、上年、同行业先进水平）：$F_0=A_0\times B_0\times C_0$

实际：$F_1=A_1\times B_1\times C_1$

基数：$F_0=A_0\times B_0\times C_0$　　①

置换 A 因素：$A_1\times B_0\times C_0$　　②

置换 B 因素：$A_1\times B_1\times C_0$　　③

置换 C 因素：$A_1\times B_1\times C_1$　　④

② – ①即 A 因素变动对 F 指标的影响

③ – ②即 B 因素变动对 F 指标的影响

④ – ③即 C 因素变动对 F 指标的影响

2. 差额分析法（只适用于各因素之间是乘除的关系式）

A 因素变动对 F 指标的影响：$(A_1-A_0)\times B_0\times C_0$

B 因素变动对 F 指标的影响：$A_1\times(B_1-B_0)\times C_0$

C 因素变动对 F 指标的影响：$A_1\times B_1\times(C_1-C_0)$

三、比率分析法

1. 构成比率 = $\frac{\text{某个组成部分数值}}{\text{总体数值}}\times 100\%$

2. 效率比率 = $\frac{\text{所得}}{\text{所费}}\times 100\%$

3. 相关比率 $= \dfrac{某一指标}{另一相关指标} \times 100\%$

【考点二】基本财务比率

一、偿债能力分析

1. 短期偿债能力比率

- 绝对数：营运资金 = 流动资产 − 流动负债
- 相对数：××××/流动负债（分子比率指标）
  - 流动比率 = 流动资产 / 流动负债
  - 速动比率 = 速动资产 / 流动负债
  - 现金比率 =（货币资金 + 交易性金融资产）/ 流动负债

2. 长期偿债能力比率

- 还本能力
  - 资产负债率 $= \dfrac{负债总额}{资产总额} \times 100\%$ → 分母分子率
  - 产权比率 $= \dfrac{负债总额}{股东权益} \times 100\%$
  - 权益乘数 $= \dfrac{总资产}{股东权益} = 1 + 产权比率 = \dfrac{1}{1-资产负债率}$
  - （产权比率、权益乘数）单独记忆
- 付息能力
  - 利息保障倍数 = 息税前利润 / 应付利息
  - =（净利润 + 利润表中的利息费用 + 所得税）/ 应付利息
  - 单独记忆

二、营运能力分析

- 某某周转率（次数）= 周转额 / 某某平均数
  - 应收账款周转率 = 营业收入 / 应收账款平均余额
  - 存货周转率 = 营业成本 / 存货平均余额
  - 流动资产周转率 = 营业收入 / 流动资产平均余额
  - 固定资产周转率 = 营业收入 / 平均固定资产
  - 总资产周转率 = 营业收入 / 平均资产总额
- 某某周转天数 = 计算期天数 / 某某周转率（次数）

三、盈利能力分析

指标	计算公式
营业毛利率	营业毛利率 = 营业毛利 / 营业收入 ×100% 其中：营业毛利 = 营业收入 − 营业成本
营业净利率	营业净利率 = 净利润 / 营业收入 ×100%

指标	计算公式
总资产净利率	总资产净利率＝净利润/平均资产总额×100%
净资产收益率	净资产收益率＝净利润/平均净资产×100%

四、发展能力分析

指标	计算公式
营业收入增长率	营业收入增长率＝本年营业收入增长额/上年营业收入×100%
总资产增长率	总资产增长率＝本年资产增长额/年初资产总额×100%
营业利润增长率	营业利润增长率＝本年营业利润增长额/上年营业利润总额×100%
所有者权益增长率	所有者权益增长率＝本年所有者权益增长额/年初所有者权益×100%
资本保值增值率	资本保值增值率＝扣除客观增减因素后所有者权益的期末总额/期初所有者权益×100% 【提示1】客观因素对所有者权益的影响包括但不限于： （1）本期投资者追加投资，使企业的实收资本增加，以及因资本溢价、资本折算差额引起的资本公积变动 （2）本期接受外来捐赠、资产评估增值导致资本公积增加 【提示2】严格意义上的资本保值增值应该既与本期筹资、接受捐赠、资产评估增值等事项无关，也与本期利润分配无关，而是真正取决于当期实现的经济效益，即净利润 严格意义上的资本保值增值指标应从损益表出发，以净利润为核心，即： 资本保值增值率＝（期初所有者权益＋本期利润）/期初所有者权益×100%

五、现金流量分析

（一）获取现金能力的分析（经营活动现金流量净额/投入资源）

指标	计算公式
营业现金比率	营业现金比率＝经营活动现金流量净额/营业收入
每股营业现金净流量	每股营业现金净流量＝经营活动现金流量净额/普通股股数
全部资产现金回收率	全部资产现金回收率＝经营活动现金流量净额/平均总资产×100%

（二）收益质量分析的指标

指标	计算公式
净收益营运指数	净收益营运指数＝经营净收益/净利润 其中： （1）经营净收益＝净利润－非经营净收益 （2）非经营净收益是指投资活动和筹资活动所产生的投资收益、财务费用和营业外收支等

指标	计算公式
现金营运指数	现金营运指数 = 经营活动现金流量净额 / 经营所得现金 其中：经营所得现金 = 经营净收益 + 非付现费用

【考点三】上市公司特殊财务分析指标

- 与股数对比的指标
  - 每股收益
    - 基本每股收益
    - 稀释每股收益
  - 每股股利 = 现金股利总额 / 期末发行在外的普通股股数
  - 每股净资产 = 期末普通股净资产 / 期末发行在外的普通股股数
- 市价比率指标
  - 市盈率 = 每股市价 / 每股收益
  - 市净率 = 每股市价 / 每股净资产
- 勾稽关系比率 ⇨ 股利支付率 = 每股股利 / 每股收益

1. 基本每股收益

基本每股收益 = 归属于公司普通股股东的净利润 / 发行在外普通股加权平均数

【提示】

（1）引起所有者权益总额变动的股数变动（增发股票、回购股票等）需要计算加权平均：

发行在外普通股加权平均数 = 期初发行在外普通股股数 + 当期新发行普通股股数 × 已发行时间 / 报告期时间 − 当期回购普通股股数 × 已回购时间 / 报告期时间

（2）不引起所有者权益总额变动的股数变动（如发放股票股利，由于送红股是将公司以前年度的未分配利润转为普通股，转化与否都一直作为资本使用）不需要按照实际增加的月份加权计算，可以直接以发放股票股利前的股数乘以股利发放率计入分母。

2. 稀释每股收益的计算

类型	分子调整	分母调整
可转换公司债券	可转换债券当期已确认为费用的利息等的税后影响额	增加的潜在加权平均普通股股数 =（面值 / 转换价格）× 时间权重 【提示】假定可转换公司债券在当期期初或发行日转换为普通股
认股权证、股份期权	不调整	认股权证或股份期权行权增加的加权平均普通股股数 = 行权认购的股数 ×（1− 行权价格 / 普通股平均市价）× 时间权重

【考点四】财务评价与考核

一、杜邦分析体系

净资产收益率 = 总资产净利率 × 权益乘数

总资产净利率 = 营业净利率 × 总资产周转率

净资产收益率 = 营业净利率 × 总资产周转率 × 权益乘数

其中：

权益乘数 = 资产总额 / 所有者权益总额 =1/（1- 资产负债率）=1+ 产权比率

【提示】注意与因素分析法的结合。

二、经济增加值法

经济增加值 = 税后净营业利润 - 平均资本占用 × 加权平均资本成本

【提示】

（1）税后净营业利润衡量的是企业的经营盈利情况，营业外收支、递延税金等都要从税后净营业利润中扣除；

（2）平均资本占用反映的是企业持续投入的各种债务资本和股权资本；

（3）加权平均资本成本反映的是企业各种资本的平均成本率。

附　录

考点清单

第九章　收入与分配管理

第十章　财务分析与评价

系数表

（1）复利现值系数表。

期数	1%	2%	3%	4%	5%	6%	7%	8%	9%	10%
1	0.9901	0.9804	0.9709	0.9615	0.9524	0.9434	0.9346	0.9259	0.9174	0.9091
2	0.9803	0.9612	0.9426	0.9246	0.9070	0.8900	0.8734	0.8573	0.8417	0.8264
3	0.9706	0.9423	0.9151	0.8890	0.8638	0.8396	0.8163	0.7938	0.7722	0.7513
4	0.9610	0.9238	0.8885	0.8548	0.8227	0.7921	0.7629	0.7350	0.7084	0.6830
5	0.9515	0.9057	0.8626	0.8219	0.7835	0.7473	0.7130	0.6806	0.6499	0.6209
6	0.9420	0.8880	0.8375	0.7903	0.7462	0.7050	0.6663	0.6302	0.5963	0.5645
7	0.9327	0.8706	0.8131	0.7599	0.7107	0.6651	0.6227	0.5835	0.5470	0.5132
8	0.9235	0.8535	0.7894	0.7307	0.6768	0.6274	0.5820	0.5403	0.5019	0.4665
9	0.9143	0.8368	0.7664	0.7026	0.6446	0.5919	0.5439	0.5002	0.4604	0.4241
10	0.9053	0.8203	0.7441	0.6756	0.6139	0.5584	0.5083	0.4632	0.4224	0.3855

（2）普通年金现值系数表。

期数	1%	2%	3%	4%	5%	6%	7%	8%	9%	10%
1	0.9901	0.9804	0.9709	0.9615	0.9524	0.9434	0.9346	0.9259	0.9174	0.9091
2	1.9704	1.9416	1.9135	1.8861	1.8594	1.8334	1.8080	1.7833	1.7591	1.7355
3	2.9410	2.8839	2.8286	2.7751	2.7232	2.6730	2.6243	2.5771	2.5313	2.4869
4	3.9020	3.8077	3.7171	3.6299	3.5460	3.4651	3.3872	3.3121	3.2397	3.1699
5	4.8534	4.7135	4.5797	4.4518	4.3295	4.2124	4.1002	3.9927	3.8897	3.7908
6	5.7955	5.6014	5.4172	5.2421	5.0757	4.9173	4.7665	4.6229	4.4859	4.3553
7	6.7282	6.4720	6.2303	6.0021	5.7864	5.5824	5.3893	5.2064	5.0330	4.8684
8	7.6517	7.3255	7.0197	6.7327	6.4632	6.2098	5.9713	5.7466	5.5348	5.3349
9	8.5660	8.1622	7.7861	7.4353	7.1078	6.8017	6.5152	6.2469	5.9952	5.7590
10	9.4713	8.9826	8.5302	8.1109	7.7217	7.3601	7.0236	6.7101	6.4177	6.1446

（3）复利终值系数表。

期数	1%	2%	3%	4%	5%	6%	7%	8%	9%	10%
1	1.0100	1.0200	1.0300	1.0400	1.0500	1.0600	1.0700	1.0800	1.0900	1.1000
2	1.0201	1.0404	1.0609	1.0816	1.1025	1.1236	1.1449	1.1664	1.1881	1.2100
3	1.0303	1.0612	1.0927	1.1249	1.1576	1.1910	1.2250	1.2597	1.2950	1.3310
4	1.0406	1.0824	1.1255	1.1699	1.2155	1.2625	1.3108	1.3605	1.4116	1.4641
5	1.0510	1.1041	1.1593	1.2167	1.2763	1.3382	1.4026	1.4693	1.5386	1.6105
6	1.0615	1.1262	1.1941	1.2653	1.3401	1.4185	1.5007	1.5869	1.6771	1.7716
7	1.0721	1.1487	1.2299	1.3159	1.4071	1.5036	1.6058	1.7138	1.8280	1.9487
8	1.0829	1.1717	1.2668	1.3686	1.4775	1.5938	1.7182	1.8509	1.9926	2.1436
9	1.0937	1.1951	1.3048	1.4233	1.5513	1.6895	1.8385	1.9990	2.1719	2.3579
10	1.1046	1.2190	1.3439	1.4802	1.6289	1.7908	1.9672	2.1589	2.3674	2.5937

（4）普通年金终值系数表。

期数	1%	2%	3%	4%	5%	6%	7%	8%	9%	10%
1	1.0000	1.0000	1.0000	1.0000	1.0000	1.0000	1.0000	1.0000	1.0000	1.0000
2	2.0100	2.0200	2.0300	2.0400	2.0500	2.0600	2.0700	2.0800	2.0900	2.1000
3	3.0301	3.0604	3.0909	3.1216	3.1525	3.1836	3.2149	3.2464	3.2781	3.3100
4	4.0604	4.1216	4.1836	4.2465	4.3101	4.3746	4.4399	4.5061	4.5731	4.6410
5	5.1010	5.2040	5.3091	5.4163	5.5256	5.6371	5.7507	5.8666	5.9847	6.1051
6	6.1520	6.3081	6.4684	6.6330	6.8019	6.9753	7.1533	7.3359	7.5233	7.7156
7	7.2135	7.4343	7.6625	7.8983	8.1420	8.3938	8.6540	8.9228	9.2004	9.4872
8	8.2857	8.5830	8.8923	9.2142	9.5491	9.8975	10.2598	10.6366	11.0285	11.4359
9	9.3685	9.7546	10.1591	10.5828	11.0266	11.4913	11.9780	12.4876	13.0210	13.5795
10	10.4622	10.9497	11.4639	12.0061	12.5779	13.1808	13.8164	14.4866	15.1929	15.9374

◇中教科（保定）印刷股份有限公司